이덕무 『士小節』, 이 시대에 되살려야 할 선비의 작은 예절

양반가문의 쓴소리

양반가문의 쓴소리
이덕무 『士小節』, 이 시대에 되살려야 할 선비의 작은 예절

저자_ 조성기

1판 1쇄 인쇄_ 2006. 1. 16.
1판 1쇄 발행_ 2006. 1. 26.

발행처_ 김영사
발행인_ 박은주

등록번호_ 제406-2003-036호
등록일자_ 1979. 5. 17.

경기도 파주시 교하읍 문발리 출판단지 514-2 우편번호 413-834
마케팅부 031)955-3100, 편집부 031)955-3250, 팩시밀리 031)955-3111

글·사진 저작권자 ⓒ 2006 조성기·권태균
이 책의 글과 사진의 저작권은 각 저자에게 있습니다. 저자와 출판사의 허락 없이
내용의 일부를 인용하거나 발췌하는 것을 금합니다.

COPYRIGHT ⓒ 2006 by Sung-Ki, Cho · Tae-gyun, Kwon
All right reserved including the rights of reproduction
in whole or in part in any form. Printed in KOREA.

값은 표지에 있습니다.
ISBN 89-349-2055-6 03190

독자의견 전화_ 02) 741-1990
홈페이지_ http://www.gimmyoung.com
이메일_ bestbook@gimmyoung.com

좋은 독자가 좋은 책을 만듭니다.
김영사는 독자 여러분의 의견에 항상 귀 기울이고 있습니다.

이덕무 『士小節』, 이 시대에 되살려야 할 선비의 작은 예절

양반가문의 쓴소리

조성기 지음

김영사

머리글

작은 예절의 중요성

이덕무(李德懋)는 영·정조 때 사람으로 연암 박지원(朴趾源)에 버금가는 대문장가라고 할 수 있다. 그동안 박지원의 명성에 가려 있던 이덕무의 문학과 사상에 관한 재평가가 요즈음 여러 학자들에 의해 활발하게 전개되고 있음은 다행스런 일이다.

이덕무는 그 시대에 도덕과 예절이 무너져 사회 전체가 피폐해져 있는 현실을 안타까워한 나머지, 작은 예절의 소중함을 일깨우기 위해 『사소절(士小節)』이라는 빼어난 저서를 집필했다.

사소절은 선비의 작은 예절이란 뜻이지만, 책의 성격으로 볼 때 선비의 가정에서 지켜야 할 작은 예절이라는 뜻으로 범위를 넓혀도 좋겠다.

이덕무는 자신이 『사소절』을 집필하게 된 동기를 책머리에 밝히면서 『서경(書經)』에 나오는 한 구절을 인용하고 있다.

불긍세행, 종루대덕 (不矜細行 終累大德)

여기서 '긍(矜)'은 소중히 여겨서 지킨다는 의미이고, '누(累)'는 폐를 끼치거나 그릇되게 한다는 뜻이다. 그러므로 문장을 풀이해보면, '작은 행실을 조심하지 않으면 결국 큰 덕을 허물게 될 것이다'라는 의미가 된다.

이 원칙은 한 개인의 인생에 적용될 뿐만 아니라 나라의 흥망성쇠에도 그대로 적용된다. 주(周)나라와 진(秦)나라가 멸망한 이유도 제후와 백성들이 작은 예절을 무시하고 방자하게 행하였기 때문이라고 한다.

요즈음 우리 시대를 보더라도 가정에서 학교에서 사회 각 분야에서 작은 예절들이 무너지고 있는 현상을 볼 수 있다. 이데올로기니 교육혁신이니 정치개혁이니 하며 큰 것들을 외치는 목소리는 있어도 작은 예절을 새롭게 세우고자 하는 움직임은 찾아보기 힘들다. 이렇게 작은 예절이 무너진 결과들이 가정파탄과 각종 흉악한 범죄, 공직자들의 부정부패로 나타나고 있다고 해도 과언이 아니다.

이덕무가 그 시대에 고민하며 세우고자 했던 작은 예절들의 성격을 살펴보고 그 뜻을 우리 시대에 적용해보고자 감히 이 책을 집필하기에 이르렀다. 그러나 이덕무가 집필 동기에서 말한 것처럼, 남을 가르치는 자세가 아니라 스스로 반성하는 자세로 이 책을 썼다.

이덕무가 책머리에 남겨놓은 다음과 같은 구절은 작은 예절과 관련하여 두고두고 우리가 마음에 새겨야 할 교훈이 아닐 수 없다.

내가 항상 두려워하는 것은 스스로 작은 예절을 저버려 가족들이 본받을 점이 없을까 하는 것이다. (常懼身不修小節 而家人之無則也)

예절의 기본 요소들

이덕무는 예절의 기본 요소로, 내적으로 갖추어야 할 네 가지 마음가짐과 아홉 가지 외적인 자세와 태도, 그리고 다섯 가지 인간관계의 견고한 윤리 등을 들고 있다. 그것을 각각 내사단(內四端), 외구용(外九容), 기오품(曁五品)이라고 하였다.

사단(四端)은 맹자(孟子)가 말한 것으로 인(仁), 의(義), 예(禮), 지(智)의 바탕이 되는 측은지심(惻隱之心), 수오지심(羞惡之心), 사양지심(辭讓之心), 시비지심(是非之心)을 가리킨다. 즉, 불쌍히 여기는 마음, 부끄러워할 줄 아는 마음, 양보하는 마음, 옳고 그른 것을 가릴 줄 아는 마음 들이다.

구용(九容)은 쉽게 말해 아홉 가지 올바른 몸가짐에 관한 지침이라고 할 수 있다. 구용은 원래 작자 미상의 『계몽편(啓蒙篇)』이라는 책의 말미에 나오는 말인데, 『계몽편』은 조선시대 서당에서 『천자문(千字文)』 다음으로 가르치는 아동 교육의 필수교재였다. 『계몽편』 다음에 『동몽선습(童蒙先習)』, 『동몽수지(童蒙須知)』 순으로 아이들을 가르쳤던 것이다. 이제 구용을 하나하나 열거해보면 다음과 같다.

족용중(足容重)

발을 무겁게 하라는 말은 두 발로 땅을 단단히 딛고 안정된 자세를 유지하라는 뜻이다. 흔히 우리의 조부모나 부모들은 다리를 떨거나 발을 까닥거리면 복이 달아난다고 주의를 주곤 했다. 어떤 때는 까닥거리고 있는 발을 손으로 아프게 탁 때리시기도 했다. 그런데 다리를 떨거나 발을 까닥거리면 복이 달아난다는 말은 단지 기우나 미신에 불과한 것이 아니다. 그런 자세는 불안한 마음을 신체적으로 나타내는 것으로 불안한 마음은 복을 담을 그릇이 되지 못하는 법이다.

그리고 족용중은 발을 신중하게 옮기라는 말로 함부로 돌아다니지 말라는 뜻이기도 하다. 성철 스님이 돌아가시기 전 제자들에게 하신 말씀들 중에 '함부로 돌아다니지 말라'는 당부도 있었다고 한다. 성철 스님은 출가한 후 열반에 들기까지 족용중의 교훈을 누구보다도 잘 지킨 분이라 할 수 있다. 얼마나 발이 무거웠으면 면벽 팔년의 세월을 보낼 수 있었겠는가.

요즈음은 자동차가 사람의 발을 대신하고 있는 시대다. 그래서 사람들이 자동차로 여기저기 나돌아다니는 바람에 교통체증이 빚어지곤 하는데, 자동차 바퀴가 좀더 무거워져 사람들이 함부로 돌아다니지 않았으면 좋겠다는 생각이 들기도 한다.

수용공(手容恭)

글자 그대로 두 손을 가지런히 공손하게 가지라는 것이다. 방정맞게 두 손을 자주 움직인다든지 손사래를 친다든지 삿대질을 하는 것은 점잖지 못한 태도다.

직장 여성에 대한 성희롱 사건 같은 것도 따지고 보면, 남자 상사들이 손을 공손하게 가지지 않고 방자하게 엉뚱한 곳으로 뻗었기 때문에 생겨난 일들이다. 뇌물 사건을 비롯한 공무원들의 부정부패도 내밀지 않아야 할 곳에 손을 내밂으로써 비롯되고 있는 것이다. 마땅히 손이 놓여야 할 곳에 놓인다면, 즉 수용공의 태도가 각자의 생활 속에 자리잡는다면 이 사회도 한결 좋은 모양새를 갖추게 될 것이다.

목용단(目容端)

눈에 총기를 모아 맑게 뜨고 있으라는 말이다. 맹자도 말했듯이 마음이 흐리면 눈도 흐리게 된다. 마음에 살기가 등등하면 그대로 눈에서도 살기가 느껴진다. 음심이 가득하면 눈에서도 음란한 기운이 번질거린다. 그러므로 눈을 맑게 하기 위해서는 무엇보다 마음의 찌꺼기들을 씻어내는 일이 중요하다. 맑고 단정한 눈은 세상을 꿰뚫어보는 힘이 있고, 세상을 정화시키는 원천이 된다.

구용지(口容止)

다음의 성용정과 통하는 대목으로 입을 함부로 놀리지 말라는 의미이다. 물고기가 입을 잘못 벌림으로 미끼에 걸리듯이 사람도 입을 잘못 놀림으로 화를 자초하는 법이다.

예수의 동생으로 일컬어지는 야고보가 『성경』「야고보서」에서 이에 관해 경고한 말을 들어보자.

우리가 다 실수가 많으니 만일 말에 실수가 없는 자면 곧 온전한 사람이라 능히 온몸도 굴레 씌우리라. …… 혀는 곧 불이요 불의의 세계라. 혀는 우리 지체 중에서 온몸을 더럽히고 생의 바퀴를 불사르나니 그 사르는 것이 지옥불에서 나느니라. 여러 종류의 짐승과 새며 벌레와 해물은 다 길들므로 사람에게 길들었거니와, 혀는 능히 길들일 사람이 없나니 쉬지 아니하는 악이요 죽이는 독이 가득한 것이라.

이와 같이 성현들은 우리가 얼마나 신중하게 입과 혀를 사용해야 하는가에 대하여 누누이 강조해 마지않았다.

성용정(聲容靜)

말을 할 때는 소리를 높이지 말고 차분하고 조용하게 하라는 것이다. 그런데 한국 사람들은 평소에 말소리가 크기로 유명하다. 음식점에서건 술집에서건 길거리에서건 어디서나 왁자지껄 떠드는 목소리들이 들린다. 한국에 살 때는 너도나도 큰 목소리로 이야기하므로 그 상황을 잘 모르다가 외국에 가서 보면 한국 사람들이 정말 크게 이야기한다는 것을 새삼 알게 된다.

한번은 일본 여행 중에 신칸센(新幹線)을 탔는데 일본 승객들은 거의 모두 워크맨 이어폰을 귀에 꽂고 조용히 책들을 읽고 있었다. 쥐가 지나가도 큰 소리가 날 것 같은 그런 정숙한 차내에서 왁자지껄하게 떠들며 웃어대고 있는 무리가 있었다. 아니나 다를까 그 무리는 바로 한국 관광객들이었다.

독일을 비롯한 유럽 지역의 유학생들 이야기를 들어보면, 한국 학생들이 너무 떠드는 바람에 어느 집에서는 한국 학생에게는 하숙방이나 전세방을 내어주지 않는다는 팻말을 대문에 걸어놓기도 한단다. 그리고 학교 기숙사에서 안면방해를 할 정도로 떠드는 학생들은 주로 한국 학생들이란다.

  왜 이렇게 국제적인 망신까지 당하면서 한국 사람들은 큰 목소리로 말하는 것일까. 여러 가지 개인적, 사회적 이유로 그렇게 되었겠지만, 쓸데없이 소리를 높이는 것은 내면이 비어 있다는 증거밖에 되지 않는다. 그런데 우리 선조들은 성용정의 태도를 지켜 품위 있는 언동을 하려고 노력해온 것을 알 수 있다. 우리도 선조들을 본받아 내면성을 다지는 가운데 차분하고 조용하게 말하는 습관을 키워가야 할 것이다.

  목소리와 관련하여 박정희 대통령에 관한 일화들이 전해지고 있다. 박정희 대통령은 화가 나면 날수록 목소리가 더욱 착 가라앉았다고 한다. 그래서 주변의 참모들은 박정희 대통령의 목소리가 평소보다 낮아지고 작아지면 바짝 긴장하게 되었다는 것이다. 그런 일화에서 박정희 대통령의 남다른 뚝심 같은 것을 엿볼 수 있겠다. 화가 부글부글 끓고 있는데도 조용히 이야기할 줄 아는 사람은 아무래도 무서운 구석이 있는 법이다.

  물론 살다 보면 크게 목소리를 높여야 할 때가 있기도 하지만, 대부분의 생활에서는 성용정의 태도가 마땅하다 할 것이다.

두용직(頭容直)

  머리를 똑바르게 세우라는 말이다. 머리를 바로 들 수 있다는 것은 파렴치한의 경우가 아닌 한 떳떳함의 표현이기도 하다. 텔레비전에 보면 무슨 범죄로 경찰이나 검찰에 끌려온 사람들은 대부분 머리를 숙이고 얼굴을 가리기에 급급해한다.

두용직의 자세는 자신감의 표현으로 상대방으로 하여금 신뢰감을 가지게 한다. 어떤 사업가가 외국이나 국내의 다른 기업인을 만나 머리를 제대로 들지도 못하면서 상사(商事)를 추진한다면 누가 믿고 계약을 체결해줄 것인가.

1994년 북미 간 제네바 합의 과정에서도 미국 대표 로버트 갈루치는 자주 머리를 숙이고 걷는 반면 북한 대표 강석주는 언제나 두용직의 자세였는데, 그것만 보더라도 어느 쪽에 유리하게 회담이 전개되고 있는가를 미루어 짐작할 수 있을 정도였다.

그러므로 평소에 길을 걷거나 다른 사람과 이야기할 때 자기도 모르게 머리를 숙이는 습관을 가진 사람은 마음을 떳떳함과 자신감으로 채우는 가운데 두용직의 자세를 부단히 연습해야 할 것이다. 두용직은 직립 영장물로서의 영광이기도 하다.

기용숙(氣容肅)

기운을 엄숙하게 하라는 뜻으로 해석하는 것보다는 숨소리를 고르게 내라는 뜻으로 해석하는 편이 더욱 구체적이고 실제적이다. 숨소리 역시 그 사람의 마음 상태를 드러내는 법인데, 또한 안정된 호흡법을 통하여 마음을 다스릴 수도 있는 것이다. 요즈음 유행하는 단전호흡이니 복식호흡이니 하는 것도 기용숙을 실천하기 위한 적극적인 방법 중의 하나일 것이다.

입용덕(立容德)

덕스럽게 서 있으라는 말은 무슨 뜻일까. 일단은 비굴하고 옹졸한 자세가 아니라 의젓한 자세로 서 있으라는 뜻일 것이다. 의젓하되 사람을 위압하는 교만한 자세가 아니라 사람들이 가까이할 수 있는 넓은 도량이 느껴지는 자세를 가리킬 것이다. 이순신 장군과 같은 덕장(德將)들이 서 있는 모습을 그려보면 될 것이다. 입용덕이 되기 위해서는 앞의 일곱 가지와 다음의 색용장까지 갖추어져야 가능하지 않을까.

색용장(色容莊)

얼굴빛을 씩씩하게 하라는 말이다. 얼굴빛에서 생기와 활기가 느껴지는 사람을 보는 것은 즐거운 일이다. 그러나 이것은 마음먹은 대로 되는 일이 아니다. 그야말로 마음과 몸이 아울러 건강할 때만이 이런 얼굴빛을 지닐 수가 있는 법이다.

링컨이 말했다고 하던가. 남자는 40세 이후의 자기 얼굴에 대하여 책임을 져야 한다고. 원래 얼굴이 못생겼던 링컨이었지만 부단한 인격의 도야로 정말 40세 이후에는 존경스러운 얼굴이 되었던 것이다.

이상에서 구용을 하나하나 살펴보았다. 『계몽편』에 보면, '몸과 마음을 거두어 바로잡는 데는 구용보다 더 절실한 것이 없다(收斂心身 莫切於九容)'고 할 정도로 구용을 강조하고 있는 것을 알 수 있다. 이덕무도 『사소절』 「동규편(童規篇)」에서 '구용을 어릴 적부터 잘 살펴 행하고서 훌륭한 선비가 되지 못한 사람을 나는 아직 보지 못했다'고 했다.

그런데 『계몽편』에서는 구용을 심신, 즉 몸과 마음에 아울러 관련시킨 반면, 이덕무는 외구용(外九容)이라 하여 외양적인 몸가짐과 관련시켰다. 그러나 앞에서도 언급했듯이 마음과 몸이 따로 구분되어 있는 것이 아니라 마음의 상태가 몸가짐으로도 나타나고 몸가짐이 마음을 고치기도 하는 등 상호 연관되어 있다는 사실을 염두에 두어야 할 것이다. 이덕무는 억지로라도 몸가짐을 바로할 때 마음 상태도 바르게 될 것이라는 점을 강조하고 싶었을 것이다.

오품(五品)은 삼강오륜의 오륜에 해당하는 것으로, 부자유친(父子有親), 군신유의(君臣有義), 부부유별(夫婦有別), 장유유서(長幼有序), 붕우유신(朋友有信)을 가리키는 것이다. 이에 대한 설명은 여기서 새삼 덧보탤 필요가 없겠다.

이러한 사단과 구용과 오품은 하늘이 정한 근본 도리이므로 이것을 지켜 행하면 좋게 될 것이요 거역하여 버리면 나쁘게 될 것이다. 이덕무는 이런 예절이야말로 우환을 막아주는 성벽과도 같다고 하면서 남자로서 지켜야 할 작은 예절들에 대하여 구체적으로 하나하나 열거해나가고 있다. 이것을 '사전(士典)'이라 하여 성행(性行), 언어, 복식, 동지(動止), 근신, 교습, 인륜, 교접(交接), 어하(御下), 사물(事物) 등으로 조목조목 나누어놓았으나, 이 책에서는 그런 항목에 구애되지 않고 필자 나름대로 제목을 붙여 이덕무의 가르침을 우리 시대의 현실과 관련하여 차례차례 살펴보고자 한다.

머리글 _ 작은 예절의 중요성 4
　　　　예절의 기본요소들 6

제1장 성행性行 _ 성품과 행실에 관한 교훈들

사람의 성품을 판단하는 세 가지 기준 20 | 방탕한 자가 주의할 점 24 | 잘 분별해야 할 비슷한 것들 27 | 남의 장점을 따라 단점을 용납하라 32 | 유정모와 윤유성을 배워라 37 | 공부하는 기본자세에 대하여 40 | 배나무에는 주인이 없어도 내 마음에는 주인이 있다 45 | 이퇴계가 밤을 던진 이유 48 | 과거시험에 대한 태도 50 | 음란하게 노는 것이 하늘의 뜻인가 53 | 성급함에 대한 경계 55 | 정치에 대한 병적인 관심 58 | 가족이 병들었을 때 60 | 병은 사람의 진면목을 알게 한다 63 | 술의 이중성 66 | 먼저 자신을 불살라야 70 | 세상과 어울리는 지혜 72 | 강한 자와 약한 자의 약점 75 | 잠시라도 험악한 마음을 드러내면 78 | 시기하는 마음을 없애려면 80 | 학자가 되려면 원만한 마음을 가져야 83 | 보는 것의 중요성 87 | 경계해야 할 거지근성 91 | 욕심을 줄여라 94 | 재주 많은 자가 유념할 점 97 | 사람을 도우려면 100 | 어떤 형편에 처하든지 103

제2장 언어言語 _ 언어생활에 관한 교훈들

말을 할 때 해서는 안 될 행동들 110 | 기쁠 때의 말과 노여울 때의 말 115 | 구체적인 생활에서의 언어 지침 117 | 말이 많은 사람은 121 | 말은 꾸밈이 없어야 124 | 놀리는 말들 126 | 욕하는 말과 자포자기하는 말들 128 | 천박한 농담들 130 | 함께 모여 있을 때 삼가야 할 말들 132 | 영리에 관한 말들 136 | 쓸데없는 것들에 신경 쓰는 말들 138 | 절대로 대답해서는 안 되는 말들 140 | 같은 이야기를 되풀이하지 않도록 주의하라 144 | 제군문지부의 원칙 146 | 상청기경의 예의 148 | 남의 기를 꺾지 않도록 해야 150 | 다른 사람이 망언을 했다고 하더라도 152 | 어수선한 분위기에서 남의 말을 들을 때는 154 | 과거시험이 뭐길래 156 | 나라의 정책이나 친지의 과실에 대해서는 160 | 삼가야 할 말들 162 | 얼굴에 관해서는 165 | 혼사에 관하여 말할 때 167 | 월급을 물으며 축하하지 말라 170 | 어려운 이웃이 옆에 있으면 172 | 어른이 아랫사람이나 아이를 꾸짖을 때 174 | 유명한 학자를 등에 업고 176 | 선배의 말을 대하는 태도 178

제3장 복식服食 _ 의복과 음식에 관한 충고들

자족할 줄 알아야 182 | 활동성과 단정성의 조화 187 | 시대와 신분에 맞게 190 | 갓을 쓸 때 주의할 점 194 | 음식을 가리는 습관에 대하여 197 | 음식이 차려지면 지체하지 말라 199 | 식탁에서는 화를 내지 말라 201 | 집안사람이 어려운 경우 203 | 복고기를 조심하라 205 | 주도에 관하여 209 | 각종 음식들과 관련된 예절 213 | 나눠 먹는 정신 219 | 그 외 음식과 관련된 작은 예절들 222

제4장 동지動止 _ 행동거지에 관한 충고들

군자의 성품 226 | 출입을 할 때 228 | 말을 할 때 해서는 안 되는 동작들 230 | 요망한 자를 본받지 말라 232 | 거울을 보는 이유 238 | 입신출세할 상을 일부러 만들어서야 240 | 노상예절에 대해 242 | 쉽게 들뜨지 않도록 주의하라 248 | 과거시험장에서 251 | 책을 읽을 때 254 | 뜻을 세우고 257 | 색을 경계해야 261 | 신랑을 거꾸로 매달지 말라 265 | 남의 집을 방문했을 때 268 | 삼가야 할 잠버릇 272 | 인사를 형식적으로 하지 말고 성심껏 해야 275 | 집에 온 손님을 대하는 태도 278 | 남을 대할 때 특히 주의해야 할 점 282 | 진중하지 못한 행동들을 삼가야 286 | 비록 가난하더라도 289 | 피곤하더라도 몸가짐을 바르게 291 | 신경을 거스르는 작은 것들에 대하여 294 | 근심거리가 있는 경우에 296 | 병이 들었을 경우에 299

제5장 근신謹愼 _ 기타 삼가야 할 것들

담박한 생활의 유익 304 | 사람들이 잘 잊어버리는 것 306 | 무리한 것은 삼가야 309 | 수저를 가지런히 놓아야 313 | 조심해야 할 곳을 가리켜주어야 315 | 부녀자들에 대한 예의 317 | 말에서 내릴 때 319 | 친밀한 교제에도 절제가 있어야 322 | 법을 잘 지키는 사람이 놀림받는 세상 324 | 어른들을 대할 때에는 327 | 제사를 지낼 때 주의해야 할 점 329 | 부모상을 당했을 때는 의심 받을 짓은 피해야 332 | 날씨를 원망하다 쫓겨난 여자 336 | 남의 글을 비평하고 고칠 때는 338 | 절간에 갔을 때는 340 | 약하고 어려운 사람들을 놀리지 말라 342 | 배우는 자는 몸가짐을 삼가기를 처녀같이 하여야 344 | 어느 늙은 병사의 지혜 346 | 소요부를 배워라 348 | 삼가 본래의 분수를 지켜라 350 | 근거 없는 말을 퍼뜨리지 않아야 353

性行

이덕무는 높은 자리에 오르면 낮은 자리의 사람을 생각하고, 풍족해지면 어려운 사람을 도울 생각을 하고, 낮은 데 처하면 자신의 직분을 충실히 하고, 가난해지면 스스로 몸을 지킬 줄 아는 사람이 바로 '군자' 라 하였다.

제1장

성행 性行
성품과 행실에 관한 교훈들

사람의 성품을 판단하는 세 가지 기준

그 사람이 어떤 책을 읽느냐로 판단할 수 있다

이덕무는 사람의 성품을 판단하는 첫 번째 기준으로 독서의 질(質)을 들고 있다. 이덕무가 예로 든 책은 『소학(小學)』과 『근사록(近思錄)』이다. 『소학』이나 『근사록』을 읽으면서 하품을 하고 기지개를 켜며 따분해하는 사람은 성품이 바르지 못한 사람으로 볼 수 있다는 것이다.

『소학』이라는 책은 1183년경 남송(南宋)의 유청지(劉淸之)라는 학자가 옛 성현들의 말씀을 모아 어린이들을 가르치는 교재로 편찬한 것인데, 주자(朱子)가 좀더 다듬어 2년 후에 완성된 형태로 내놓았다. 예절서와 선행 사례집이라 할 수 있는 『소학』은 우리나라에도 고려 말기에 들어와 조선시대를 거치면서 중요한 아동 교육용 교재가 되었다.

『근사록』은 주자가 친구 여동래(呂東萊)와 함께 엮은 책과 섭채(葉采)가 지은 책 등 여러 종류가 있으나 대개 성리학과 관련된 여러 학자들의 책에서 중요한 부분을 발췌하여 편찬한 것으로, 우주의 근본 원리, 의리의 본질, 일상생활에서의 실천사항 등을 담고 있다.

이덕무 당시에는 『소학』과 『근사록』이 인간의 근본도리를 가르치는 책으로 큰 영향력을 끼치고 있었는데, 이런 책들을 꺼려한다는 것은 그 성품에 문제가 있다고 아니할 수 없다. 이런 책들을 꺼려하는 사람치고 나쁘게 되지 않은 사람은 거의 없다고까지 말하고 있다.

인간에게 바른 도리를 가르치는 책들을 싫어하는 사람들이 읽기를 좋아하는 책은 대부분 천박한 종류의 것임에 틀림없다. 그런 사람들은 어쩌면 책들을 아예 읽으려고도 하지 않을지 모른다.

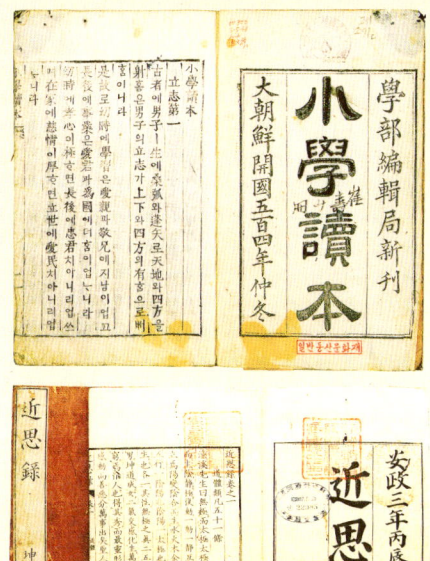

『소학』(위)과 『근사록』 | 인간의 근본도리를 가르치는 책을 꺼려하는 사람은 성품에 문제가 있다.

요즈음도 독서의 질을 통한 판단은 여전히 유효하다. 지하철 같은 데서 그 사람이 들고 있는 책이나 읽고 있는 책의 제목만 슬쩍 훔쳐보더라도 그의 성품과 취향들을 짐작해볼 수 있다. 물론 자신을 과시하기 위해서 잘 읽지도 않는 수준 높은 책들을 들고 다니는 사람도 있지만, 그런 위선은 금방 들통이 나게 마련이다.

존경스런 인격자를 어떻게 대하느냐로 판단할 수 있다
　어느 시대나 인격자는 그 시대의 사람들에게 일종의 시금석이 되고 거울이 된다. 인격을 갖춘 사람은 인격자를 알아보고 존경한다. 그러나 성품이 비뚤어진 사람은 인격자의 거울에 자신의 모습이 비치고 드러나는 것을 꺼려하여 오히려 인격자를 비방하고 비웃는다.

바른 충고에 대하여 어떤 반응을 보이느냐로 판단할 수 있다
　이덕무가 여기에 대해 쓴 글을 그대로 인용해보면 다음과 같다.

　문충신의리지언, 능불염고여 (聞忠信義理之言 能不厭苦歟)

　여기서 '충신의리지언'은 그냥 바른 소리라기보다 뼈아픈 충고의 성격을 지닌 말이라고 보는 것이 뒷구절과 연관하여 볼 때 더욱 타당하다. 그리고 '고(苦)'도 괴로워한다는 뜻으로 해석하기보다 귀찮아한다는 뜻으로 해석하는 편이 낫겠다. 바른 충고의 말에 괴로워한다는 것은 그 말이 효과를 발휘하는 좋은 현상일 수도 있기 때문이다.
　사람들은 흔히 자신은 충고의 말을 듣기를 좋아한다고들 한다. 하지만 막상 누구로부터 충고를 들으면 그때부터 충고를 해준 사람에 대한 태도가 달라지는 것을 자주 본다. 특히 정치 지도자인 경우, 인의 장벽에 가려 현실을 제대로 보지 못하고 큰 착각 속에서 지내기 쉬우므로 반드시 충정어린 건의가 필요한 법인데, 그런 건의를 진심으로 받아들이는 지도자는 찾아보기 힘들다. 용기를 내어 바른 말을 했다가는 모처럼 누리게 된 지위가 위태롭기 십상이다.

이렇게 바른 충고를 싫어하고 귀찮아하는 사람의 성품은 반성할 줄 모르고 고집과 교만으로 비뚤어져 있을 것이다. 그 인생의 결과가 어떠하리라는 것은 명약관화한 일이다. 하지만 기꺼이 받아들여 따른다면, 훌륭한 사람이 되지 않을 수가 없을 것이다(悅而服之 則不失爲吉人善士).

방달한 자가 주의할 점

준기(俊氣), 즉 뛰어난 기운을 가진 자는 자기 속에서 넘쳐나는 재주와 힘을 감당할 길이 없어 방달(放達)로 나아가기 십상이다. 방달은 자질구레한 것들에 매이지 않고 대범하게 살아가는 태도를 말한다. 대개 방달한 자의 성격은 쾌활하고 활달하다. 그래서 용렬하고 비루하게 사는 것보다는 방달하게 사는 편이 훨씬 나은 것 같아 보인다.

물론 준기를 가진 자가 그 기운을 따라 방달하게 산다고 하여 나무랄 일은 아니다. 그러나 그 정도가 지나쳐 아무것도 꺼리는 것이 없게 되면, 예절의 방책(防柵)을 부수고 뛰어넘어 광포하고 망령된 행동을 함으로써 도리어 용렬하고 비루한 자들의 웃음거리가 되고 만다.

그러므로 방달로 나아가는 자는 다음과 같은 두 가지 방편을 통하여 경계를 받아야 한다.

책을 통하여 경계를 받아야 한다

여기서 말하는 책은 주로 바른 이치에 관한 책이다. 이런 책들을 수시로 읽어 방자해지려는 자신을 막아야 한다. 이덕무는 『소학』,

『근사록』, 『예기(禮記)』 등과 같은 예절서나 인생지침서들을 염두에 두고 있는 듯하나 현대인들에게까지 이런 책들을 억지로 권유할 수는 없다. 하긴 성철 스님이 젊은 날에 읽은 책의 목록을 보면 『근사록』도 끼어 있는 것을 볼 수 있다.

자신의 방탕한 기질을 다스리는 데 도움이 되는 책 한두 권을 평생의 필독서로 삼아 그것을 경계로 살아간다는 것은 중요한 일이다. 어느 노철학자는 평생 동안 읽어온 필독서인 『논어(論語)』와 『성경』을 자신의 관에 넣어 가지고 갈 것이라고 하였다. 『법구경(法句經)』을 비롯한 불경들도 좋은 인생지침서가 될 것이다.

어떤 책을 선택하든 좋은 책을 통하여 경계를 받는 일을 게을리 말아야 할 것이다.

친구를 통하여 경계를 받아야 한다

방달한 자는 자기 주위에 규모가 없는 친구들을 두고 있는 경우가 많다. 그런 친구들과 어울리다 보면 자기 자신을 돌아볼 여유가 없이 함께 방자한 행실로 나아가기 십상이다. 그러므로 친구들 중에서 엄격한 사람을 골라 그의 충고를 때때로 듣는 것이 좋다. 친구들 중에 엄격한 자가 없으면 엄격한 자를 찾아 친구로 삼도록 해야 할 것이다. 자기 비위를 맞추어주는 사람만을 친구로 삼아서는 바른 충고를 얻어들을 기회를 갖지 못할 것이다.

방달한 기질을 가진 자가 이렇게 책과 친구를 통하여 경계를 받는다면 오히려 훌륭한 인격의 소유자가 될 수 있을 것이나, 그렇지 않으면 끝내 도적의 무리가 되는 데로 흘러가지 않는다고 누가 장담하겠는가.

　이덕무가 말한 방달한 자의 대표적인 예로는 『장자(莊子)』「도척편(盜跖篇)」에 나오는 유하계(柳下季)의 동생 도척을 들 수 있을 것이다. 도척은 샘물처럼 솟아나는 지략과 질풍 같은 추진력, 상대를 거꾸러뜨릴 수 있는 완력, 그럴듯하게 둘러댈 수 있는 언변 등을 갖추고 있는 자이나 형제 친척들은 물론이고 부모의 말도 듣지 않는 방자한 자로서 9,000명의 부하들을 거느리고 천하를 노략질하였다. 유하계의 친구인 공자(孔子)가 도척을 찾아가서 그를 설득하려고 하였으나 오히려 봉변만 당하고 왔다는 이야기가 「도척편」에 실려 있다. 장자는 「도척편」을 통하여 공자를 비롯한 유가(儒家)를 비꼬고 사회비판을 시도하고 있지만, 준기를 가진 방달한 자가 도적의 우두머리가 되는 데까지 이를 수도 있다는 사실을 극명하게 보여주는 사례라고도 할 수 있다.

　1994년 9월에 우리 사회를 경악하게 만들었던 '지존파'의 우두머리도 초등학교 때는 전교 일등까지 한 수재였으나 어려운 가정형편과 구조적인 모순을 안고 있는 사회환경 가운데서 좋은 책과 엄격한 친구의 경계를 받지 못함으로써 점점 비뚤어져 우리 시대의 무자비한 도척이 되고 만 것이다.

잘 분별해야 할 비슷한 것들

 사람의 성질과 행동들을 대함에 있어 이것이 그것 같고 그것이 이것 같아 사뭇 혼동스런 때가 있다. 어떤 경우에 그러한가. 이덕무가 구양덕(歐陽德)의 말을 빌려 열거한 내용들을 살펴보면 다음과 같다.

관대하고 유순한 성품과 놀기만 좋아하는 게으른 성품
 자기는 스스로를 가리켜 관대하고 유순하다고 하지만, 사실은 놀기 좋아하는 자신의 게으른 성품을 그렇게 돌려서 표현하고 있는 경우가 많다. 이런 자는 히포크라테스(Hippokratēs)의 체질론(體質論)으로 보면 점액질일 가능성이 높다. 점액질은 마음이 넓고 부드러운 반면 자칫하면 게으르기 십상이다.
 그러므로 이런 점액질의 장점과 단점을 잘 분별하여 장점은 살리되 단점으로 치우치는 일은 경계해야 할 것이다.

강직한 성품과 과격한 성품
 강한 의지력으로 일을 밀어붙이는 것 같지만, 사실은 초조한 나머지 행동과 언동이 과격해졌을 뿐인 경우가 있다. 이렇게 일을 추진하다가는 결과를 그르치기 십상이고 얼마 가지 않아 그 불안정한 모습이 드러나고 만다.

이런 자는 히포크라테스의 체질론에 의하면 다혈질에 속하는 유형이다. 다혈질은 겉으로 보기에는 굳센 것 같고 박력이 있는 것 같지만, 자신의 성질을 잘 다스리지 못하고 일을 서두르기 쉽다. 웬만한 것에는 좀체 화를 내지 않을 것처럼 보이는 호인형이나, 의외로 마음이 불안정하여 화를 벌컥벌컥 잘 내기도 한다. 다시 말해 변덕스러운 구석이 있는 체질이다.

그러므로 마음이 안정된 가운데 강직한 자세로 일을 하고 있는지, 정도를 지나쳐 과격하게 일을 몰아붙이고 있는지 잘 분별하여 지혜롭게 행동해야 할 것이다.

분개하는 모습과 꼿꼿하고 단정한 태도

『사소절』에 나와 있는 구절을 보면 '분려근제장(忿戾近齊莊)'이라고 하였다. 분려는 매우 화가 난 상태를 의미하고 제장은 아주 단정한 자세를 의미하는데, 얼핏 보기에는 전혀 다른 성격의 태도인 것 같다. 그런데 그 둘이 서로 흡사하게 닮았다고 한다.

보통 화가 났을 때는 금방 그 화가 표정과 말로 나타나기 때문에 태도가 흐트러지기 십상이나, 정말 무섭게 화가 난 경우에는 오히려 전혀 화가 나지 않은 듯 겉으로 보기에 태도가 아주 단정해지는 경우가 있다. 더 나아가 화가 나기 이전에는 태도가 좀 흐트러져 있었으나 화가 나고 나서는 태도를 고쳐잡은 듯 더욱 꼿꼿한 자세를 취하기도 한다.

그러므로 분려와 제장을 구분하기 힘든 때가 있는 법이다. 화냄과 거리가 먼 것처럼 보이는 꼿꼿하고 단정한 태도 속에 감추어져 있는 무서운 분노를 읽어낼 줄 아는 통찰력이 필요하다.

좀스러움과 치밀함

사람의 성질이 옹졸하고 좀스러운 나머지 일일이 꼬치꼬치 캐묻고 따지고 하는데, 언뜻 보기에 성격이 치밀해서 그렇게 세세히 살펴보는 듯이 여겨지는 경우가 있다. 본인도 자신의 성격이 옹졸하다는 사실을 인정하기보다 치밀하다는 쪽으로 생각하려고 한다.

이런 사례를 가리켜 이덕무는 '쇄세근밀찰(瑣細近密察)'이라고 하였다. 그러나 좀스러움과 치밀함은 어떤 일을 대하는 마음 자세에 있어 차이가 크다. 좀스러움은 초조한 마음으로 일 자체에 매여 사소한 것에도 신경이 곤두서 있는 태도라면, 치밀함은 넓은 안목을 가지고 전후좌우를 살피는 가운데 일을 꼼꼼하게 처리해 나가는 태도를 가리킨다.

꾸민 말과 참된 말

'교사정(矯似正)'이라고 하였는데, 여기서 '교(矯)'는 바로잡는다는 의미가 아니라 거짓으로 꾸민다는 뜻이다. 거짓으로 꾸미는 것은 비단 말에만 해당하는 것은 아니지만, 주로 말과 관련된 경우가 많으므로 소제목을 위와 같이 붙여보았다.

거짓으로 꾸며 그럴듯하게 하는 말과 참말을 구분하기란 여간 어려운 일이 아니다. 많은 사람들이 두 눈을 뻔히 뜨고 사기꾼에게 속아넘어가는 이유도 바로 여기에 있다.

　특히 정치 지도자들의 말은 자신들의 인기와 권력 유지를 위해 거짓으로 꾸미는 경우가 비일비재하다. 정치지도자와 관료들의 말을 믿다가는 큰 봉변을 당하기 쉽다. 1994년 10월 21일에 일어난 성수대교 붕괴 사건도 관료들의 그럴듯한 거짓말이 빚어낸 참사다.

　이해관계가 얽혀 있는 사람들 사이에 마침내 불화가 생기고 반목이 생기는 것도 대개 거짓으로 꾸민 말을 참말로 여기다가 배신감과 실망을 느낀 결과에서 연유하는 것이다. 그러므로 배신감과 실망을 느끼기 전에 미리부터 거짓으로 꾸민 말과 참말을 분별할 줄 아는 혜안이 필요하다.

뒤섞이는 것과 화합하는 것

　'유사화(流似和)'. 여기서 '유(流)'는 흘러가서 문란하게 뒤섞인다는 의미이고, 화(和)는 본래의 자기 모습을 잃지 않으면서 상대방과 원만한 관계를 맺는 것을 의미한다. 그런데 화합한다고 하면서 그냥 상대방 쪽으로 휩쓸려들어가 주체를 상실하는 경우를 종종 본다.

　고사성어 중에 화이부동(和而不同)이라는 유명한 구절이 있다.

　옛날 춘추시대 제(齊)나라에 경공(景公)이라는 좀 모자란 군주가 있었다. 하루는 신하들을 데리고 들판으로 나갔다. 그때 멀리서 여섯 마리의 말을 급하게 몰면서 다가오는 사람이 있었다. 경공이 재상인 안자(晏子)에게 저 사람이 누구냐고 묻자 안자는 양구거(梁丘據)라고 대답했다. 경공이 거리가 먼데 어떻게 양구거인 줄 아느냐고 다시 물었다. 안자는 저렇게 말을 심하게 몰아대는 사람이 양구거

이외에 누가 있겠느냐고 대답했다. 그러자 경공은 양구거가 말을 모는 습관과 자기가 말을 모는 습관이 비슷하다면서, "화(和)로다, 화로다" 하며 기뻐했다. 양구거와 화를 이루었다는 말이었다.

그러나 안자는 다음 순간 정색을 하고 그것은 화가 아니라 동(同)이라고 하면서 그 두 개념을 구별하여 설명했다. 화는 서로의 부족한 점을 보충해주어 원만을 이루는 관계이나, 동은 서로 뒤섞이어 함께 망하게 되는 관계라고 하였다. 임금이 말을 급히 모는 습관이 있으면 신하는 모름지기 말을 천천히 몰아 화를 이루어야지, 양구거처럼 무조건 임금 흉내를 내어 비위를 맞추고자 해서는 안 된다는 것이었다. 여기서 화이부동이라는 고사성어가 생겨난 셈이다.

남북한의 관계에 있어 혼란이 일어나고 하는 것도 화와 동을 잘 구분하지 못해서 생기는 현상이라 할 수 있다. 이덕무나 구양덕 식으로 말하면, 화와 유(流)를 분별하지 못해서 그러한 것이다.

여러 인간관계, 이해집단 간의 관계에 있어 이 원칙을 적절하게 응용하는 것이 얼마나 중요한지 모른다.

이상에서 잘 분별해야 할 여섯 가지 사항들을 살펴보았다. 이러한 점들을 조금이라도 잘못 분별하면 진실에서 더욱 멀리 벗어나고 만다고 이덕무는 구양덕의 말을 빌려 강조하고 있다.

호리불변, 이진유원 (毫釐不辨 離眞愈遠)

남의 장점을 따라 단점을 용납하라

　소제목을 위와 같이 붙였지만 원문을 직역해보면 '단점을 따라 장점을 보도록 하라(可因短以見長)'가 될 것이다. 이 구절은 깊은 인생철학이 담겨 있는 문구로 얼마간의 설명이 필요하다.
　사람에게는 누구나 장점이 있고 아울러 단점도 있다. 그런데 장점보다는 단점이 눈에 잘 띄게 마련이다. 오래 사귀어 상대방의 장점을 잘 알고 있는 경우에도 단점이 전면에 드러나는 때에는 그 사람의 장점 같은 것은 눈에 보이지도 않을 뿐더러 그런 장점이 있었는지조차 기억에 남아 있지 않은 듯이 여겨진다. 그래서 지금 드러난 단점으로만 상대방을 평가하다가 끝내 그동안의 좋은 관계들이 깨어지기도 한다.
　그러므로 단점이 전면에 드러날 때 오히려 상대방의 장점을 힘써 기억해내야 한다. 얼마 사귀지 않아 장점을 잘 모르는 경우에는 숨어 있는 그의 장점을 찾아보려고 노력해야 한다. 다시 말해, 단점이 드러날 때야말로 장점을 더욱 기억하고 찾아야 할 때라고 할 수 있다. 이것이 '단점을 따라 장점을 보도록 하라'는 의미인 셈이다.
　그런 다음, 소제목의 구절대로 장점을 따라 단점을 용납하는 단계로 넘어간다.

  진무경(陳無競)의 인생철학을 빌려 용납의 도리를 펼치고 있는 이덕무는 어떤 장점을 취하여 어떤 단점을 용납해야 하는가를 절묘한 문구의 대비로 하나하나 열거하고 있다. 여기서는 약간 어려운 원문의 한자 단어를 먼저 풀이해보는 것이 전체적인 뜻을 이해하는 데 도움이 될 것이다.

직(直)을 취하여 당(戇)을 용납한다

  원문은 '취인지직(取人之直) 서기당(恕其戇)'인데, 이와 같은 문장 구조가 계속 이어진다. 여기서 '직'이 곧은 성품을 의미한다는 것은 쉽게 알 수 있다. 이런 성품은 사람들이 시류를 따라 여기에 붙었다 저기에 붙었다 하는 풍조 가운데서 큰 장점이 아닐 수 없다.

  그런데 '당'은 무슨 의미이기에 '직'과 연관되어 있는 것일까. 당은 요즘에는 잘 사용하지 않는 어려운 한자인데 옥편을 찾아보면 '어리석을 당'이라고 되어 있다. 어리석음에도 여러 종류가 있는데, 당이라는 한자가 『한서(漢書)』 등에 사용된 사례들을 보면 고지식한 어리석음을 의미한다고 볼 수 있다. 곧은 성품의 소유자는 자칫 잘못하면 전혀 융통성이 없이 고지식하게 행동하기 쉽다. 앞뒤로 꽉 막혀 자기 고집대로 나아가다가 다른 사람들에게 상처를 입힌다. 이런 단점이 보일 때 그의 장점인 곧은 성품을 생각하고 그 단점을 용납하도록 노력해야 한다. 여기서 용납한다는 말은 단점이 있다고 해서 버리는 것이 아니라 그가 바로 서도록 끝까지 감당한다는 의미인 것이다.

용납한다는 뜻으로 해석한 '서(恕)'라는 말은 유교에서 참으로 중요한 개념이다. 유교의 핵심인 인(仁)은 그 글자의 모양을 보면 두 사람이 만나는 형용을 하고 있지만 사람이 두 가지를 지니고 있는 형용으로도 볼 수 있다. 어떤 두 가지 것을 지니고 있어야 인이 되는가. 그것은 바로 충(忠)과 서(恕)인 것이다.

충은 남을 위해 온 마음을 다하는 것이요, 서는 남의 입장을 나의 입장처럼 헤아려주는 것이다. 흔히 서를 가리켜 '자기가 싫은 것을 남에게 하지 말라'는 뜻이라고 소극적으로 해석하는데, 그 의미를 적극적으로 돌려서 생각하면 상대방의 마음과 입장을 깊이 헤아린다는 뜻이 된다. 배고픈 자를 보면 내가 배고픈 것처럼 여기는 것, 그것이 곧 서이다. 그러므로 충과 서는 서로 떼려야 뗄 수 없는 관계에 놓여 있다.

남의 장점을 취하여 단점을 감당해주는 것이야말로 충과 서를 실천하는 인(仁)의 행동이라 아니할 수 없다.

박(樸)을 취하여 우(愚)를 용납한다

'박'은 물론 순박한 성품을 의미한다. 박은 나뭇등걸이라는 뜻도 있는데, 나뭇등걸처럼 세련되지 못하고 거칠지만 거짓이나 꾸밈이 없는 성품이라 할 수 있다. 시골 농부를 생각하면 박의 의미가 더욱 분명해질 것이다.

이런 성품일 경우 너무 순진한 나머지 상황 판단을 잘하지 못하고 남에게 잘 속아넘어가거나 순발력 있게 일들을 처리하지 못하고 우왕좌왕하기 쉽다. 그런 때는 무척 어리석게 보이고 답답하게 여겨지기도 한다. 바로 우의 상태인 것이다.

  짐승들 중에 순박하기로는 양(羊)만한 것도 따로 없을 것이다. 양은 헬라어로 '프로바톤'이라고 하는데 그 말은 '똑바로 가는 짐승'이라는 뜻이다. 양은 목자가 방향을 바꾸어주지 않는 한 그저 똑바로만 나아간다. 앞에 낭떠러지가 있어도 무리를 따라 계속 전진하기만 하다가 굴러떨어지기도 하는 것이다. 순박하지만 어떤 때는 어리석기 그지없는 양의 모습을 볼 수 있다.

  성품이 순박한 사람도 양과 같다고 할 수 있는데, 그 사람에게서 우가 드러날 때 박을 취하여 그 우를 감당해주어야 한다.

개(介)를 취하여 애(隘)를 용납한다

  '개'는 '클 개, 도울 개, 낄 개, 중매할 개' 등 열 가지가 넘는 뜻을 가지고 있다. 성품과 관련해서는 중간에서 양쪽이 좋은 관계를 맺도록 돕는 성품이라고 할 수 있겠다. 이런 자는 양쪽을 다 이해해야 하므로 넓은 마음의 소유자가 되어야 할 것이다.

  하지만 양쪽의 사정을 이해하고 둘의 관계를 좋은 방향으로 이끌려고 하다 보면 오히려 본의 아니게 양쪽에서 오해를 받기도 하고, 양쪽의 주장이 팽팽히 맞설 때는 함께 마음이 어려워지기도 한다. 즉, '개'의 상태로 출발했다가 '애'의 상태로 떨어지는 것이다. 애는 글자 그대로 좁아진 마음을 뜻한다.

  이때 도움을 받던 사람들은 중개해주던 사람을 저쪽 편이 아닌가 의심하고 배신자라 하여 멀리하기 쉬운데, 중개자의 어려움을 깊이 이해하고 개를 취하여 애를 감당하도록 해야 할 것이다.

민(敏)을 취하여 소(疎)를 용납한다

 어떤 사람이 민첩하고 신속하게 일을 처리하는 장점을 지니고 있을 때, 그 사람은 일을 빠르게 처리하는 반면 뭔가를 빠뜨리는 실수를 종종 범하기도 할 것이다. 이러한 실수가 '소'인 셈이다.

변(辨)을 취하여 사(肆)를 용납한다

 평소에는 사리분별, 즉 '변'을 지니고 규모 있게 행동하던 사람도 술에 취한 경우 같은 때는 '사', 즉 방자한 언동을 하여 주위 사람들을 당황하게 하는 수가 있다. 이때 그 방자한 언동만 문제삼는다면 인간관계가 깨어지기 십상이다. 그러나 변을 취하여 사를 감당해주면 계속 좋은 인간관계를 유지해나갈 수 있을 것이다.

신(信)을 취하여 구(拘)를 용납한다

 '신'은 곧 믿음성이다. 그런데 믿음성이 있는 사람은 의리나 신념에 충실하기 때문에 융통성이 없을 수도 있다. 이렇게 융통성이 없는 것이 '구'인 셈이다. 구례(拘禮)라는 말이 있는데, 이것은 예의범절에 얽매여 조금도 변통하지 못하는 상태를 뜻한다. 이럴 때 앞뒤로 꽉 막혀 답답하기 이를 데 없다 하여 그동안 신의의 관계를 맺어오던 사람을 멀리하는 것은 어리석은 일이다. 신을 취하여 구를 용납하고 그의 단점을 감당하는 것이 바람직하다.

유정모와 윤유성을 배워라

이덕무는 역사적으로 그렇게 잘 알려져 있지 않은 두 사람의 행적에 대해 언급하면서 그들을 배울 것을 권면하고 있다. 유정모(柳鼎模)와 윤유성(尹維城)이 그 두 사람인데, 유정모에 대해서는 선배(先輩)라는 칭호를 붙이고 있고, 윤유성에 대해서는 고사(高士)라는 칭호를 붙이고 있다. 아마도 이덕무가 살던 당시에는 이름이 꽤 알려져 있던 선비들인 것 같다. 그런데 이덕무가 유정모는 직접 본 듯이 이야기하고 윤유성은 소문으로만 들은 듯이 이야기하고 있어 윤유성보다는 유정모와 가까이 지낸 듯싶다.

유정모의 경우

유정모는 무엇보다 책을 열심히 읽는 사람이었다. 그러나 자기 공부만 하고 가정을 다스리는 일은 등한시하는 그런 선비가 아니었다. 그는 가정을 다스리되 겉으로만 화려한 것은 취하지 않고 아무쪼록 실속을 갖추게 했다. 그는 얼핏 보기에 똑똑하지 못하고 어리석은 자 같았으나 이웃 사람들이 그의 인품에 감복하였다.

그는 스스로 발을 엮고 새끼를 꼬았으며 한 두둑의 밭에 가지를 심어 키우고 포도나무를 가꾸어 거기서 나는 것을 팔아 먹을 것을 장만했다. 그에 딸린 열 식구들도 그 기력에 따라 각자 일을 맡아 생계를 도왔다. 그리하여 그의 가정은 구석구석 법도와 규모가 있었고 비록 가난했으나 죽을 때까지 굶은 적은 없었다.

이러한 선비의 삶을 이덕무는 근검식력(勤儉食力)이라고 하였다. 즉, 부지런하고 검소하게 다른 사람에게 폐를 끼치지 않으면서 자력으로 살아가기를 힘쓰는 삶을 가리키는 말이었다.

이덕무 당시에 겉으로 화려한 것만 따르며 실속은 없이 출세지향적으로 살아가는 사람들이 많이 있는 가운데 근검식력하는 유정모의 모습은 귀하지 않을 수 없었다. 요즈음 졸부(猝富)와 그 가정의 자녀들이 흥청망청 돈을 쓰고 다니며 사회에 좋지 않은 영향을 끼치고 있어 일각에서는 재산의 사회 환원과 유산 안 남기기 운동 같은 것이 벌어지고 있기도 한데, 그것은 바로 유정모가 실천한 근검식력의 교훈을 사회적으로 확대하고자 하는 운동의 일환이라고도 할 수 있을 것이다.

윤유성의 경우

윤유성은 겉으로 보기에는 보잘것없는 평범한 사람에 불과했다. 그는 가난하고 고독한 사람으로 처자도 없었다. 과부가 된 누이를 의지하며 살았는데, 사람이 가난하고 외로우면 비굴해지기 쉬우나 그는 사양하고 받는 일에 엄정하였다. 그것은 늘 이문성(李文成)과 조문열(趙文烈)을 자기 인생의 표준으로 삼았기 때문이었다. 한번은 훈련대장이 윤유성의 명성을 듣고 그에게 후한 선물을 내렸으나 그는 끝내 물리치고 받지 않았다.

여기서 윤유성이 표준으로 삼았다는 이문성과 조문열이 누구이며 그 행적이 어떠했는가는 우리로서는 잘 알 수 없다. 하지만 어떤 어려움 가운데서도 지조와 품위를 지킨 선비들이라는 사실은 능히 짐작할 수 있다.

윤유성, 이문성, 조문열 같은 선비들의 삶을 이덕무는 결개수신(潔介守身)이라고 하였다.

윤유성이 이문성과 조문열을 자기 인생의 표준으로 삼은 것처럼 이덕무도 유정모와 윤유성을 본받아 검소하고 지조 있는 삶을 살아가려고 한 것을 볼 때, 우리도 선조나 선배 동료들 중에서 자기 인생의 표준 인물이 될 만한 사람을 선택하여 자신을 비추는 거울로 삼는 것이 좋을 법하다. 표준이 없는 삶이야말로 되는대로 흘러가는 삶이 아니겠는가.

공부하는 기본자세에 대하여

　이덕무는 이용촌(李榕村)이 왕중퇴(王仲退)에게 대답한 것을 기초로 공부하는 기본자세에 대하여 말하고 있다.

　머리의 좋고 나쁨에 구애되지 말라
　이덕무는 타고난 성품이 둔하고 민첩한 것은 억지로 할 수 없는 일이라(姿性有鈍敏 不可强也) 하였는데, 이 말은 요즘 말로 풀어보면 머리가 좋고 나쁜 것은 타고나는 것이므로 거기에 너무 마음을 쓰지 말라는 뜻이다. 중요한 것은 지금 주어진 조건을 어떻게 최대한 활용하느냐 하는 점이다. 옛날 사람으로 크게 성공한 사람들 중에는 머리가 둔한 사람들도 제법 있었으므로 그 점에 대해서는 걱정할 필요가 없다고 하였다.

　뜻을 다하여 목표를 정하라
　공부의 성공은 머리의 좋고 나쁨에 달려 있지 않고 목표를 정하는 데 얼마나 뜻을 다하느냐에 달려 있다. 시류(時流)를 따라 이것 조금 저것 조금 하다가는 그 어떤 방면에서도 성공하기가 힘들다. 물론

다방면의 지식을 쌓을 필요가 있지만 자신이 일생 동안 파고들 한 가지 공부의 방향은 확실하게 정하고 나아가야 한다. 이렇게 뜻을 다하여 공부의 방향과 목표를 정하는 것을 이덕무는 십분지향(十分志向)이라고 하였다. 십분지향은 광대지원(廣大之願), 즉 큰 소망을 품고 산다는 의미이기도 하다.

정성을 기울여 날마다 부지런히 정진하라
　목표가 정해졌으면 그 목표를 이루기 위해 정성을 기울여야 함은 물론이다. 그 정성은 하루 이틀 기울이다가 그칠 성질의 것이 아니다. 죽을 때까지 쉬지 않고 기울여야 한다. 그것은 곧 날마다 촌음을 아끼며 몸과 마음을 부지런히 움직이는 생활자세와 연결된다. 정성과 부지런함 없이 공부의 성공을 바라는 일은 감이 저절로 떨어지는 요행을 바라고 감나무 밑에 입 벌리고 누워 있는 꼴이다.
　이렇게 정성을 기울여 날마다 부지런히 학문을 갈고닦게 되면, 어떤 미세한 것도 뚫고 들어갈 수 있으며 어떤 견고한 것도 깨뜨릴 수 있는 법이다.
　어떤 미세한 것도 뚫고 들어갈 수 있는 경지를 이덕무는 무미지불입(無微之不入)이라 하였다. 현대 과학에서 무미지불입의 경지를 예로 든다면 양자물리학이나 유전공학 같은 것을 들 수 있을 것이다. 원자와 유전자 같은 극히 미세한 것들까지 뚫고 들어가 물질과 세포의 최소단위에 관해 연구들을 하고 있지 않은가. 이런 과학 분야뿐만 아니라 심리학, 언어학, 경제학, 사회학 등 여러 학문의 분야에서도 미세한 구석까지 파고들려는 진지한 노력들이 전개되고 있다.

그리고 어떤 견고한 것도 깨뜨릴 수 있는 경지를 무견지불파(無堅之不破)라고 하였다. 화약의 발명으로부터 시작하여 노벨의 다이너마이트, 원자탄, 수소탄, 중성자탄에 이르기까지 견고한 것을 깨뜨리고 폭파시키려는 인간의 야심은 끝이 없는 것 같다. 또한 역사를 통하여 이데올로기의 견고한 벽을 깨뜨리려는 노력들도 줄기차게 전개되어왔다. 이제 국경의 견고한 벽들도 하나하나 깨뜨려지고 있는 추세라고 할 수 있다.

올바른 정신을 소유하도록 하라

이상에서 살펴본 대로 학문의 힘은 참으로 어마어마하고 위력적이다. 그런 만큼 그 힘이 부정적으로 쓰이면 인류에게 파괴적인 결과를 가져올 수도 있다. 원자물리학이 잘못된 방향으로 쓰여 인류를 멸절시킬 수도 있는 핵 폭탄들이 지구상에 가득하게 되었고, 그 문제로 인하여 온 세계가 골머리를 앓고 있는 실정이다. 컴퓨터가 발명됨으로써 인류의 생활이 눈부시게 발전하는 한편, 컴퓨터 바이러스나 해커들의 범죄가 속출하고 있는 것을 볼 때, 학문의 발달에는 부정적인 요소가 반드시 따르게 마련인가 보다. 그러므로 학문을 하는

서당 | 날마다 부지런히 정성으로 학문에 정진하면, 어떤 미세한 것도 뚫을 수 있고 어떤 견고한 것도 깨뜨릴 수 있다. 단원 김홍도. 국립중앙박물관 소장.

자는 무엇보다 올바른 정신을 소유하는 것이 필요하다. 날마다 정성을 다해 부지런히 공부하여 그것을 나쁜 방향으로 쓴다면 차라리 공부를 하지 않으니만 못하다.

　이렇게 나쁜 정신을 가진 자를 이덕무는 익심어사자(溺心於邪者), 즉 사악한 데 마음이 빠져 있는 자라고 하였다. 그런 자는 필경 악한 귀신에 씌어 있는 귀빙(鬼憑)의 상태에 있다고 하였다. 그와 반대로 바른 데 마음을 기울이는 자, 즉 전심어정자(專心於正者)는 선한 신이 이끄는 신의(神依)의 상태에 있는 셈이다.

　이상에서 살펴본 대로 머리의 좋고 나쁨이나 다른 인간적인 조건에 매이지 않고, 뜻을 다하여 목표를 정하고 날마다 정성과 부지런함으로 정진하여 학문적인 성과를 이루고, 그것을 신의의 상태에서 올바른 정신으로 활용하는 이 모든 과정을 비유하기 위하여, 이덕무는 『시경(詩經)』의 시 한 수를 인용하고 있다.

　그 시는 하늘이 인간들을 깨우치는 원리를 노래한 시로, 음악 연주에서 악기들이 서로 부족한 것을 보충하여 화음을 이루듯이 그렇게 온전함을 이루는 방향으로 나아가는 것이 학문의 길임을 강조하고 있다. 그러니까 공부의 궁극적인 목적은 인류의 부족함을 채워주기 위함이라고 할 수 있다.

배나무에는 주인이 없어도 내 마음에는 주인이 있다

이덕무가 소개하고 있는 원(元)나라의 유학자 허노재(許魯齋)에 관한 일화는 우리의 양심(良心)을 예리하게 찌르기에 충분하다.

허노재는 몹시 더운 어느 여름날, 하양(河陽) 땅을 지나고 있었다. 갈증이 심하여 견딜 수 없을 지경이었다. 그때 길가에 배나무가 있었는데 지나가는 사람들이 다투어 배를 따먹었다. 그러나 허노재만은 홀로 자세를 흩뜨리지 않고 단정하게 앉아 있었다. 배를 따먹던 사람들 중의 하나가 허노재를 보고 말했다.

"세상이 어지러워 이 배나무는 임자가 없소."

허노재가 그 사람에게 대답했다.

"배나무에 주인이 없다고 해서 내 마음에까지 주인이 없을 리 있겠소?"

이 대답은 다시 말해, 배나무에는 주인이 없을지언정 내 마음에는 엄연히 주인이 존재한다는 말이다. 더운 여름날 갈증을 참기는 몹시 힘들다. 시원한 배 하나 따먹었으면 다른 소원이 없을 것도 같다. 이런 상황에서는 임자가 있는 배나무라 하더라도 일단 따먹고 싶어질 판이다. 하물며 그 배나무가 길가에 자라고 있는 경우에는 두말할 필요가 없다. 그런데 보통 사람들은 앞다투어 배를 따먹은 반면, 허노재는 자신의 욕구를 억누르고 갈증을 참아내면서 끝내 배를 따먹지 않았다.

사람들이 볼 때 허노재가 너무 고지식하게 보였을 것이다. 그래서 답답한 나머지 옆에서 어느 사람이 허노재에게 배를 따서 먹어도 괜찮다고 부추기기까지 했다. 그 사람이 허노재에게 한 말이 걸작이다. "세상이 어지러워 이 배나무는 임자가 없소(世亂梨無主)."

아마 그때는 실제로 난리 중이었는지도 모른다. 사람들이 피난을 가고 없어 배나무에 주인이 없다고 했을 수도 있다. 그렇다면 원래 배나무에 주인이 있었는데 지금은 누가 주인인지 알 수 없는 상태가 되었다는 말이다. 이 말을 바꾸어보면, 언제 배나무 주인이 나타날지도 모른다는 뜻이기도 하다.

그런데 배나무에 주인이 없다고 단정적으로 이야기한 것은 자기들의 욕구를 채우기 위한 합리화에 불과하다. 허노재의 대답은 이런 합리화를 깨뜨리는 촌철살인의 명언이라 아니할 수 없다. 배나무에 주인이 없다고 해서 마구 따먹어도 좋은 것이 아니라 마음의 주인이 지시하는 방향을 따르는 것이 무엇보다 중요하다는 것이다. 마음의 주인은 다름 아니라 양심인 셈이다. 양심의 명령에 따라 살아가야지, 다른 사람들이 그 길로 달려간다고 군중심리로 우르르 따라가면서 상황윤리를 내세워 자신의 행동을 합리화할 수는 없다.

공무원 사회에서 줄기차게 문제가 되고 있는 부정부패도 공무원들이 너도나도 착복해먹는 풍조에 휩쓸려 자기도 모르게 양심이 마비되기 때문에 일어나는 것이다. 공무원 사회를 비롯하여 전체 사회가 어지러울 때는 국민이 내놓은 세금까지도 주인이 없는 돈처럼 여겨 서로 앞다투어 뜯어먹기에 여념이 없게 된다. 그들이 생각할 때는 자기들이 뜯어먹지 않으면 어차피 다른 공무원들이 집어갈 돈인데 싶어 기회가 생기기가 무섭게 착복하는 것이다.

부동산 투기도 마찬가지다. 부동산 투기꾼들이 볼 때는 투기지역의 값싼 땅이 주인이 없는 땅처럼 여겨질 것이다. 누가 먼저 사들이느냐에 따라 주인이 결정된다는 식이다. 그러나 마음의 주인을 의식한다면 그렇게 온갖 욕심을 부려가며 땅 투기를 하지는 않을 것이다.

그리고 아무도 보지 않는다고 해서 은밀히 저지르는 갖가지 음란한 죄악들도 마음의 주인이 지켜보고 있다는 의식을 가질 때는 힘써 자제하게 될 것이다.

사회가 어지러워져 각 분야에서 주인이 누군지 알 수 없는 혼돈상태와 윤리부재, 책임회피의 상황이 만연한 요즈음, '내 마음에까지 주인이 없을 리 있겠느냐(吾心獨無主乎)'는 허노재의 꼿꼿한 양심선언은 더욱 되새겨보아야 할 교훈이 아닐 수 없다.

이퇴계가 밤을 던진 이유

이덕무는 유학자의 모범이 되는 인물로 조정암(趙靜庵)과 이퇴계 (李退溪), 이율곡(李栗谷), 조중봉(趙重峯), 네 사람을 들고 있다. 그리고 그 네 사람으로부터 본받아야 할 점들을 열거하고 있다.

조정암의 공명하고 정직한 성품, 이퇴계의 침착하고 근신하는 성품, 이율곡의 자상하고 온화한 성품, 조중봉의 근면하고 정확한 성품 들이 바로 후학이 본받아야 할 점들인 것이다. 특히 이율곡과 조중봉은 각각 어려운 처지에서도 서모(庶母)와 후모(後母)를 정성스럽게 잘 섬김으로써 지극히 아름다운 행실의 본을 보여주었다.

이퇴계가 한성(漢城)에 살았을 때, 이웃집 밤나무 가지 몇 개가 담을 넘어와 있었는데 밤들이 익어 마당으로 떨어졌다. 그러자 퇴계는 아이들이 집어 먹을까 염려하여 그 밤들을 주워 담 너머로 던져버렸다.

그런데 아이들이 밤을 집어 먹는 일이 왜 염려할 만한 일인가 하는 의문이 생긴다. 담을 넘어온 밤나무 가지에서 떨어진 밤들이긴 하지만 어디까지나 밤나무 주인의 것이라는 판단에서 그랬을까. 그렇다면 퇴계가 생각하기에 아이들이 밤을 집어 먹는 행위는 일종의 도둑질에 해당한다. 아이들은 자기들이 도둑질을 하는지도 모르고 부지

불식간에 그런 짓을 하는 셈이다. 얼핏 보기에는 아이들에게 별 잘못이 없는 것도 같지만, 그런 것에 조금씩 길들게 되면 차츰 양심이 마비되어 큰 도둑질도 서슴지 않는 단계에까지 이르지 않는다고 누가 장담할 수 있을 것인가.

그리고 설사 밤을 집어 먹는 행위가 도둑질에 해당하지 않는다 하더라도 아이들이 그 밤을 집어 먹게 되면 자기들이 전혀 노력을 기울이지 않은 것을 차지하는 셈이 되어 무위도식의 악습을 키울 우려가 없지도 않다. 밤들을 주워 담 너머로 던진 퇴계의 속뜻을 다 헤아릴 수는 없지만, 퇴계가 얼마나 조심스러운 성품의 소유자인가 하는 것이 단적으로 드러나는 일화라 아니할 수 없다.

우리 시대의 아버지들은 자녀들의 성품 교육에 얼마나 세심한 주의를 기울이고 있는지 퇴계의 이 일화를 거울삼아 한번 돌아보는 것이 마땅할 것이다.

정암 조광조 초상 | 이덕무는 조광조의 공명하고 정직한 성품을 후학이 본받아야 할 점이라고 꼽았다. 심곡서원 소장.

과거시험에 대한 태도

조선시대 전체를 통하여 그러하였지만, 이덕무 당시에도 과거 시험을 통한 출세 욕구들이 대단했던 모양이다. 과거시험이 여러 가지 부정적인 병폐를 낳기도 하였으나 조선 사회 발전의 원동력이 된 긍정적인 측면도 무시할 수 없을 것이다.

요즈음도 입시철이 되면 미역국을 먹지 않는 등 각종 미신과 금기 사항들이 고개를 들듯이, 이전에 과거시험을 볼 때도 갖가지 미신들이 난무했던 모양이었다. 이덕무가 소개하고 있는 몇 가지 미신들을 보면 재미있는 구석이 있다.

그중에 과거시험을 볼 때 게를 먹으면 떨어진다는 미신이 있었다. 왜 게를 먹는 것을 꺼려했을까. 그것은 게가 한문으로 해(蟹)이기 때문이다. 해(蟹)는 곧 해(解)를 연상시키고, 해(解)는 해산(解散), 즉 과거에 떨어져서 흩어져 고향으로 내려가는 상황과 연결되는 것이다. 이덕무는 이야기하지 않았지만, 어쩌면 앞으로 나아가지 않고 옆으로만 기는 게의 꼴이 출셋길로 나아가는 모습과는 거리가 멀기 때문에 꺼려했는지도 모른다.

그리고 과거시험을 볼 때 장거(章擧)를 먹지 않는 미신이 있었다.

장거는 낙지를 가리키는 것인데 그 낙지라는 이름이 낙제(落第)를 연상시키기 때문이다.

이렇게 금기사항들이 많았다는 것은 그만큼 과거시험에 대한 집착들이 강하였다는 것을 반증하는 셈이다.

이덕무 자신도 과거시험을 통하여 벼슬자리에 올랐으나 아버지가 서자(庶子) 출신이었기 때문에 높은 관직에는 오르지 못하고 정조 때 규장각 검서관(檢書官), 적성 현감(積城縣監) 등을 역임했을 뿐이다. 그래서 그런지 이덕무는 과거시험에 대하여 비교적 객관적인 입장을 취하고 있는 것을 볼 수 있다.

우선 이덕무는, 학문에 대한 순수한 열정으로 공부하는 유생들에게 과거시험 보는 이야기를 해서 마음을 들뜨게 해서는 안 된다고 경계하고 있다. 학문 탐구가 출세의 수단으로 쓰이는 것을 우려하고 있음을 알 수 있다. 그리고 이덕무는 말하기를, 유생들에게 "너의 실력으로는 과거를 볼 수 없겠다"고 하여 기를 죽이거나 두렵게 해서도 안 된다고 했다. 그러면서 '아! 어찌 일개 과거라는 것이 사람의 경중을 나누겠느냐(磋乎! 一科擧, 豈能使人輕重)'고 개탄했다. 요즈음의 상황에 적용시킨다면, '아! 어찌 일개 대학입시라는 것이 사람의 경중을 나누겠느냐!'가 될 것이다.

이렇게 이덕무는 사람들이 과거시험에 목을 매달고 있는 그 당시의 풍조를 못마땅하게 여겼던 것이다. 그리고 과거시험장에서의 태도들에 대해서도 일침을 가하고 있다. 이덕무는 과거시험장에서 납권(納券), 즉 답안지를 제출할 때 안정된 걸음걸이로 천천히 걷는 사람을 아직 한 번도 보지 못하였다고 했다. 평소에도 천박하고 경솔한 사람이 과거시험장에서 그런 행동을 보인다면야 따져볼 일도 아니지만, 보통 때는 점잖고 신중하던 사람조차 과거시험장에만 갔다 하면 정신이 좀 어떻게 된 사람처럼 초조해하며 안절부절못하니 참으로 그 까닭을 알 수 없다면서 의아해하였다. 과거시험장에서의 그러한 태도들 역시 과거라는 것에 지나치게 집착하고 있음을 단적으로 보여주고 있는 것이 아니고 무엇인가. 아마 모르긴 해도 요즘 사법고시 시험장에서도 대부분 이런 모습들이지 않을까 싶다.

이덕무는 과거시험을 보는 사람들에게 지침이 되는 교훈을, 장가대(張可大)라는 사람이 아들을 훈계한 대목을 빌려 다음과 같이 말하고 있다.

과거시험장에서 뜻대로 되지 않았다고 해서 근심할 것이 못 된다. 그런 식으로 근심을 한다면, 뜻대로 되었을 때는 반드시 교만해질 것이다.

이 말 역시 과거라는 것에 지나치게 집착하지 말라는 권고인 셈이다.

입시 지옥이라는 말까지 나오고 있는 시험 일변도의 우리 교육 상황과 관련하여 시사하는 바가 많은 대목이라 아니할 수 없다.

음란하게 노는 것이 하늘의 뜻인가

어느 시대에나 형식주의로 치우치는 경향과 거기에 대한 반발들이 있기 마련이다. 이덕무가 살았던 영·정조 시대에도 그러한 갈등들이 있었던 모양이다. 형식주의에 치우친 자들은 의관을 늘 갖추어 입고 엄숙한 몸차림으로 언동을 삼가기에 힘썼다. 그런데 한편으로 그런 형식주의에 반발하는 자들이 일어났다. 그 대표적인 인물들이 이탁오(李卓吾), 안산농(顔山農), 하심은(何心隱) 같은 자들이었다. 그들은 형식주의자들을 미워하며 이렇게 비웃었다.

저렇게 하는 것은 다 가식(假飾)에 불과하다. 속에는 온갖 욕심이 가득 차 있으면서도 억지로 근엄한 척해보았자 아무 소용이 없는 일이다. 차라리 감정과 의지를 직설적으로 드러내어, 의관을 벗고 싶으면 벗고, 맨발로 다니고 싶으면 맨발로 다니고, 마음껏 노래하고 웃으며 성내고 꾸짖고, 욕망이 이끄는 대로 먹고 마시며 여색을 즐기고 재산을 모으고 하면서 사는 것이 위선을 떨면서 사는 것보다 낫지 않은가.

일견 바른 말을 하는 것 같은 이들에 대하여 이덕무는 밥을 먹을 때의 행동을 비유로 들어 형식의 중요성을 강조한다. 밥을 먹고 싶은 마음이야 누구에게나 있는 것인데, 그래도 형식을 갖추는 사람은 자세를 바르게 하고 염치를 지키며 사양해가면서 밥을 먹는 반면, 형식을 무시하는 사람은 자기가 먹고 싶은 대로 거리낌없이 집어 먹고 남의 것도 빼앗아 먹을 것이라고 하였다. 두 사람 다 밥을 먹는다는 사실은 같지만, 어느 쪽이 나은 자세인가 하는 문제에 있어서는 판이하게 다르다고 하였다.

형식을 무시하다 보면 본능적인 욕망이 참된 성품이라는 주장을 하기에 이르고, 더 나아가 남녀가 음란하게 노는 것이 하늘의 뜻이므로 자신은 응당 그러한 하늘의 뜻을 따른다는 식으로 합리화하는 단계에까지 나아간다. 『홍길동전(洪吉童傳)』을 지은 허균(許筠)도 이덕무와 마찬가지로 형식을 무시하는 자들의 폐단이 극심함을 깊이 염려하였다.

그렇다고 하여 이덕무가 고루한 형식주의에 치우쳤다고 단정지을 수는 없다. 비록 형식주의가 위선의 탈을 쓰고 있다고 하더라도 형식 그 자체마저 무시하고 무너뜨릴 수는 없다는 입장인 셈이다. 그러니까 형식주의의 위선은 경계하되 형식의 효용성은 지켜나가야 한다는 것이 이덕무의 지론이라 할 수 있다.

성급함에 대한 경계

우리나라 사람들이 성급한 것은 세계에서도 알아주는 사실이다. 왜 우리나라 사람들이 일반적으로 이렇게 성급한 성품의 소유자들이 되었을까. 좁은 땅덩어리에서 전쟁과 기근, 천재지변 등 갖가지 어려운 상황에 부대끼며 살다 보니 마음의 여유를 잃어버리고 성급해져버렸는지도 모른다. 성급한 자들의 특징은 조금만 원치 않는 상황이 벌어져도 쉽게 화를 낸다는 것이다.

이덕무가 사람들이 성급하게 화를 내는 경우를 세세히 열거하고 있는데, 아마도 살아오면서 유심히 관찰한 결과가 아닌가 싶다. 그것들을 인용해보면 다음과 같다.

- 창가에서 책을 보는데 갑자기 바람이 불어 책장이 흩날릴 때
- 부시로 부싯돌을 쳐서 불을 붙이려 하나 돌이 무디어서 불이 부싯깃에 잘 붙지 않을 때
- 하인을 세 번이나 불렀는데 오지 않을 때
- 밤길을 가다가 머리가 기둥에 부딪혔을 때
- 행장을 갖추어 막 집을 나서려는데 갑자기 비가 올 때

- 몸이 아파 의원을 기다리는데 의원이 늑장을 부릴 때
- 해가 저물어 나룻가에 도착했는데 나룻배가 기다려주지 않고 떠날 때

위에 든 경우 외에도 사람들이 성급하게 화를 내는 사례들을 얼마든지 들 수 있을 것이다. 요즈음 우리 생활에서 흔히 볼 수 있는 경우를 든다면 다음과 같은 것들이 있을 것이다.

- 전철을 타려고 허겁지겁 지하철역 계단을 달려 내려갔는데 그만 전동차 문이 닫힐 때
- 음식점에서 주문을 했는데 자기보다 늦게 온 손님에게 먼저 음식이 나올 때
- 종합병원에서 진료 차례를 기다리는데 좀처럼 자기 차례가 돌아오지 않을 때
- 은행 현금출납기 앞에 줄을 서 있는데 앞사람이 현금을 몽땅 찾아가 출납기 작동이 정지되었을 때
- 중요한 연락을 기다리는데 전화국에서 전화선 교체작업을 한다고 전화선을 끊었을 때
- 컴퓨터에 이상한 바이러스가 침투하여 프로그램 작동이 되지 않을 때
- 차를 몰고 가는데 갑자기 옆 차가 예고도 없이 차선 변경을 하며 끼어들 때

그외 비슷한 경우들을 수도 없이 들 수 있을 것이다.

이런 경우를 당하여 급하게 성질을 부리면 마음의 화기(和氣), 즉 평화로운 기운이 손상을 입게 된다. 화기가 손상을 입으면 기가 잘 소통이 되지 않고 막히어 신체적인 질병으로까지 이어진다. 그러므로 이런 때일수록 오히려 순간적으로 마음을 안정시키고 호흡을 다시 한 번 가다듬을 필요가 있는 법이다(姑安心 更爲調度).

이것을 하찮은 일이라 하여 소홀히 여겨서는 안 된다. 이런 일들이 쌓이고 쌓여 사람의 성품을 형성해가는 것이다.

정치에 대한 병적인 관심

 '어떤 자가 사람을 만나자마자 요즈음 조정(朝廷)에 무슨 새로운 소문은 없느냐고 묻기부터 한다면 그 자는 마음이 평안하지 못하다는 것을 알 수 있다.'
 이 짧은 한마디는 많은 내용을 함축하고 있다.
 조정에서 일어나는 일과 그 자신의 안녕이 밀접하게 연결되어 있는 사람들은 조정에서 떠도는 소문에 잔뜩 관심을 기울이게 마련이다. 다시 말해 그들은 조정의 눈치를 보며 살아가는 사람이다. 그런데 조정, 즉 정치판은 각종 이해관계와 이권이 얽히고설켜 안정되지 못하고 변덕이 팥죽 끓듯 하는 곳이다. 그런 조정에 밥줄을 대고 있는 사람들은 늘 불안할 수밖에 없다. 언제 정치 바람을 타고 자신의 상황이 바뀔지 알 수 없다.
 권불십년(權不十年)이라고 했던가. 10년도 채 가지 못하는 권력에 줄을 대고 있으니 그들의 안녕이 오래갈 리 만무하다. 그러나 인간들은 어리석어서 권력이 영구할 것처럼 착각을 하며 권력에 빌붙으려 한다. 권력에 의지하면 당장은 모든 것이 잘 풀리는 것 같지만 얼마 있지 아니하여 권력의 몰락과 함께 낭패를 당하게 된다. 우리나라 대기업들이 권력에 빌붙어 몸체를 키워오다가 패가망신한 사례들을 우리는 정권이 바뀔 때마다 봐오고 있다.

그런데 정치판과 그렇게 이해관계가 없는 일반 서민들조차 서로 만났다 하면 정치 이야기에 여념이 없는 것을 보게 된다. 그것은 오랜 세월 동안 정치판의 향방에 의하여 나라 전체가 흔들리는 역사적인 경험을 해왔기 때문일 것이다. 그래서 정치에 대한 일반 서민들의 지나친 관심은 일종의 피해망상증이라고도 할 수 있다.

여기서 우리는 역으로 마음의 평안과 생활의 안녕을 오래 유지할 수 있는 비결을 배울 수 있다. 그것은 될 수 있는 대로 권력과는 거리를 두면서 정치에 관한 이야기를 덜하고 사는 일이다.

요 임금도 왕이 누군지 모르는 백성들이 가장 평안하다고 하지 않았던가. 현대 사회에서도 대통령이 누군지 모를 정도로 정치에 무관심한 나라의 백성들이 평안하게 잘 살아가고 있는 것을 보게 된다.

그런데 요즈음 우리나라는 하루가 멀다 하고 대통령의 입에서 나온 말 한마디 때문에 나라 전체가 벌집을 들쑤셔놓은 것처럼 야단법석을 떤다. 지면을 아껴야 할 신문들은 1면부터 허섭스레기 같은 정치 기사들로 도배를 하고 있다. 신문에서 정치면이 점점 줄어들어 한구석에 자리잡을 때 비로소 우리나라는 평안한 나라가 될 것이다.

가족이 병들었을 때

　인간관계 중에서 가족만큼 친밀한 관계는 없을 것이다. 하지만 오랜 병에 효자 없다고 가족 중에 병든 사람이 있어 간호하는 기간이 길어지면 다른 가족들이 지치기 마련이다.
　삼강오륜을 강조하던 조선시대에도 병든 가족을 돌보다가 지쳐서 불평하고 원망하는 사람들이 있었던 모양이다.
　아내가 오래 병들어 누워 있는 경우, '마누라가 없었으면 이런 근심을 할 필요가 없을 텐데' 하고 속으로 생각하며 아내가 빨리 죽기를 은근히 바라는 남편들도 있었다. 자식이 병들어 오래 낫지 않는 경우에도 '자식이 없었으면 이런 걱정을 할 필요가 없을 텐데' 하고 몹시 부담스러워하는 부모들이 있었다.
　집안 식구들이 오래 병들어 있으면 간호하는 데 지칠 뿐만 아니라 의원들을 찾아다니고 약을 쓰느라 가산까지도 기울게 된다. 이쯤 되면 한 집안의 가장은 산중에 홀로 있는 중이 부러워질 만도 하다.

　　산승무루, 역가이선 (山僧無累 亦可以羨)

효자도(왼쪽)와 효자오륜행실도 | 가족이란 하늘이 맺어준 신성한 관계다. 병든 가족을 간호할 때는 내가 병들어 있다면 어떤 심정일까 하는 마음으로 끝까지 인내해야 한다.

산에 있는 중은 딸린 식구들이 없으니 참으로 부럽구나 하는 뜻이다.

하지만 이덕무는 이런 생각과 말들을 인간의 도리를 해치는 망령된 것이라고 꾸짖으며 가장 경계하고 삼가야 한다고 하였다.

선호지술(善護之術), 즉 어떻게 하면 잘 간호할 수 있을까를 생각하지는 않고 자기 혼자 편하려고 병든 가족을 귀찮아하거나 버리려고 마음먹는다는 것은 천륜과 인륜에 크게 어긋나는 처사가 아닐 수 없다.

요즈음은 치매에 걸린 부모를 섬기고 간호하다가 지칠 대로 지쳐

'부모가 없었으면 이런 근심을 할 필요가 없을 텐데' 하고 생각하는 자식들도 있다. 하긴 부모가 없었으면 자신들도 세상에 태어나지 않았을 것이고 세상에 태어나지 않았으면 근심의 주체가 될 리도 만무하다.

하지만 가족이라는 것은 하늘이 맺어준 신성한 관계다. 병든 식구를 위해 마지막까지 선호지술을 위해 애써야 할 의무가 가족 구성원들에게 있다. 언제 나 자신이 병들어 다른 가족들의 구완을 받아야 할 처지가 될지 알 수 없는 노릇이다. 병든 가족을 간호하다가 지쳐서 포기하고 싶더라도 내가 병들어 있다면 어떤 심정일까를 생각하여 끝까지 인내해야 할 것이다.

병은 사람의 진면목을 알게 한다

사람은 병이 들기 전에는 자기 몸을 잘 의식하지 못한다. 아니, 의식할 필요가 없다고 해도 과언이 아니다. 내가 위장을 의식하지 않아도 위장이 스스로 음식물을 소리없이 잘 소화시킨다. 코를 의식하지 않아도 코가 스스로 냄새를 맡고 먼지를 걸러준다. 뼈와 관절을 의식하지 않아도 뼈와 관절들이 스스로 구부러지고 젖혀져서 걸음을 걷기도 하고 물건을 집기도 한다.

이와 같이 몸이 건강한 상태일 때는 몸의 각 부분들이 소리도 내지 않고 조용히 자기 임무를 성실하게 수행할 뿐이다.

하지만 병이 들었다 하면 조용하던 몸의 부분들이 소리를 내기 시작하고 의식할 필요가 없던 부분들이 신경망을 통하여 통증을 안겨준다. 소리 없이 음식물을 소화시키던 위장에서 꼬르륵꼬르륵 소리가 나고 무릎 관절이 걸을 때마다 쑤셔온다. 눈을 통하여 주변의 풍경들을 보면서는 눈이 의식되지 않았는데, 눈병이 생기면 눈이라는 부위가 생생하게 느껴진다.

평상의 생체리듬이 깨어지고 혼란스러워지면서 그 사람의 정신도 함께 어려움을 당한다. 이때 평소에는 숨어 있던 그 사람의 성질과

품성들이 드러나게 마련이다. 이덕무는 이러한 현상을 가리켜 '본연기상(本然氣象)이 진현(盡現)한다'고 하였다. 진현이란 다 드러난다는 뜻이다.

어떤 본연기상이 드러나는가. 동정완급(動靜緩急)과 경중심천(輕重深淺)이 드러난다고 했다.

평소에는 묵직한 것처럼 보이던 사람도 병이 들면 입이 가벼워져 온갖 걱정들을 털어놓는다. 의사에게도 자신의 증상들을 반복해서 이야기하기에 여념이 없다. 의사가 바르게 진단을 했는데도 의사를 믿지 못하고 이 병원 저 병원을 전전하며 같은 검사를 되풀이하기도 한다.

평소에는 느긋하던 사람도 병이 들면 조급한 성격을 드러내기도 한다. 병이 왜 이리 빨리 낫지 않는가, 병이 악화되어 죽으면 어떡하나, 병원에서 주는 약이 과연 병을 치료하는 약인가 등등 방정맞은 생각들을 골라가며 한다. 조금만 불편해도 짜증을 내고 투덜거린다.

그야말로 병이 들면 그 사람의 동정완급이 다 드러나게 되는 법이다. 경중심천은 동정완급과 동의어인 셈이다. 평소에는 마음이 깊고 넓은 것처럼 보이던 사람이 병이 들어 다른 사람이 조금만 서운하게 대하는 것 같아도 눈물을 흘리며 서러워하면서 신세한탄을 하기도 한다. 이것은 그 사람의 경천(輕淺)을 드러내는 일이다.

또한 생사관이 제대로 정립되어 있지 않으면 병이 들어 죽을 것 같은 상황에서 동급(動急)과 경천을 드러내게 마련이다. 하지만 생사관이 확실한 사람들은 위독한 병중에서도 정완(靜緩)과 중심(重深)의 성품을 드러내어 다른 사람들에게 덕을 끼친다.

병이라고 하는 것은 이와 같이 다른 사람의 진면목을 드러나게 할 뿐만 아니라 나 자신의 진면목을 들여다보게 하는 거울 역할을 해주기도 한다. 병을 통하여 나 자신이 얼마나 조급한 성품의 사람인가를 새삼스럽게 발견하고 반성하는 계기를 삼을 수도 있다. 병은 사람을 망가뜨리기도 하지만 사람을 연단하여 훌륭한 인격이 되게 하기도 한다.

이덕무는 병약한 몸으로 자주 병을 앓아보았기 때문에 병의 심리학에 정통했던 모양이다. 그래서 병을 통해 사람들의 성품이 드러나는 일에 대하여 '백시백험(百試百驗)', 즉 백 번 시험해보아도 백 번 다 맞았다고 자신있게 말하고 있다.

술의 이중성

술이라는 것은 묘한 액체다. 독이 아니면서 사람을 망가뜨리기도 하고 약이 아니면서 사람을 건강하게 해주기도 하고 마약이 아니면서 사람을 혼미하게 하기도 하고 흥분제가 아니면서 사람을 들뜨게 하거나 기쁘게 해주기도 한다. 술의 기능과 효과는 하도 다양하여 한두 마디로 요약을 할 수 없다.

『탈무드(Talmud)』에서는 '술을 한 잔 마시면 양이 되고 두 잔 마시면 사자가 되고 세 잔을 마시면 원숭이가 되고 네 잔을 마시면 돼지가 된다' 고 하였다.

이것은 술의 양에 따라 그 작용이 다르다는 식으로 말한 것인데 이덕무는 좀 다른 견해를 밝히고 있다. 사람의 성품에 따라 술의 작용이 다르게 나타난다는 것이다.

길인취 선심로, 조인취 한기포 (吉人醉 善心露 躁人醉 悍氣布)

좋은 사람은 술에 취하면 착한 마음이 나타나고 조급한 사람은 술에 취하면 사나운 기운이 나온다는 뜻이다.

취중송사로 | 좋은 사람이 술에 취하면 착한 마음이 나타나지만, 조급한 사람이 술에 취하면 사나운 기운이 나온다. 단원 김홍도. 국립중앙박물관 소장.

원래 마음이 선한 사람은 술에 취하면 오히려 다른 사람을 더욱 돌아보려고 하고 이해하려 한다. 그동안 쌓였던 오해도 너그럽게 풀어버릴 줄 안다. 남자인 경우, 여자를 대하는 태도도 훨씬 더 신사적이 된다. 여자를 정욕의 대상으로 보기보다 보호해주어야 할 대상으로 여기며 헌신적으로 여자를 돌본다. 이런 성품의 사람들에게는 술이 인간관계를 원활하게 해주는 윤활유 역할을 하는 셈이다. 이런 사람들은 술을 즐길 줄 아는 자들이라고 할 수 있다. 더 나아가 술을 즐길 수 있는 자격을 갖추었다고 할 수 있다.

그런데 마음이 조급한 사람은 술에 취하면 더욱 성급해지면서 사나운 말과 행동을 서슴지 않는다. 평소에 쌓였던 불만, 불평들을 털어놓기에 급급하며 결국에는 치고받고 싸우기까지 한다. 처음에는 화기애애하던 분위기가 그 한 사람으로 인하여 험악해지고 만다. 남자인 경우, 여자를 대하는 태도도 거칠어지고 심지어 성적인 모욕과 폭행을 가하기도 한다. 이런 성품의 사람들에게는 술이 인간관계를 망가뜨리는 부작용을 가져올 뿐이다. 이런 자들은 차라리 술을 끊는 것이 나을 것이다.

이덕무는 주변에서 술을 마시는 여러 선비들과 서민들을 보면서 술의 양보다 술을 마시는 사람의 기본 성품이 문제라는 사실을 꿰뚫어보았다. 그래서 『이목구심서(耳目口心書)』에서도 술에 대해 거의 같은 언급을 하고 있다. 그 책에서는 '선심로'가 '선심생(善心生)'으로 바뀌어 있고 '조인'이 '우인(愚人)'으로 바뀌어 있다.

'선심생'이라고 하면 착한 마음이 생긴다는 뜻으로 술이 들어가자 착해졌다는 오해를 할 수도 있다. 그러나 '선심로'라고 하면 술이 들어가자 원래 착했던 마음이 더욱 드러나게 된다는 뜻으로 기본 성품을 강조하는 말이 된다. '조인'은 포괄적 의미의 '우인'에 비해 좀더 구체적인 성품을 나타낸다고 볼 수 있다.

하지만 술의 양에 비중을 둔 『탈무드』의 언급도 무시할 수 없을 것이다. 그런데 좋은 성품의 사람은 술의 양을 적절히 절제할 줄도 아는 법이다. 조급하여 어리석은 사람은 폭음을 일삼겠지만 말이다.

먼저 자신을 불살라야

빙기염 선자분 (騁氣焰 先自焚)

'빙(騁)'은 요즈음은 잘 쓰이지 않는 어려운 한자인데 '달린다, 발휘한다'는 뜻을 가지고 있다. 기염이라고 하는 것은 불길이 맹렬히 타오르는 듯한 기세를 말한다. 그런 기세로 말하거나 행동하는 것을 가리켜 흔히 기염을 토한다고 한다. 타오르는 불길을 널리 퍼뜨리듯이 그런 기염을 발휘하려면 먼저 자신이 불타올라야 한다는 뜻이다.

장작 하나가 먼저 타올라야 다른 장작들을 태울 수 있는 법이다.

시를 쓰는 사람이라면 온몸과 정신이 그 시상으로 불타올라야 다른 사람을 감동시킬 수 있는 시가 창작된다. 소설을 쓰는 사람도 마찬가지고 그림을 그리는 사람도 마찬가지다.

『혼불』을 쓴 작가 최명희는 그 작품을 쓰기 위해 그야말로 일생 동안 '혼불'로 타올랐다. 작품을 위해 자신을 온전히 불태우는 바람에 작품이 완간되자마자 생명이 다하고 말았다.

우리가 고흐(Vincent van Gogh) 그림을 보면서 감동을 받는 것도 고흐가 그 그림을 그리기 위해 자신을 먼저 불태웠다는 것을 느끼기 때문이다. 베토벤의 음악을 들으면서 감동을 받는 것도 베토벤(Ludwig van Beethoven)이 신체적인 악조건 속에서도 그 음악을 작곡하기 위해 자신을 불태웠기 때문이다.

한자 숙어 중에 '논필개세(論必蓋世)'라는 구절이 있다. 자신의 신념과 사상이 필경은 세상을 뒤덮도록 한다는 뜻이다. 세상을 뒤덮을 뿐만 아니라 자신의 신념과 사상으로 세상을 뒤집어놓기까지 하는 단계가 '논필개세'일 것이다.

어떤 사상을 사회에 구현하여 논필개세의 단계에 이르려는 사람도 그 사상에 자신이 먼저 심취되어 있어야 한다.

마틴 루터 킹(Martin Luther King Jr.)은 미국에서 흑인의 권리가 회복되는 비전을 바라보고 그 비전에 사로잡혀 자신의 몸을 던져 인권운동을 이끌었다. 그 불길이 얼마나 맹렬했던지 백인 지식인, 정치인들도 기꺼이 동참할 정도였다. 마틴 루터 킹은 '위대한 광기'를 지닌 자만이 세상을 새롭게 할 수 있다고 하였다. 그 위대한 광기야말로 이덕무가 말한 '선자분'의 상태가 아니고 무엇인가.

마틴 루터 킹은 적들에 의해 암살을 당하기까지 위대한 광기의 불로 장렬하게 타올랐다. 그 불길을 끄기 위해 적들은 그를 암살하였으나 그 불길은 이미 다른 사람들의 마음에 붙어버렸기 때문에 그를 없앤다고 해서 꺼질 불이 아니었다. 오히려 장작불에 기름을 끼얹는 격이 되고 말았다.

'선자분'에 의한 기염은 그 누구도 막을 수 없는 법이다.

세상과 어울리는 지혜

　세상의 풍조는 날이 갈수록 세속화되고 천박해지고 있다. 그렇다고 수도사나 승려가 아닌 이상 이런 세상을 완전히 떠나서 살 수는 없다. 세상을 떠나 살지 않으면서도 세상 풍조에 물들지 않으려면 참으로 지혜가 필요하다.
　이덕무는 남들과 아주 다르게 살아서도 안 되고 그렇다고 남들에게 구차하게 아부하며 살아서도 안 된다고 하였다.
　남들과 아주 다르게 사는 것처럼 '색은행괴(索隱行怪)' 하는 자들을 경계해야 한다고 하였다. '색은'은 원래 '사물의 숨은 이치를 찾아내는 것'을 말한다. 그런데 여기서 색은행괴라고 하는 것은 '남들이 알지 못하는 사물의 숨은 이치를 찾아낸 것처럼 으스대며 기이한 일들을 행하려고 하는 것'을 뜻한다.
　요즈음 기공이니 기치료니 하여 기(氣)에 관한 관심들이 많은데 그런 기의 비밀들을 다 아는 양 행세하며 남들이 하지 못하는 특이한 일들을 행하여 자신을 과시하는 자들이 있다. 그러면서 자신만이 건강의 비결과 운명의 열쇠를 쥐고 있는 것처럼 사람들을 속여 더러운 이익을 취하기도 한다. 겉으로 볼 때는 천박하고 속된 세상의 풍조를 바꾸는 굉장한 사람으로 여겨지지만 그러한 무리는 사실 험측(險仄)하다고 하였다. 험측은 음험하고 비루하다는 뜻이다. 사람들을 속이므로 음험하고 더러운 이익을 취하므로 비루한 셈이다.

사이비 교주들도 우주의 비밀을 다 아는 것처럼 행세하며 기이한 기적들을 거짓으로 행하면서 세상의 풍조를 바꾸러 왔다고 하나 사실은 사람들을 속이면서 재산을 갈취하기에 급급하다. 아무리 세상 풍조에 대해 환멸을 느끼고 부정적인 생각을 가지고 있다 하더라도 색은행괴하는 자들에게 미혹되어 몸과 마음과 물질을 빼앗겨서는 안 될 것이다.

이덕무는 또한 '화광동진(和光同塵)'하는 자들도 경계하라고 하였다. 화광동진은 원래 노자(老子)의 『도덕경(道德經)』에 나오는 유명한 말로 '자신이 지닌 빛을 부드럽게 하여 세속의 먼지와 어울리게 한다'는 뜻이다. 그 구절이 나오는 대목을 인용하면 다음과 같다.

> 아는 자는 말하지 않고 말하는 자는 알지 못하고 그 통하는 구멍을 막아 그 문을 닫고 그 날카로움을 꺾고 그 얽힘을 풀고 그 빛을 부드럽게 하여 그 속세의 먼지와 함께하니(和其光同其塵) 이것을 현동(玄同)이라 한다.

'자신이 지니고 있는 지식과 지혜를 교만하게 다 드러내지 않고 겸손하게 세상과 어울린다'는 뜻으로 처음에 노자는 좋은 의미로 화광동진을 이야기했다. 말씀이 육신이 되었다고 하는, 다시 말해 영광스런 신의 형체를 비워 사람과 같이 되었다고 하는 예수도 화광동진을 한 셈이다.

그런데 사람들이 세상 풍조에 휩쓸리며 세속화되어가면서 자신은 화광동진을 한 것뿐이라고 합리화하는 일이 많아졌다. 여기서 이덕무가 말하는 화광동진은 그와 같이 합리화의 방편으로 사용되는 화광동진인 것이다.

술을 절제해야 하는 사람이 술자리에 어울려 만취가 되도록 마시면서 사람들과 마음을 터놓고 교제하기 위해 화광동진했다고 한다면 그것은 화광동진이 합리화의 방편으로 쓰인 것이다. 정욕을 절제해야 하는 사람이 밑바닥 여성들의 고통을 알아본다는 핑계로 사창가 여자들과 어울리면서 화광동진을 운운하는 것도 마찬가지다.

이런 식으로 화광동진을 하는 자들은 겉으로 볼 때는 융통성 있게 살면서 자기 것을 빠짐없이 챙기며 처세를 잘하는 것 같으나 사실은 오천(汚賤)한 부류들이라고 하였다. 오천은 부패하고 천박하다는 뜻이다.

색은행괴하지도 않으면서 화광동진하지도 않는 중용의 지혜를 가지고 세상과 어울려야 한다고 이덕무는 강조하고 있는 셈이다. 함께 어울리지만 같아지지는 않는 화이부동의 지혜가 바로 이덕무가 말하고 싶은 지혜일 것이다.

강한 자와 약한 자의 약점

강인패어자성, 약인윤어자기 (强人敗於自聖 弱人淪於自棄)

강한 자는 스스로 거룩한 체하다가 넘어지고 약한 자는 스스로 포기하기를 잘한다는 뜻이다.

강한 자는 심지가 굳고 자기 절제력이 강한 사람이라는 의미일 것이다. 그런 사람은 보통 사람들이 빠지기 쉬운 도덕적인 죄악들을 범하는 법이 없다. 술도 절주하고 담배도 피우지 않고 사치스런 물건들을 사느라 돈을 낭비하지도 않고 간음을 비롯한 성적인 죄들도 좀체 짓지 않는다. 날마다 절도 있는 생활을 하며 성실한 생활 기록을 남기기 위해 일기 같은 것도 꼬박꼬박 써나간다.

그런 자는 인생을 아무렇게나 사는 듯이 여겨지는 사람들을 이해할 수가 없다. 도덕적인 우월감을 가지고 비루한 사람들을 판단하는 마음으로 가득 차 있다. 스스로 거룩하다는 생각으로 다른 사람들과 자신을 늘 구별한다.

그런데 이덕무는 바로 이 점에서 소위 강한 자들이 실패하고 있다고 했다. 다른 사람들과 자신을 구별하며 사람들을 판단하는 마음이 편견과 고집과 교만으로 발전하면 누구의 말도 듣지 않는 완고한 인격의 소유자가 되기 쉽다. 이렇게 되면 그런 자는 도덕적이고 윤리적인 생활을 할지 모르나 인간으로서 갖추어야 할 덕성을 상실하게 되는 것이다.

성인(聖人)이 된다고 하는 것은 도덕적이고 윤리적인 차원을 뛰어넘는 일이다. 스스로 거룩한 성인이 되겠다고 결단한 사람이 도덕적이고 윤리적인 차원에 머물러 자신의 수준에 만족하여 교만해지면 결국 성인의 길에서 벗어나게 된다.

그런 인물의 대표적인 부류가 『성경』에 나오는 바리새인들이다. '바리새' 라는 이름부터 '구별한다' 는 뜻으로 그들은 율법을 지키지 않는 무리들과 자신들을 구별하여 종교적인 의무에 충실했다. 도덕적으로나 윤리적으로는 흠 잡을 데 없는 생활을 했지만 그들의 마음 속에는 교만과 편견이 가득했다. 그들의 교만과 편견은 그 어떤 도덕적인 죄악보다도 더 나쁜, 살인이라는 죄악을 낳기에 이르렀다. 그러고 보면 엄밀히 말해 도덕적으로도 실패하고 만 것이다.

냉전시대가 끝나고 미국이 초강대국으로 부상하여 세계 질서가 재편되는 요즈음, 미국의 부시 대통령은 세상의 악의 축들을 제거하기 위해 정의의 칼을 뽑아 든 듯이 행세하고 있다. 대량살상무기가 있다는 증거가 없는데도 이라크를 무자비하게 공격하여 점령했다. 그런 과정에서 이라크의 후세인이 지은 죄에 못지않게 무고한 시민들을 살해하는 죄를 범했다. 또한 무고한 미국의 젊은이들이 이라크에서 전쟁 기간보다 더 많이 죽어나가고 있다.

그야말로 자성(自聖), 즉 스스로 거룩하고 정의로운 척하다가 크게 낭패를 당하고 만 셈이다. '강인패어자성'은 강한 자뿐만 아니라 강대국에게도 그대로 적용되는 명구라 할 수 있다.

그런데 약한 자는 강한 자와는 달리 스스로 포기하기를 잘한다. 도덕적으로 깨끗하게 살아보려고 노력하다가 한번 두번 실패하면 자포자기하는 심정으로 되는대로 살아가기 쉽다. 사업을 하다가 실패하면 또 다시 일어나려는 의지를 불태우기보다 낙담하여 스스로 목숨을 끊는 경우도 많다.

'자성(自聖)'에 치우쳐서도 안 되지만 '자기(自棄)'에 빠져서도 안 될 것이다. 오히려 스스로를 늘 돌아보고 고쳐나가는 자성(自省)의 길을 가야 할 것이다.

잠시라도 험악한 마음을 드러내면

 아무리 작은 씨라도 땅에 심기면 싹이 나고 줄기를 뻗어 거목으로 자라나기도 한다. 다시 말해 아무리 거대한 나무라도 작은 씨에서 출발하게 된다는 것이다.
 이것을 인간 사회에 적용해보면 아무리 엄청난 범죄라도 언행심사의 작은 죄에서 출발한다고 할 수 있다. 그래서 작은 잘못을 미리 바로잡아주는 것이 큰 범죄를 막는 지름길이기도 하다. 이덕무가 선비의 작은 예절이라는 뜻인 『사소절』을 집필하게 된 동기도 여기에 있다. 책의 서문에서 '불긍세행, 종루대덕(不矜細行 終累大德)', 즉 '작은 행실을 조심하지 않으면 결국 큰 덕을 허물게 될 것이다'라고 한 것도 같은 취지에서 한 말일 것이다.
 「성행편(性行篇)」에서도 '사로험심시, 시작대도장본, 기인살인지점(乍露險心時 是作大盜張本 欺人殺人之漸)'이라 하여 작은 마음이 얼마나 큰 결과를 낳는가를 말하고 있다.
 '사(乍)'는 '만들 작(作)'과 같은 의미로 쓰이기도 하지만 여기서는 '갑자기, 잠깐'이라는 뜻을 가지고 있다. 그러므로 위 구절을 풀이하면 '잠시라도 험악한 마음을 드러내면 그것이 큰 도적이 될 바탕이 되고 남을 속이고 사람을 죽이는 데까지 나아간다'는 것이다.

　잠깐밖에 험악한 마음을 드러내지 않았는데 큰 도적이 되고 사기꾼이 되고 살인자가 된다고 하다니 너무 심한 말씀을 하는 것이 아닌가 싶기도 하다. 그러나 사람을 죽이는 데 그렇게 많은 시간이 걸리지 않고 잠깐이면 가능하다는 사실을 상기할 때 '잠깐'의 비중을 간과할 수 없다. 큰 도적이 되어 다른 사람 집에 몰래 침입하여 보석들을 훔치는 데는 꽤 많은 준비과정이 필요할지 모르나 도적질을 하겠다고 마음먹는 것은 잠깐이면 가능하다. 사람을 속여 정신적, 물질적 피해를 주는 일도 마찬가지다.

　예수도 형제에게 노하고 '라가(히브리인의 욕설)'라고 욕을 하는 것은 살인죄와 같다고 하였다. 말하자면 잠시 노하고 욕설을 하는 것이 살인의 씨가 되고 바탕이 된다는 것이다. 여자를 보고 음욕을 품기만 해도 간음을 한 것과 같다고 한 것도 이런 맥락에서 이해해야 할 것이다.

　'사로(乍露)', 즉 잠시 드러내는 것이 곧 전체 혹은 뿌리를 드러내는 것과도 같은 셈이다. 그러므로 잠깐의 실언과 실수도 극히 경계해야 할 것이다. 그런 실언과 실수를 하지 않기 위해서는 평소에 마음 전체와 인격을 잘 가다듬어 나가야 함은 말할 필요가 없겠다.

시기하는 마음을 없애려면

　프랑스의 저명한 문학평론가이자 사회인류학자인 르네 지라르(René Girad)의 『낭만적 거짓과 소설적 진실(Mensonge romantique et vérité romanesque)』은 소설 속 인물들의 욕망의 구조를 밝혀낸 저서로 유명하다. '욕망의 삼각형' 혹은 '삼각형의 욕망' 이라는 틀을 가지고 그러한 작업을 세심하게 성공적으로 해낸 셈이다.
　사람의 욕망이라는 것은 대개 욕망을 불러일으키는 중개자가 있기 때문에 생기게 된다는 것이다. 그 중개자가 역사적인 인물이거나 자신이 도저히 미치지 못할 수준에 있는 사람이라면 욕망의 주체와 중개자 사이에는 갈등이 생길 여지가 별로 없다. 이러한 욕망의 중개를 가리켜 '외면적 중개' 라고 한다.
　그러나 욕망을 불러일으키는 중개자가 가까이 있거나 욕망의 주체가 따라미칠 거리에 있는 경우는 중개자가 나중에는 욕망의 성취를 방해하는 역할을 하므로 주체와 중개자 사이에 갈등이 생기게 된다. 말하자면 중개자는 욕망을 불러일으켜놓고는 어느 시점에 이르러서는 욕망의 성취를 방해하는 이중적인 모습을 보이게 된다. 중개자는 사실 그렇지 않은데 욕망의 주체 자신이 중개자가 그런 방해를 하고 있다고 여기기도 한다.

이러한 욕망의 중개를 '내면적 중개'라고 하는데 여기서 주체와 중개자 사이에 일어나는 심리적 갈등의 중요한 내용으로 선망과 시기(질투), 무력한 증오들을 꼽는다. 르네 지라르는 선망에 관해 정의를 내린 막스 셸러(Max Scheler)의 말을 다음과 같이 인용하고 있다.

다른 사람이 소유하고 있는 것을, 그리고 내가 욕망하고 있는 것을 소유하지 못했다는 아쉬움, 그 자체만으로는 선망이 생겨난다고 보기는 어렵다. 선망이란 대상을 획득하고자 하는 수단을 사용하기 위해 투여된 노력이 실패하면서 무력감을 남기게 될 경우에만 생겨난다.

그러나 선망은 실패와 무력감의 결과로 생기기도 하지만 아무리 얻으려고 노력해보았자 얻을 수 없을 것이라는 체념에서도 생긴다고 할 수 있다. 가령 아직 등단하지 않은 문학청년이 유명한 작가를 선망한다고 할 때 그 선망에는 자기가 아무리 노력해도 그만한 작가가 될 수 없을 것이라는 체념이 깔려 있는 경우가 많다. 그런 경우에는 선망과 함께 존경심이 따르게 마련이다. 그러나 선망이 시기·질투의 싹으로 작용할 수도 있다.

문학청년이 그 유명작가를 선망하는 가운데 열심히 노력해서 드디어 등단을 하여 자기도 조금씩 이름을 얻게 되면 그 작가에 대한 심리적 태도가 달라지게 된다. 이제는 선망이 아니라 그 작가를 경쟁의 대상으로 삼으면서 시기·질투의 마음을 갖게 된다.

그러나 여전히 그 작가의 역량을 따라갈 수 없다는 사실을 속으로 인정하지 않을 수 없다. 이러한 패배감과 시기·질투가 합해지면 증오가 생기게 되는데, 이 증오는 대상을 향해 어떤 도전을 할 수 있는 적극적인 증오가 아니라 겉으로는 아무런 표현을 하지 못하는 무력한 증오일 뿐이다. 이러한 선망과 시기(질투), 무력한 증오 등을 르네 지라르는 소설 속 등장인물들의 갈등을 통하여 예리하게 지적해내고 있다. 그런데 르네 지라르보다 200년 전의 인물인 이덕무 역시 선망과 시기·질투의 관계를 잘 파악하고 있었다.

선심기심, 상위내외, 선제선심, 가무기심
(羨心忌心 相爲內外 先除羨心 可無忌心)

선망과 시기가 서로 안과 밖을 이루어 갈등이 생기게 되는 경우 먼저 선망, 즉 부러워하는 마음을 없애면 시기심이 생길 리 없다는 뜻이다. 선망이 선망 그대로 머물러 있을 수도 있지만 시기·질투로 발전할 수도 있음은 앞에서 말한 바와 같다. 그와 같이 선망이 시기·질투로 발전하고 무력한 증오의 단계로까지 나아가서 갈등이 심해지면 먼저 선망하는 마음을 버리는 것이 상책이다. 부러워하는 마음을 버리고 존경하는 마음만 가진다면 시기·질투에서 스스로 해방될 수 있는 법이다. 선심(羨心)과 기심(忌心)이 상위내외(相爲內外)의 상태가 될 수도 있다는 사실을 꿰뚫어보고 그 처방책을 제시하고 있는 이덕무의 혜안은 욕망의 삼각형 구조를 밝혀낸 르네 지라르의 통찰력 못지않다 할 것이다.

학자가 되려면 원만한 마음을 가져야

이덕무는 일생 동안 학자로서 공부하는 보람과 즐거움을 느끼며 살았다. 그런데 학문의 업적을 쌓는 데 골몰하다 보면 자신의 마음을 가꾸는 일에는 소홀하게 되기 쉽다. 하지만 마음을 가꾸는 일에 소홀하면서 아무리 많은 공부를 하여 학문의 업적을 쌓아보았자, 그것은 진정한 학문의 도리가 아니라 공명심의 발로에 지나지 않는다.

그런 식으로 학문을 해온 사람들은 대개 성품이 비뚤어져 있는 경우가 많다. 가장 인격이 훌륭한 지식인들이 모여 있을 것 같은 대학 강단에 오히려 성격 파탄자들이 다수 있는 것을 보는 것은 그리 이상한 일이 아니다.

이덕무는 전일본(錢一本)이라는 사람의 말을 인용하여 학문을 하는 학자의 성품이 어떠해야 하는가를 말하고 있다.

능각다, 전무혼후기상, 하이학위 (稜角多 全無渾厚氣像 何以學爲)

'능각'은 모가 난 각이라는 뜻으로 예리하게 각이 진 것을 가리키는 말이다. 그렇게 날카롭게 모가 난 구석이 많고 혼후(渾厚), 즉 넓고 원만한 마음이라고는 전혀 없는 성품을 가지고 어떻게 학문을 할 수 있겠느냐는 것이다. 그러니까 '능각다'와 '전무혼후기상'은 같은 말인 셈이다.

'시인과 촌장'의 하덕규가 부른 '가시나무'라는 곡을 보면 '내 속엔 내가 너무도 많아 당신의 쉴 곳 없네/ 내 속엔 헛된 바람들로 당신의 편할 곳 없네/(중략) 쉴 곳을 찾아 지쳐 날아온 어린 새들도 가시에 찔려 날아가고'라는 가사가 있다.

쉴 곳을 찾아 지쳐 날아온 어린 새들이 가시에 찔려 쉬지도 못하고 날아가버리는 내면의 삭막함이 잘 묘사되어 있다. 가시의 성격이 좀 다르긴 하지만, 원만한 성품을 가지지 못하고 모가 난 구석이 많은

서당 공부 | 맹자는 잃어버린 마음을 찾아가는 것이 학문의 목적이라 하였다. 기산 김준근.

학자들도 참된 학문을 배워보겠다는 꿈을 안고 찾아오는 어린 제자들을 마음의 가시들로 상처를 주어 내쫓기 십상이다.
그러한 성격의 학자는 다른 학자들과의 교제도 잘 이루지 못하여 자기 세계 속에 갇혀 살게 되고 자연히 학문의 발전도 답보 상태가 되고 만다.
맹자는 학문을 하는 목적에 관해 다음과 같이 말하고 있다.

학문하는 길은 다른 것이 아니라 잃어버린 자신의 마음을 찾아 가는 것일 뿐이다. (學問之道無也 求其放心而已矣)

잃어버린 마음을 찾아가는 것이 학문의 목적이라고 하였는데 학문을 한답시고 더욱 마음이 비뚤어져가면 차라리 학문을 하지 않는 편이 나을지도 모른다.
그러므로 학문을 하기에 앞서 넓고 원만한 성품을 키우기 위해 인격 수양부터 해야 할 것이다. 그리고 잃어버린 마음을 찾아가는 것이 학문의 목적임을 명심하고 학문의 발전에 맞추어 인격의 성장도 같이 이루어가야 할 것이다.
심리학자 카를 융(Cal Gustav Jung)도 인간 성품에 관하여 말하면서 사람은 '온전성'을 추구하기보다 '원만성'을 추구해야 된다고 하였다.

완전해지려고 애쓰는 것은 높은 이상을 추구하는 것이다. 그러나 나는 실현시킬 수 없는 것을 추구하느라 허둥대기보다는 차라리 실현시킬 수 있는 것을 실현하라고 말하고 싶다. 아무도 완전할 수 없다.「누가복음」18장 19절에서 하느님 한 분 외에는 선한 이가 없다고 한 말을 상기하라. 완전해질 수 있다고 생각하는 것은 하나의 환상에 불과하다. 우리는 가능한 한 원만한 사람이 되도록 정도껏 노력할 수 있을 뿐이다. 그 일만 해도 우리로서는 벅차다고 할 수 있다.

온전성을 추구하는 것은 완전주의에 빠질 위험이 있어 사람들과의 관계가 깨어지고 성격이 모난 가시처럼 날카로워지기 쉽다. 그러나 원만성을 추구하는 것은 마음의 모난 구석들을 다듬어 이질적인 여러 부류의 사람들과도 화합할 수 있는 마음가짐을 가지는 것이다.
 카를 융이 말한 '원만성'이 바로 이덕무가 말한 '혼후기상'일 것이다.

보는 것의 중요성

　사람이 무엇을 보느냐에 따라 그 마음 상태가 달라진다고 하는 것은 두말할 여지가 없다. 또한 사람의 마음 상태에 따라 보고자 하는 대상물들이 달라질 수 있을 것이다.
　특히 영상시대라고 일컬어지는 요즈음은 그 어느 때보다 각종 영상물들이 난무하는 가운데 우리의 시각을 맹렬하게 자극한다. 텔레비전에서는 케이블이나 위성채널들을 통하여 다양한 주제의 프로그램들이 홍수를 이루고 있고, 거기에다 현란한 홈쇼핑 광고는 우리의 눈을 어지럽히기에 충분하다.
　컴퓨터와 인터넷의 발달로 정지 영상과 동영상들이 유무선으로 순식간에 지구 이쪽 끝에서 저쪽 끝으로 이동하는 세상에 우리가 살고 있다. 인터넷을 통하여 쏟아지는 영상들은 그야말로 태평양 같은 바다를 이루고도 남는다.
　날마다 무차별적으로 전송되는 스팸메일들은 음란한 영상물들로 가득 차 있다. 인터넷이 이러한 쓰레기 같은 영상물들로 더러워지다 보니 '쓰레넷' 이라는 별명을 얻기도 한다. 연예인들의 누드 영상들이 핸드폰 액정화면에 뜨는 것은 이제는 일상적인 일이 되고 말았다.

폭력적이고 살인적이고 엽기적인 영상물들도 음란한 영상물들과 함께 바이러스들처럼 인터넷 속을 마구 돌아다니고 있다. 영화나 소설이 외설적이니, 폭력적이니 하는 언급들은 인터넷의 영향에 비추어보면 순박한 지적에 지나지 않게 되었다. 사전검열제도가 폐지되었다고는 하나 영화나 소설 같은 것은 결국 공공의 검열을 받게 마련이다. 그러나 사적으로 은밀하게 접하게 되는 인터넷 영상물들은 일일이 검열할 도리가 없다.

무엇을 보느냐에 따라 그 마음 상태가 달라진다고 할 때 인터넷의 각종 영상물들에 노출된 이 시대의 청소년들이 염려스럽지 않을 수 없다. 성인이라고 하여 그런 영상물의 영향에서 자유로운 것은 아니다.

심지어 인터넷을 비롯한 미디어들을 동원하여 온 세계의 사람들을 미디어 섹스, 가상현실의 섹스로 유도하려는 거대한 음모가 나름대로 정치적이고 사회학적인 이유를 내세우며 진행되고 있기도 하다.

세계적인 사이버문화 이론가로 유명한 더글러스 러시코프(Douglas Rushkoff)는 자신의 저서 『미디어 바이러스(Media Virus! Hidden Agendas in Popular Culture)』에서 그러한 현상을 분석하며 메타미디어 행동주의자인 시리우스의 말을 인용하고 있다.

미디어가 우리 모두를 서로 엮어놓은 것은 그냥 이야기하고 상냥하게 대하기 위해서가 아니라 이상야릇한 짓을 하도록 자극하기 위해서입니다. 어떤 의미에서는 아무에게도 해를 입히지 않으면서 인간의 경험상 필요한 것을 표현할 수 있는 장소를 찾으려고 우리는 미디어 섹스라든가 SM(사디스트-마조히스트) 문화를 개발하고 있는 것일 테지요.

이러한 영상물의 영향력보다는 덜 자극적이지만 여전히 인쇄물의 영향력도 무시할 수 없다. 우리가 어떠한 인쇄물들을 보느냐에 따라 우리의 가치관들도 달라지게 마련이다. 책은 말할 필요가 없고 어떤 종류의 신문을 보느냐에 따라 시국관과 세계관이 달라질 수 있다. 그리고 우리가 자연 풍광을 자주 보느냐, 삭막한 도시에서 딱딱한 빌딩과 아파트, 아스팔트 등을 주로 보느냐에 따라 우리의 의식이 또한 달라질 수 있다.

우리는 우리 자신의 정체성과 가치관, 세계관을 지켜내기 위해 이전보다 더욱 경계하며 깨어 있어야 하는 시대에 살고 있는 셈이다. 자칫 방심하면 우리 앞에 보이는 대로 보는 가운데, 우리의 의식이 흐려지기 쉽다.

어떤 기독교 교단에서는 텔레비전 자체를 사탄의 도구로 여기고 텔레비전을 사서 시청하는 자체를 금기시하기도 한다. 텔레비전을 구입하여 집안에 들이면 그 교단에서 파문을 당하게 된다.

그와 같이 극단적으로 나가서는 곤란하지만 아무튼 우리가 보고자 하는 바를 스스로 잘 선택해야 할 필요성이 있다.

이덕무는 영상물이 현란한 그런 시대에 산 것은 아니지만 무엇을 보느냐 하는 것이 인간 정신에 얼마나 중요한가를 일찍이 간파하고 있었다. 나윤(羅倫)이라는 사람의 말을 인용하여 다음과 같이 말하고 있다.

소견전, 즉소수고 (所見專 則所守固)

여기서 '전(專)'은 여러 가지가 어지럽게 섞이지 않은 상태를 가리킨다. 다시 말해 이랬다저랬다 변덕을 부리지 않는 것을 뜻한다.
그러니까 위 구절은 '보는 것이 한결같으면 굳게 지킬 수 있다'는 말이다. 무엇을 지킨다는 것인가. 말할 필요도 없이 마음을 지킨다는 말이다. 눈과 마음을 엉뚱한 데 빼앗기기 쉬운 이 시대에 다시 한 번 새겨들어야 할 권면이 아닐 수 없다.
'눈이 범죄하면 차라리 눈을 빼어버려라'는 성현의 무서운 충고도 있긴 하지만, 적어도 그와 같은 자세를 가지려고 노력하는 가운데 보는 것을 잘 선택하여 마음을 굳게 지켜나가야 할 것이다.

경계해야 할 거지근성

흔히 주는 것이 받는 것보다 복이 있다고 하고 『명심보감(明心寶鑑)』에서도 '시인포덕(施仁布德)'이라 하여 다른 사람들에게 베푸는 일을 많이 할 때 자손 대대로 번영과 창성함이 보장된다고 하였다. 하지만 인간의 본성은 베풀고 주는 것보다는 받는 것을 좋아하는 경향이 농후하다. 이해득실을 따져 손해가 된다고 생각할 때는 자신의 이익을 악착같이 지키려고 애를 쓰며 어떤 경우는 수단 방법도 가리지 않는 극단적인 투쟁을 강구하기도 한다.

서로 베풀고 주려는 방향으로 나아간다면 우리 사회가 얼마나 살기 좋은 곳이 될 것인가. 그러나 날이 갈수록 우리 사회는 자기만 살려고 부정축재와 살인까지도 서슴지 않는 무서운 세상이 되어가고 있다.

물론 우리가 베풀고 주기만 하면서 살아갈 수는 없다. 어떤 때는 받는 것도 좋은 일이다. 감사한 마음으로 받고 또 그 은혜를 갚아나가면 된다. 그런데 받는 것에 편집증적인 집착을 보이는 사람들이 있다. 이런 습성을 가리켜 거지근성이라고 하는데 여기에 대해 이덕무가 따끔하게 일침을 가하고 있다.

부지기한, 이기성벽, 견인지물, 첩구걸자, 진천인야
(不至飢寒 而其性癖 見人之物 輒求乞者 眞賤人也)

 기한(飢寒), 즉 굶주리고 추위에 떠는 지경에까지 이르지 않았는데도 남의 물건을 보기만 하면 구걸하기에 급급한 사람은 참으로 천박하기 그지없는 자라는 뜻이다.
 여기서 '첩(輒)'이라는 어려운 한자를 만나게 되는데 '문득, 갑자기'라는 의미를 가지고 있다. '첩구걸자'는 그냥 구걸하는 정도가 아니라 보자마자 게걸스럽게 구걸하는 자를 가리키는 셈이다.
 조선시대 선비들은 아무리 춥고 배고파도 궁색한 기색을 드러내지 않고 쌀을 안쳐 밥을 짓는 양 거짓 연기를 아궁이에서 피웠다고 하지 않는가. 그만큼 자존심이 세었다는 말인데 조금 어렵다고 첩구걸자가 되는 것은 선비인 이덕무가 볼 때 비루하기 짝이 없었을 것이다. 이덕무로서는 차라리 굶어 죽을지언정 그런 비굴한 모습은 보이고 싶지 않았을 것이다.
 해방 무렵 한국에 '가지시오'라는 별명을 가진 목사가 있었다. 그 목사는 누가 "당신 구두가 참 좋군요" 하면 그 자리서 구두를 벗어 "가지시오" 했다고 한다. "당신 시계가 참 좋군요" 하면 그 자리서 손목에 차고 있는 시계를 풀어 "가지시오" 했다.
 그렇게 베푸는 삶을 살면서 어렵게 교회를 개척하여 제법 아담한 교회당을 짓게 되었다. 헌당식 날 많은 사람들이 와서 축하를 해주었다. 그런데 목사들이 "교회당 참 좋군요" 하자 그 목사는 교회당을 후배 목사에게 물려주고 자기는 또 개척을 하러 떠났다는 일화가 있다.

그런데 첩구걸자가 '가지시오' 목사를 만났다면 어떻게 되었을까. 그 목사는 순식간에 빈털털이가 되고 말았을 것이다.

일가친척 중에 첩구걸자가 있으면 그 집안은 큰 골칫거리를 안고 있는 셈이다. 형제들이 아무리 힘을 써서 재물을 모아도 그 첩구걸자로 말미암아 금방 바닥이 나고 마는 경우가 많다. 특히 사업을 하다가 자금난에 쫓기게 되면 첩구걸자로 변신하여 일가친척들의 안녕이야 어떻게 되든 그들의 재산을 말아먹는 자들이 있는데 참으로 안타까운 일이 아닐 수 없다.

정치하면서 돈이 필요하게 되면 돈 있는 자들을 위협까지 해가며 불법자금을 끌어모으는 자들 역시 첩구걸자라 할 수 있다.

아무리 다른 사람들의 도움을 요청할 수밖에 없는 어려움 가운데 있다 하더라도 인간의 자존심을 포기하면서까지 천박하고 비굴한 모습을 보여서는 안 될 것이다.

욕심을 줄여라

과욕자, 사무여련, 생무랑우 (寡慾者 死無餘戀 生無浪憂)

과욕에는 욕심이 넘치는 상태인 과욕(過慾)과 욕심을 줄인 상태인 과욕(寡慾)이 있다. 그런데 욕심을 줄인 자는 죽음에 임하여도 생에 대해 연연해 하지 않고 살아서도 낭우(浪憂), 즉 쓸데없는 걱정에 시달리지 않는다고 하였다.

낭우에 대해서는 약간 설명이 필요하겠다. 쓸데없는 걱정이라고 일단 풀이하였지만, 여기서는 욕심이 많은 데서 생기는 허황된 걱정이라고 하는 편이 좀더 정확한 표현이 되겠다.

생계도 잇기 힘든 가난한 자가 의식주에 대해 걱정하는 것은 낭우라고 할 수 없을 것이다. 하지만 어느 정도 사는 사람이 자족할 줄 모르고 지나치게 욕심을 부려 훨씬 더 좋은 집을 얻지 못해 노심초사한다면 그것은 낭우에 속하는 셈이다.

또한 자신의 분수를 모르고 지나치게 높은 지위를 탐한다든지, 자기 재능의 부족을 인정하지 않고 세계적인 예술가가 되지 못해 고민하는 경우들이 낭우라고 할 수 있다.

불교에서는 인간의 모든 고뇌와 걱정들이 인간의 욕심에서 비롯된다고 하여 불길처럼 타오르는 욕심을 잠재우려고 수행을 한다. 열반(涅槃)이라고 번역되는 산스크리트어 '니르바나(nirvāna)'는 원래 촛불이 꺼진 상태를 가리킨다. 촛불이 꺼진 것처럼 욕망의 불이 사그라들면 그와 함께 많은 번민들이 사라져 참된 평안이 찾아온다는 것이다.

기독교에서도 신자를 정의하기를 '정과 욕심을 십자가에 못 박은 사람들'이라고 하였다. 십자가에 못 박는다는 것은 촛불을 끈다는 것보다 더 적극적인 표현이다.

그런데 현실의 불교인과 기독교인들을 보면 일반 사람들보다 더 많은 욕심을 가지고 그야말로 낭우들을 안고 살아가고 있는 경우가 많은 것 같다.

특히 자본주의 사회에서 돈을 탐하는 마음 때문에 사람들이 여러 가지 걱정 속에 고통을 당하고 있다.

돈을 탐하는 사람들에게 사도 바울이 다음과 같이 경고하고 있다.

> 부하려 하는 자들은 시험과 올무와 여러 가지 어리석고 해로운 정욕에 떨어지나니, 곧 사람으로 침륜과 멸망에 빠지게 하는 것이라. 돈을 사랑함이 일만 악의 뿌리가 되나니, 이것을 사모하는 자들이 미혹을 받아 믿음에서 떠나, 많은 근심으로써 자기를 찔렀도다.

여기서 '많은 근심'이라는 것은 욕심을 줄이면 하지 않아도 될 근심이므로 곧 낭우인 셈이다.

　욕심을 줄이면 죽음을 대하는 태도도 달라진다. 흔히 우리 인생을 가리켜 빈손으로 왔다가 빈손으로 가는 '공수래공수거(空手來空手去)' 인생이라고 한다. 죽음이라고 하는 것은 실제적으로 '소유의 종말'을 의미한다. 내가 소유하고 있다고 생각하는 모든 것들을 두고 가는 것이 죽음이다.

　우리가 죽음에 대해 두려워하고 꺼려하는 이유 중의 하나도 우리가 소유하고 있는 것들을 포기하고 싶지 않기 때문일 것이다. 그러므로 소유에 대한 욕심을 줄이면 생에 대해 지나치게 집착하거나 연연해하지 않고 죽음이라는 현실을 담담하게 맞이할 수도 있을 것이다.

　나이가 늙어 세상을 떠나기 전에 자신이 일생 동안 모은 자산을 기부하여 사회에 환원하는 분들은 어쩌면 죽음을 맞이하여 생에 대해 연연해하지 않도록 미리 준비하는 것인지도 모른다.

재주 많은 자가 유념할 점

자고, 무인재지대인, 무둔재지세인
(自古 無吝財之大人 無鈍才之細人)

옛날부터 재물에 인색한 대인 없고 재주가 둔한 세인 없다는 뜻이다.
 '세(細)'는 자세하다는 뜻으로 주로 쓰이나 여기서는 '좀스럽다, 잘다'는 뜻으로 쓰였다. 그러므로 '세인'은 마음이 좁고 됨됨이가 좀스러운 사람을 가리키는 말이다. 좀스러운 사람을 멸시하는 투로 좀것, 좀놈, 좀녕 등으로 부르기도 하였다.
 재물에 인색한 대인 없다는 말은 쉽게 이해할 수 있으나 재주가 둔한 좀스러운 사람 없다는 말은 설명이 필요하겠다.
 이 말을 뒤집어보면 재주가 많은 사람들은 대개 좀스러운 성격을 가지고 있다는 말이 된다. 재주가 많으면 성품도 다른 사람들보다 나을 것 같으나 우리 주변을 살펴보아도 그렇지 않은 것을 금방 알 수 있다.
 요즈음 아이큐(IQ)니 이큐(EQ)니 하는 말들이 자주 사용되고 있다. 머리가 좋고 재주가 많다고 해서, 다시 말해 아이큐가 높다고 해서 이큐, 즉 사람들과 얼마나 좋은 관계성을 맺느냐를 알아보는 감성지수가 높지는 않다고 한다. 아이큐와 이큐가 서로 비례하는 것이 아니라 오히려 반비례하는 경향이 많다고 할 수 있다.

그럼 재주가 많은 사람이 왜 좀스러워지는 경향이 있는가.

그것은 무엇보다 자기 재주로 인하여 마음이 교만해지기 쉽기 때문이다. 마음이 교만해지면 다른 사람들을 이해하려고 하기보다 잘난 체하며 판단하고 비난하는 데 익숙해지게 된다. 자신은 똑똑하고 바른말을 한다고 생각하기 쉬우나 자신의 고지식하고 좁은 마음을 드러낼 뿐이다.

그리고 자기 재주를 갈고닦는 일에 온 신경을 쓰다 보면 인간관계를 원만하게 가지는 사회적응력이 떨어지게 된다. 세상 사람들이 위대한 예술가로 인정하는 사람들 중에 괴팍한 성격의 소유자들이 많은 것도 이 때문이다.

그러나 재주가 둔한 사람들은 자신의 분수를 알고 겸손해질 줄 안다. 또한 재주가 둔하기 때문에 머리 좋은 사람들보다 더욱 성실하게 노력하려고 한다. 재주가 둔한 사람들이 겪는 마음의 아픔들을 이해하고 그들을 품을 줄 안다.

물론 재주가 둔한 사람들도 열등감과 원망으로 마음이 비뚤어지는 경우가 있기도 하지만 그래도 재주가 많은 사람들보다는 훨씬 정신 건강이 양호한 편이라 할 수 있다. 조울증이나 정신분열 같은 정신병도 재주가 둔한 사람들은 잘 걸리지 않는다고 한다.

재주가 둔하다고 인생의 실패자가 되는 것은 아니다. 둔한 재주를 갈고닦아 키워가는 가운데 선천적으로 많은 재주를 타고난 자들을 앞지를 수도 있고, 인간관계들을 원만하고 폭넓게 맺어 좋은 영향력을 끼칠 수도 있다.
　이덕무는 그 당시 최고의 문인으로서 주위에 재주 많은 사람들이 널려 있었다. 그런데 그들의 성품은 재주와는 상관없이 좁아터져 있는 것을 보고 옛 선현들의 말씀을 떠올렸음에 틀림없다.
　그럼 재주가 많으면 좁스러워질 수밖에 없는 것인가. 그렇지는 않을 것이다. 자신의 성품을 어떻게 갈고닦느냐에 따라 재주가 많으면서도 도량이 넓은 대인이 될 수도 있을 것이다.
　재주가 많은 사람은 바로 이 점을 깊이 유념해야 할 것이다.

사람을 도우려면

　흔히 돈이 많아야 남도 도울 수 있다고 생각하기 쉽다. 그런데 돈이 많은 부자가 어려운 사람들을 돕는다고 하더라도 그들의 처지를 잘 이해하지 못하기 때문에 돈의 전달에 그치기 십상이다. 또한 사회적인 체면 때문에 할 수 없이 기부하는 경우도 많다.
　물론 어려운 형편 가운데서 자수성가하여 부자가 된 사람들은 처음부터 부자인 사람들과는 다를 것이다. 하긴 처음부터 부자인 사람들도 인격과 성품에 따라 어려운 사람들을 돌아보는 마음이 각별할 수도 있다.
　문제는 제법 잘살면서도 사치스런 생활을 하느라 다른 사람을 도와줄 여유가 없는 부자들의 경우다. 이런 사례를 이덕무는 '사자, 자봉후, 고, 상부족이반인(奢者 自奉厚 故 常不足而反吝)' 이라고 하였다. '사치스런 자는 스스로 씀씀이가 큰 생활을 즐겨 하므로 항상 돈이 부족하여 오히려 인색해진다' 는 뜻이다.
　겉으로는 넉넉한 것 같으나 헤프게 쓰는 바람에 늘 돈을 구하느라 허둥대며 정말 도와주어야 할 사람들에 대해서는 인색한 사람들이 많다. 빚을 내어서라도 명품들을 구입하는 데는 아까운 줄 모르면서 어려운 이웃을 만나면 구두쇠로 돌변하고 만다.

　남을 돌아보고 돕는 삶을 살기 위해서는 무엇보다 검소한 생활이 필요하다. 여기에 대해 이덕무는 다음과 같이 강조하고 있다.

　　검자, 자봉절, 고, 상유여이능시 (儉者 自奉節 故 常有餘而能施)

　검소한 자는 스스로 절약하기를 좋아하므로 항상 남는 것이 있어 남을 도와줄 수 있다는 뜻이다. 여기에 검소하게 사는 목적이 제시되어 있는 셈이다. 나중에 자기만 잘살기 위해 검소한 생활을 하며 악착같이 돈을 모으는 것이 아니라 절약하여 남는 것으로 다른 사람을 돕기 위해 그러는 것이다.

　인생 말년에 큰돈이 모아지면 한꺼번에 기부하여 사회환원을 하는 것도 좋지만, 평소에 절약하는 그만큼 어려운 이웃을 꾸준히 도와나가는 것이 더욱 값진 일이다.

　자신은 종이들을 주워 푼돈을 벌면서도 절약하여 모은 돈으로 자기보다 더 어려운 이웃을 돌아보는 사람도 있고, 이발소 일을 하여 번 돈으로 정기적으로 양로원을 찾아가서 선물을 전달하고 자기 이발 기술로 무료봉사하는 사람도 있다. 이런 사람들이, 평소에는 어려운 이웃에 대해 별로 관심이 없다가 나라에 수해나 재해가 닥쳤을 때 큰돈을 기부하는 사람들보다 더 고마운 법이다.

　제법 잘사는 부자들이 평소에 검소한 생활을 하며 절약하는 가운데 어려운 이웃들을 널리 돌아본다면 이 땅에서 빈부 격차로 인한 문제들이 많이 해결될 수도 있을 텐데, 여전히 빈부 격차가 심해지는 걸 보면 아직도 검소한 부자들보다 사치스런 부자들이 훨씬 더 많은가 보다.

  한 달에 2만 원만 지원해주면 교육비와 생활비가 충당되는 어린이들이 세계 각지에 널려 있다.

어떤 형편에 처하든지

　사도 바울은 수많은 난관을 극복한 후에 빌립보 교인들에게 말하기를, '내가 비천에 처할 줄도 알고 풍부에 처할 줄도 알아 모든 일에 배부르며 배고픔과 풍부와 궁핍에도 일체의 비결을 배웠노라'고 하였다.
　여기서 중요한 구절은 '배웠노라'는 말이다. 바울도 처음부터 '일체의 비결'을 안 것은 아니었다. 여러 가지 인생의 경험과 시련들을 통하여 하나씩 배워왔다는 것이다.
　예상치 못한 시련들을 만났을 때 바울도 시행착오를 범하기도 했을 것이다. 하지만 그는 쉽게 낙담하지 않고 그 가운데서도 상황에 적응하고 극복하는 비결을 배워나갔다. 그런데 좋지 않은 상황뿐만 아니라 좋은 상황에서도 거기에 처하는 비결을 배울 필요가 있다. 좋은 상황에서 교만해지거나 안일해지거나 하여 잘못 처신하다가는 금방 상황이 나빠질 수도 있기 때문이다.
　조선시대 선비들은 여러 사회적 변화와 정치적 변화로 인하여 벼슬에 올랐다가 내쫓기기도 하고 귀양을 갔다가 다시 권력의 한복판으로 복귀하기도 하는 등 인생 여정에 부침(浮沈)이 많았다. 그야말로 비천해지기도 하고 풍부해지기도 하고 배고픈 지경을 당하기도 하고 배부른 세월을 보내기도 하였다.
　이러한 부침이 있을 때 어떠한 삶의 자세를 가져야 하는지 이덕무는 간략하지만 아주 중요한 권고를 다음과 같이 하고 있다.

귀사하사(貴思下士)

　귀하게 되었을 때, 다시 말해 높은 자리에 올랐을 때 신분이 낮은 사람들을 생각하라는 뜻이다. 자신이 낮은 자리에서 여러 가지 수모를 당한 경험이 있으면서도 높은 자리에 오르면 그런 것들을 금방 잊고 낮은 사람들의 심정을 헤아리지 않는 경향이 있다. 이전의 어려움들을 잊지 않고 기억하고 있는 사람들 중에는 나도 그랬으니 너희들도 당해보라는 식으로 자기가 당한 일을 그대로 아랫사람들에게 되물려주는 자들도 있다.
　높은 자리에 있을 때 자아도취에 빠져 교만을 부리지 않고 낮은 자들의 심정을 헤아려준다면 나중에 낮은 자리로 떨어져도 돌보아주는 사람들이 많이 있게 될 것이다.

부사시인(富思施人)

　부자가 되어 풍부해졌을 때 남을 도와줄 생각을 하라는 뜻이다. 이것이 바로 풍부에 처하는 비결인 셈이다. 어렵게 고생하여 부자가 된 사람들 중에는 어떻게 번 돈인데 하며 오히려 구두쇠가 되고 일가친척에 대하여 인색해지는 자들이 있다. 반면에 부자가 되었다고 흥청망청 돈을 쓰며 방탕한 생활을 하다가 몸과 정신이 망가지는 자들도 있다.

　어떤 계기로 부자가 되었든 자신에게 들어온 재물을 자기 마음대로 쓸 수 있는 소유로 여기지 말고 하늘이 나에게 맡겨준 것으로 알아 좋은 일에 쓰도록 해야 할 것이다. 특히 어려운 이웃들을 재물로 도와주는 일에 마음을 써야 할 것이다.

　풍부에 처하는 비결을 배운 바울은 수제자인 디모데에게 편지하면서 재물이 풍부한 부자들에게 다음과 같이 권면하라고 하였다.

　네가 이 세대에 부한 자들을 명하여 마음을 높이지 말고 정함이 없는 재물에 소망을 두지 말고 오직 우리에게 모든 것을 후히 주사 누리게 하시는 하나님께 두며 선한 일을 행하고 선한 사업에 부하고 나눠주기를 좋아하며 동정하는 자가 되게 하라. 이것이 장래에 자기를 위하여 좋은 터를 쌓아 참된 생명을 취하는 것이니라.

　이와 비슷한 성현들의 말씀은 수도 없이 많이 있다.

천사지분(賤思知分)

　낮은 자리에 처하게 되었을 때는 불평하고 원망하기 쉽다. 그래서 자기가 맡은 직분과 일을 충실하게 하지 않으려는 경향이 있다. 그러다 보면 사람들의 신망을 잃게 되고 더욱 더 낮은 자리로 떨어지기 십상이다.

　하지만 천사지분, 즉 천하게 되었을 때 분수를 알아 스스로 만족하는 태도를 가지면 그 자리에서도 자기 할 일을 찾아 성실하게 살아 갈 수 있다. 그러면 다른 사람들로부터 인정을 받고 차츰 더 좋은 자리로 나아가게 될 것이다.

천하게 되었을 때 이전에 비해 얼마큼 비참해졌느냐 하는 것만 생각하면 자신의 분수를 알아 자족하기 힘들다. 그러나 이 정도만이라도 천하게 된 것을 다행으로 여기고 자기보다 더 나쁜 처지에 있는 사람들을 생각한다면 그래도 감사하는 마음이 생기게 될 것이다. 작은 감사의 불씨를 자꾸 키워 자기 마음을 덮도록 하는 태도가 '천사지분'인 셈이다.

빈사수신(貧思守身)

가난하게 되었을 때 자기 몸을 지킬 것을 생각한다는 뜻이다. 가난하게 되면 자포자기하는 심정으로 되는대로 살다가 몸이 망가지기 쉽다. 특히 잘살다가 무슨 일로 인하여 재산을 잃어버리게 되면 화병까지 생겨 술기운으로 마음을 달래다가 점점 폐인이 되기도 한다.

그러나 현재 가난하다고 하더라도 내 몸이 건강하다면 열심히 일을 하여 재산을 모아갈 수 있는 법이다. 재물을 잃는 것은 건강을 잃는 것보다는 적게 잃는 것이다. 그러므로 가난하게 되었을 때는 무엇보다 자신의 몸을 지켜 건강을 잃지 않는 것이 중요하다.

값비싼 음식을 많이 먹는다고 해서 건강해지는 것은 아니다. 옛날에 가난한 사람들이 먹었던 현미밥이 현대인의 건강식이 된 것만 보아도 그 사실을 알 수 있다. 적게 먹어서가 아니라 많이 먹어서 성인병들이 생긴다는 것은 현대 의학도 인정하는 바다. 물론 끼니조차 없는 극한 가난은 예외이긴 하지만 웬만한 가난은 절약하며 정신만 잘 차리면 몸의 건강을 지키면서 극복해나갈 수가 있다.

  재물까지 잃고 건강까지 잃으면 참으로 어려운 지경에 처하게 된다. 가난할수록 자기 몸을 잘 챙겨 건강을 잃지 않도록 각별히 주의해야 할 것이다.

  이상과 같이 '귀사하사' 하고 '부사시인' 하며 '천사지분' 하고 '빈사수신' 하는 자세로 어떤 형편에나 지혜롭게 처할 줄 아는 사람을 두고, 누가 군자(君子)라 하지 않을 수 있겠느냐고 이덕무는 우리에게 반문하고 있다.

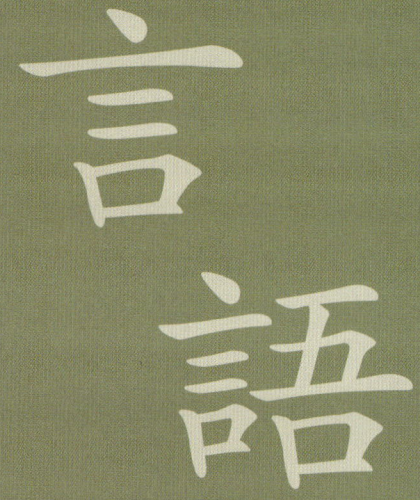

일생 동안 쌓아온 공적이 한마디 말실수로 무너져내리는 것은 참으로 안타까운 일이다. 그러나 말을 하는 것은 결코 쉬운 일이 아니다. '구용' 중에도 '구용지', '성용정'과 같이 말과 관련된 지침이 두 개나 되는 데서 알 수 있듯이, 말을 할 때는 항상 주의를 기울여야 한다.

제2장

언어 言語
언어생활에 관한 교훈들

말을 할 때 해서는 안 될 행동들

언어생활에 관한 교훈으로 들어가면서 '불가(不可)'라는 단어가 여덟 번이나 반복되고 있다. 무엇을 해서는 안 된다는 말인가 하나씩 살펴보기로 한다.

이남(呢喃)

'이남'은 지저귈 이(呢)와 재잘거릴 남(喃)이 합해진 단어이다. 말을 할 때는 새가 지저귀듯이 수다스럽게 재잘거리지 말라는 것이다.

특히 여러 사람들이 회의를 하거나 대화를 나누고 있는데 두 사람이 서로 붙어서 귓속말을 주고받으며 '이남' 하고 있으면 전체 분위기를 깨고 만다. 그렇게 긴히 이야기할 내용이 있으면 단둘이 따로 자리를 만들어 주고받는 것이 좋을 것이다.

또한 카페나 음식점 같은 데서 다른 사람들이 옆에 있는데 둘이서 '이남' 하고 있는 것도 꼴불견이다.

다른 사람들은 없고 단둘이 있을 때도 지나치게 수다를 떨면서 재잘거리는 것은 서로를 피곤하게 한다.

조추(嘲啾)

'조(嘲)'는 주로 조롱한다는 의미로 쓰이지만 '시끄러울 추(啾)'와 합해지면 큰소리로 떠든다는 의미가 된다. 그러니까 조추는 이남보다 더 소란스런 상태를 가리킨다.

이남은 여자들이 범하기 쉽다면 조추는 남자들이 범하기 쉬운 법이다. 한국 남자들은 술이라도 한잔 들어가면 왜 그렇게 목청이 높아지는지, 옆에 있는 사람들은 아예 염두에 두지도 않는다. 요즈음 지하철 같은 데서 핸드폰으로 통화를 하면서도 큰소리로 떠드는 사람들 때문에 여간 곤혹스럽지가 않다. 통신 수단이 발달하는 것도 좋지만 통신 예절부터 갖추어야 할 것이다.

산만(散漫)

말을 할 때 산만하게 해서는 안 된다는 것은 기본 상식에 속한다. 그러나 이러한 기본 상식이 실제 언어생활에서는 잘 지켜지지 않는 경우가 많다. 토론의 달인이라고 하는 사람들도 텔레비전 토론 시간에 나와 이야기를 하는 것을 보면 금방 요점을 잃어버리고 이것저것 주워섬기기에 급급하는 것을 보게 된다.

자신이 주장하고자 하는 바가 분명하지 못하고 모호할 때, 그리고 무언가 속으로 숨기고 있는 채로 이야기할 때, 한꺼번에 많은 것을 이야기하고 싶은 욕심이 있을 때, 말이 요점을 잃고 산만해지기 쉽다.

그러므로 이야기하고자 하는 바를 한 문장 정도로 요약하여 마음에 간직해두고 나서 말을 시작하는 것이 좋다. 또한 한꺼번에 많은 것을 이야기하려는 욕심보다는 말에도 글처럼 문단이 있다고 여기고 한 문단에 한 가지 생각만 담고자 한다면 산만해지는 것을 피할 수 있을 것이다.

말의 내용이 산만해서도 안 되지만 말을 하는 태도가 산만해서도 안 된다. 딴 데 눈길을 주면서 이야기를 한다든지 손으로 딴 짓을 하면서 이야기를 해서도 안 될 것이다.

지체(遲滯)

선천적으로 말을 더듬는 사람은 할 수 없지만 보통 사람들이 대답을 느리게 한다든지 이야기를 쉬엄쉬엄 축 늘어지게 한다든지 하면 상대방은 답답하기 이를 데 없다. 상대방이 무슨 말을 할 때 주의깊게 듣고 있다가 대답이 필요한 경우는 지체하지 않고 대답을 하고, 말을 받아야 할 경우 역시 적당한 시점에 말을 받아 대화를 이어가야 할 것이다.

그리고 지루하게 자기만 이야기할 것이 아니라 상대방이 말을 받을 기회를 그때그때 주어야 한다. 다시 말해 상대방이 말을 받을 기회를 주는 면에 있어서도 지체해서는 안 된다.

부모가 부르거나 묻는데도 대답을 지체하는 아이들이 있는데 그것은 예의에 크게 어긋나는 일임을 어릴 적부터 가르쳐야 할 것이다.

면전(緜纏)

얽히고설킨 상태를 가리켜 '면전'이라고 한다. '산만'보다 더 뒤죽박죽인 상태가 면전이다.

정신분열증의 특징이 이말 했다 저말 했다 하는 사고의 분열인데 그 정도까지는 아니더라도 그때그때 연상작용에 의하여 머리에 떠오르는 대로 이야기를 해대는 사람들이 있다.

면전 상태에 있는 사람들은 대개 자기 이야기에 도취되어 신이 나서 이야기하지만, 그런 말을 듣고 있는 사람은 귀와 머리가 어지러워져 제발 상대방의 말이 빨리 끝나기를 바랄 뿐이다.

그러므로 이야기를 할 때에 지나치게 곁가지를 치지 않도록 주의해야 한다. 곁가지를 치더라도 얼른 절제하여 다시 본 가지로 돌아와 숨을 고르도록 해야 한다.

절락(絶落)

절락은 문자 그대로 끊어버리는 것을 말한다. 상대방이 한 단위의 말을 마무리하기도 전에 중간에 끼어들어 말을 끊어버리고 자기 이야기를 해나가면 대화가 정상적으로 이어질 수가 없다. 아무리 상대방이 자기 견해와 다른 이야기를 하고 있더라도 일단은 한 단위의 말이 끝날 때까지 기다렸다가 적당한 시점에 대응하는 지혜가 필요하다.

대개 절락하는 사람들은 상대방이 이야기하는 동안 그의 말을 듣고 있기보다 자기가 하고 싶은 말들만 머릿속에 떠올리고 있는 경우가 많다.

저잔(低殘)

저잔은 저속하고 잔인하다는 뜻이다. 저속하고 잔인한 말을 삼가야 한다는 것은 두말할 필요가 없다. 그러나 우리 사회를 보면 저잔

한 말들과 구호들이 난무하는 가운데 자기와 다른 견해를 가진 자들을 무자비하게 공격하는 풍조가 만연하다. 그런 말들은 더욱 더 감정적인 측면을 자극하게 되고 이성적인 판단을 흐리게 하여 상대방의 적개심을 북돋울 뿐이다.

또한 유머의 단계를 넘어선 저속한 음담패설들도 삼가는 것이 마땅하다.

폭급(暴急)

아무리 화가 나더라도 말을 사납고 급하게 하지 않는 것이 좋다. 하지만 대부분의 사람들은 화가 나면 금방 어투가 사납고 급하게 된다. 특히 말다툼을 하게 될 때 사납고 급하게 할수록 손해를 보게 된다. 건강에도 좋지 않고 상대방을 설득하는 데도 불리하다.

말을 느리게 지체해서도 안 되고 급하게 해서도 안 된다고 하니 말을 하는 일이 쉬운 일은 아님에 틀림없다. 발성기관이 고장나지 않은 이상 말소리를 내는 것보다 쉬운 일이 없는데도 사실은 여간 조심스러운 일이 아니다. 쉽게 말할 수 있기 때문에 사람에게 상처를 주기도 쉽다.

『명심보감』에서도 '구설자멸신지부야(口舌者滅身之斧也)'라고 하였다. '입과 혀는 사람의 몸을 멸하는 도끼와 같다'는 말이다. 도끼는 함부로 휘둘러서는 안 되는 법이다.

기쁠 때의 말과 노여울 때의 말

 이덕무는 자기가 살아오면서 경험한 바라고 하면서 기쁠 때의 말과 노여울 때의 말의 특징을 밝히고 있다.

 기쁠 때 말의 특징은 '첨이과(諂而夸)'다
 여기서 '과(夸)'는 자랑하고 떠벌린다는 뜻이다. 이 '과'에 말씀 언(言) 변이 붙으면 과장할 과(誇) 자가 된다. 자랑하고 떠벌리게 될 때 자연히 과장하게 마련이다. '첨(諂)'은 아첨할 첨이다.
 사람이 무슨 일로 인하여 기뻐지게 되면 자랑하고 떠벌릴 뿐만 아니라 아첨하는 말을 늘어놓게 된다. 가령 선거에서 승리를 거둔 정당원들의 경우, 선거 직후에 기쁨에 들떠서 자기 정당이 세상을 다 차지한 듯이 떠벌리기 쉽고 특히 지도자에게 아첨하는 말을 늘어놓기 쉽다.
 정치인이 여론조사에서 크게 이기고 있다고 기쁜 나머지 자랑하고 떠벌리다가 큰 실수를 범하기도 한다. 비단 정치인뿐이겠는가. 누구나 기쁨이 차오를 때 말 실수를 하지 않도록 주의해야 하는데 그게 그렇게 쉬운 일은 아니다. 기쁨의 감정이 이성의 제어장치를 부수고 넘쳐흐르기 때문이다.

노여울 때 말의 특징은 '격이승(激而乘)'이다
'격(激)'은 한자 사전에 보면 '물결 부딪쳐 흐를 격'이라고 풀이하고 있다. 노여움이 생기면 감정이 거친 물결처럼 출렁이면서 밀려가 이성의 방파제를 타고 넘어버린다. 음성이 떨리며 높아지는 것은 말할 것도 없고 눈에 살의가 돋기까지 한다. 이와 같이 격해지면 절대 해서는 안 되는 말까지 쏟아내며 역린(逆鱗)을 건드리고 만다. 역린은 용의 비늘들 중에서 유일하게 거꾸로 서 있는 비늘인데 이 비늘을 건드리면 용이 크게 화를 낸다고 한다. 부부관계와 같이 아무리 친한 사이라 하더라도 결코 건드리지 말아야 할 역린이 있는 법이다.

구체적인 생활에서의 언어 지침

하인들을 부를 때

물을 가지고 오라든지 불을 가지고 오라든지 어떤 심부름을 시키려고 하인들을 부를 때는 소리를 섬장(纖長)하게 하지 말라고 하였다. 섬장이라고 하는 것은 가늘고 길다는 뜻이다. 가늘고 길게 하인을 부르는 것은 품위가 없어 보이고 심하면 방정맞게 보인다.

또한 번폭(煩暴)하게 부르지 말라고 하였다. 번폭은 번거롭고 사납다는 뜻이다. 한 번 부르면 될 것을 여러 번 불러대고 윽박지르듯이 언성을 높이면 하인들이 공손히 자원하는 마음으로 심부름을 하지 않게 될 것이다. 속으로 짜증을 내면서 심부름을 하게 되면 실수를 하기도 하고 일을 그르치기 쉬운 법이다.

요즈음은 하인이라는 신분이 없어졌지만 이러한 언어 지침은 여전히 유효하다 할 것이다. 높은 위치에 있는 사람이 아랫사람들을 부를 때 섬장하고 번폭한 어투를 피한다면 아랫사람들이 더욱 공손히 일을 해줄 것이다.

선비와 하인 | 오늘날엔 하인이라는 신분이 없어지긴 했으나, 윗사람이 아랫사람들을 배려해야 한다는 이덕무의 언어 지침은 여전히 유효하다. 국립중앙박물관 소장.

하인을 시켜 남에게 말을 전할 때

일을 하다 보면 아랫사람을 시켜 다른 사람에게 말을 전하게 될 때가 있다. 편지나 메모를 써서 전하면 좀더 정확하게 전달할 수 있지만 급한 경우는 말로써 전하게 된다. 그런 경우 말이 번세(煩細)하지 않도록 주의해야 한다. 번세란 번거롭고 자질구레하다는 뜻이다. 요점이 없이 여러 가지를 한꺼번에 전하게 되면 아랫사람들이 그것을 다 기억하여 전하기 어렵게 되고 또 전하더라도 다른 내용으로 전하기 쉽다. 그렇게 되면 일을 빨리 하려고 했다가 오히려 일이 지체되는 경우가 많다.

곡을 할 때

상주들이 곡을 할 때도 조심해야 할 부분들이 있다.

기침을 하듯이 너무 급하게 곡을 해서는 안 된다. 그렇게 하면 곡을 하는 본인도 힘들 뿐만 아니라 곡을 듣는 사람들도 쫓기는 듯한 느낌을 받게 될 것이다.

너무 느려져서 하품을 하듯이 해서도 안 된다. 그런 곡소리는 상주가 성의없이 곡을 하고 있다는 것을 나타낼 뿐이다.

지나치게 꾸며 마치 가락을 짓듯이 해서도 안 된다. 곡은 기교가 들어갈 필요가 없고 또 들어가서도 안 된다.

아주 천박하게 소리를 높여 누구에게 호소를 하는 듯이 해서도 안 된다. 마구 고함을 질러 사람들을 놀라게 하거나 부녀자들의 놀림거리가 되어서도 안 된다.

이렇게 볼 때 곡 하나 하는 것도 그리 쉬운 일은 아니다. 그래서 이덕무의 외증조 박효정 같은 분은 상주들이 곡소리를 '애고(哀告)'라고 하는 데 문제가 있다고 지적하면서 '애애(哀哀)'라고 하는 편이 낫겠다고 제안하기도 하였다. '애고 애고'라고 할 때는 소리가 목구멍과 혀에서 나와 자연히 끊어지게 마련이지만 '애애'라고 할 때는 소리가 가슴에서 우러나와 아픈 마음을 잘 표현해주고 또 끊어지지 않는 장점이 있다고 하였다.

새로 이사를 했을 때

다른 동네에 있다가 새로 이사왔을 때도 지켜야 할 예의가 있다. 큰길로 나와 괜히 크게 웃어대거나 성을 내고 꾸짖거나 언성을 높이는 것은 새로 이사온 사람의 예의가 아니다. 새로 이사온 사람은 동네에 이미 살고 있는 사람들 앞에서 언행을 조심해야 한다. 그렇지 않으면 처음부터 나쁜 인상을 동네 사람들에게 주게 되어 두고두고 따돌림을 당하게 된다.

말이 많은 사람은

  자고로 성현들은 후학들에게 말을 많이 하지 말고 적게 할 것을 권하고 있다. 예수의 동생으로 알려진 야고보도 「야고보서」 1장 19절에서 '사람마다 듣기는 속히 하고 말하기는 더디 하라'고 하였다. 중국어 『성경』을 참조하여 이 문구를 네 자로 줄이면 '쾌청만설(快聽慢說)'이 될 것이다. '쾌청만설'을 하려고 하면 말을 적게 하게 되는 것은 당연한 이치다.
  그럼 왜 말을 적게 하는 것이 좋은가. 그것은 말을 많이 하게 되면 다음과 같은 부작용이 따라오기 때문이다.

상위(傷威)

  '상위'는 위엄 내지는 권위를 상하게 된다는 뜻이다. 말을 많이 하면 사람들에게 인기를 얻을지는 모르나 위엄과 권위는 별로 서지 않게 된다. 흔히 카리스마라고 하는 것도 대부분 말이 적은 사람에게서 풍기는 법이다. 위엄과 권위, 또는 카리스마는 적은 말 속에 무게 있는 내용을 함축하고 있을 때 생기게 마련이다.

손성(損誠)

손성은 정성을 감소시킨다는 뜻이다. 어떤 일을 정성을 기울여 해놓고는 말을 많이 함으로써 그 정성을 깎아먹는 경우가 많다. 가령, 그 사람이 얼마나 정성껏 일을 했는가를 주변 사람들이 알고 마음속으로 그를 존경하고 있는데 그가 직접 나서서 자신이 얼마나 일을 잘해냈는가 떠벌이면 오히려 사람들의 빈축을 사기 쉽다.

해기(害氣)

해기는 기운을 해치게 된다는 뜻이다. 사람들은 흔히 몸을 움직이는 일을 할 때만 에너지가 소모되는 것으로 알고 있으나 말을 할 때도 많은 에너지가 소모되는 법이다. 쉬지 않고 2분 동안 말을 하면 적혈구 2억 수천 개가 파괴된다는 연구보고서가 나와 있기도 하다. 또한 장수의 비결 중에 소식(小食)과 더불어 소언(小言)이 포함되어 있는 것은 상식에 속하는 사항이다.

물론 에너지가 소모된다고 하여 다 해기하게 되는 것은 아니다. 운동과 같은 것은 에너지가 소모되어도 오히려 기운을 북돋워준다. 말도 적당하게 하면 해기하게 되는 것이 아니라 생활에 활력을 불어넣어준다. 그러나 말을 쓸데없이 많이 하게 되면 하는 자도 기운이 빠지게 되고 듣는 자도 기운이 눌리게 된다. 특히 듣는 자들의 반응이 별로 없는데도 말을 많이 하게 되면 더욱 해기하게 마련이다.

괴사(壞事)

괴사는 일을 망친다, 그르친다는 뜻이다. 말을 적게 하는 자는 말

실수도 적으나 말을 많이 하는 자는 아무리 조심한다 해도 말실수를 하기 십상이다. 다른 사람들이 박수를 쳐주고 부추기면 그만 우쭐해져서 마음에 깊이 담아두고 있어야 할 일들까지 떠벌이다가 낭패를 당하는 것을 자주 본다. 또한 작은 것을 부풀려서 이야기하거나 있지도 않은 일을 꾸며서 이야기하다가 큰 어려움을 당하기도 한다.

일생 동안 쌓아온 공적이 그 한마디 말실수로 무너져내리는 것은 참으로 안타까운 일이다. 그러나 한번 땅바닥에 쏟아진 물을 그릇에 담을 수 없듯이 그 말실수에 대하여 아무리 변명을 해보아도 통하지 않는 것이 냉엄한 우리의 현실이다.

그러므로 아무쪼록 말을 많이 하지 않는 것이 생존전략의 기본이라고도 할 수 있다.

말은 꾸밈이 없어야

 이오덕(李五德)은 『우리글 바로쓰기』에서 좋은 글은 말을 하듯이 쓰는 것이라고 하였지만, 이덕무는 좀 다른 견해를 가지고 있었던 것 같다. 이덕무는 글은 어느 정도 수사학을 응용하여 적절히 꾸며야 제맛을 낼 수 있다고 생각했다.
 하긴 말을 하듯이 써야 좋은 글이 되는 경우가 있는 반면에 그렇지 않은 경우도 있다. 그것은 어떤 장르의 글이냐에 따라 달라질 것이다.
 특히 어떤 책의 서두에 해당하는 글인 경우는 저자가 더욱 신경을 써서 좋은 문장을 쓰려고 수사학을 동원할 것이다. 그런데 평상시 입으로 하는 말을 그런 서두의 글같이 꾸며서 한다면 듣는 사람들이 금방 싫증을 내게 될 것이다. 글을 읽는 신경 구조와 말을 듣는 신경 구조가 다르기 때문이다.
 연설이나 강연, 강의 때도 마찬가지이다. 말을 글처럼 꾸며서 번거롭고 복잡하게 하거나 자질구레하게 늘어놓거나 하면 청중들은 지루하여 말에 집중하지 못할 것이다. 그러므로 말은 될 수 있는 대로 '정상간(精詳簡)'의 원리를 따라서 해야 한다.

말을 꾸미지 말라고 했다고 지나치게 간략하게 해서도 안 된다. 말을 자상하게 하되 명료하게 전달되도록 해야 한다. 이것이 상간(詳簡)인 셈이다. 원래 '상(詳)'과 '간(簡)'은 서로 반대되는 단어들이지만 좋은 말하기는 이 둘을 함께 갖추어야 할 것이다.

'정(精)'이라고 하는 것은 여기서는 요지 내지 요점이라는 뜻으로 말을 하려는 분명한 취지를 가리킨다. 그러므로 정상간의 원리는 말을 자상하게 하되 요점이 살아 있도록 명료하게 한다는 뜻이다.

정상간과 반대되는 말은 '복섬쇄(複纖瑣)'이다. 복섬쇄는 앞에서 언급했듯이 글을 꾸미듯이 하여 번거롭고 복잡하게 자질구레한 것들을 늘어놓는 것을 뜻한다. 말을 잘 전달하려면 복섬쇄를 피하고 정상간의 원리를 따라야 한다.

놀리는 말들

이속지언(俚俗之言), 즉 저속한 말이 한번 입에서 나오면 선비의 행실은 그 즉시 땅에 떨어지게 된다고 하였다.

심한 욕은 아니지만 놀리는 말들도 이속지언에 해당한다.

조선시대 이덕무 당시의 사람들은 학자들을 가리켜 '궤(跪)'라고 놀렸다. '궤'는 꿇어 앉는다는 뜻이다. 학자들이 무릎을 단정하게 꿇고 앉아 글을 배우고 논하는 모습을 풍자하여 조롱하는 말이다.

요즈음도 공부를 열심히 하는 학생이나 학자들을 가리켜 범생이니 공부벌레니 하며 놀리기도 한다. 범생은 '모범생'에서 '모' 자를 탈자시킨 것인데, '범'이라는 말이 짐승인 호랑이를 연상시키는 효과가 있어 범생이 무슨 동물을 가리키는 것처럼 들리기도 한다. 공부벌레도 '벌레' 자가 들어가 있어 사람을 의수화(擬獸化)시키고 있다. 또한 공부벌레는 사람이 책상에 무슨 벌레처럼 들러붙어 웅크린 자세로 공부하는 모습을 놀리는 말이어서 조선시대 사람들이 학자들을 '궤'라고 놀린 것과 일맥상통한다. '궤'라는 한자는 '게의 발'이라는 뜻도 가지고 있어 놀림의 강도가 세어진다.

그리고 조선시대 사람들은 학자들인 문인들만 놀린 것이 아니라 장군과 같은 무인들도 '약(躍)'이라고 놀려대었다. '약'은 뛰어오르다, 빨리 달리다 등의 뜻을 가지고 있다. 도족이사(蹈足而射) 즉 땅을 힘차게 밟고 뛰어달리며 활을 쏘는 무인들의 모습을 놀리는 말이다. '약'이라고 할 때 무인들이 칼을 휘두르거나 싸움을 하면서 '야압' 하고 소리지르는 기합이 연상되어서 놀림의 효과는 더욱 커진다.

요즈음도 군인들을 놀리는 말들이 있다. '군바리'라는 말이 그 중 하나일 것이다. '바리(발이)'는 발이 많은 벌레나 여기저기 잘 돌아다니는 사람을 낮추어 말할 때 쓰는 말이다. 사면발이가 그 대표적인 예가 될 것이다. 사면발이는 여기저기 돌아다니며 남의 험담을 하는 사람을 가리키는 말로도 쓰이지만, 성적인 교합을 통해 전염되는 곤충으로 여자나 남자의 거웃에 기생하는 이를 가리키는 말이기도 하다. '군바리'라는 말은 사면발이가 연상되므로 군인과 성병의 관계를 암시하기도 하면서 놀림의 강도를 높여준다.

이렇게 사람들이 자기들보다 공부를 더 잘하거나 힘이 센 사람들을 놀리는 심리는 무엇일까. 놀림의 대상에게도 문제가 있을 수 있지만 대개는 자신들의 열등감을 그런 놀림을 통하여 해소하려는 마음에서 그러할 것이다. 그러나 정도가 지나치면 오히려 자신들의 인격을 깎아내리는 결과밖에 낳지 못한다.

욕하는 말과 자포자기하는 말들

조선시대 욕에는 사람을 '무슨무슨 한(漢)'이라고 일컫는 것들이 있었다. 여기서 '한'은 악한, 무뢰한, 호색한 등과 같이 '놈'이라는 뜻으로 쓰이는 말이다.

또한 '무슨무슨 물(物)'이라고 부르는 욕들도 있었다. 지금도 퇴물(退物)이니 폐물(廢物)이니 하는 욕이 있다. 2004년 4월 총선을 앞두고 어느 당 대표가 노인들은 투표장에 나올 필요가 없는 사람들이라는 식으로 말하여 노인들은 곤욕을 당하고 그 말을 한 당사자는 크게 곤혹을 치른 적이 있다. 노인들은 퇴물이나 폐물들 취급을 받았기 때문에 마음에 상처를 크게 입고 분노하게 된 것이다.

그리고 '적(賊)'이니 '축(畜)'이니 '수(讐)'니 하는 욕들이 있다. 도적이니 개새끼니 돼지니 원수니 하는 말들이 그것이다. 또한 모독적인 어투로 죽여야 한다거나 어찌 아직도 죽지 않았느냐 하며 윽박지르는 말들도 있다.

이덕무는 '수비천자, 인에노(雖卑賤者 因恚怒)'라고 하여 이런 욕을 듣는 사람들은 비록 낮은 신분의 사람들이라고 하여도 성을 내고 노할 것이라고 하였다. 무시해도 좋을 만한 자들이라고 여겨지는 사람들에게도 결코 그런 욕을 함부로 해서는 안 된다는 말이다.

예수도 상대방의 인격을 모독하는 욕을 하는 것은 살인하지 말라는 계명을 어긴 것과 같다고 하였다. 그런 욕들 속에는 이미 살기(殺氣)가 스며들어 있기 때문이다.

또한 불여의사(不如意事), 즉 뜻대로 되지 않는 일로 인하여 마구 화를 내며 불평을 하게 될 때 자포자기적인 말들이 튀어나오기 쉽다. 그 대표적인 것이 '나도 죽어야 마땅하고 남도 죽어야 한다(如我當死人可殺)'는 식의 말이다. 이 말을 줄인 것이 '너 죽고 나 죽자'이다.

여기서 더 나아가면 '천지붕탁, 가국패망(天地崩坼 家國敗亡)'식의 말들도 나오게 마련이다. '하늘도 땅도 무너지고 집도 나라도 망해버려라!' 이보다 더 심한 자포자기는 없을 것이다. 이런 자포자기적인 말들은 어쩌면 다른 욕들보다 더 큰 욕이 될지도 모른다.

다들 망하여 유리걸개지류(遊離乞丐之類), 즉 떠돌아 다니며 빌어먹는 자나 되라고 하면 도둑놈이니 짐승이니 하는 욕들보다 더 강도가 센 욕이 되는 셈이다.

이런 욕들과 자포자기적인 말들을 토해내면 낼수록 그 사람의 품위는 형편없이 떨어지고 만다. 이덕무는 이런 말들이 입으로 막 나오려고 하면 바로 그 순간 함어흉중(函於胸中) 하라고 하였다. 가슴속에 그 말들을 가두고 입 밖으로 나오지 않도록 하라는 말이다.

함어흉중을 잘하지 못하면 사람들에게 모욕을 당하는 경우도 생기고 큰 손해가 따르기도 한다. 실제로 우리 주위에서 한마디 말실수로 패가망신까지 하는 사람들을 종종 보게 된다. 그러므로 가불척재(可不惕哉)라! 어찌 두려워하지 않을쏘냐!

천박한 농담들

　네덜란드의 역사학자 호이징가(Johan Huizinga)는 『호모 루덴스(Homo Ludens)』라는 그의 저서에서 '놀이하는 인간'에 대해 고찰하고 있다. 대개 놀이를 할 때는 인간 마음속에 있는 '어린이 자아'가 활동하게 된다. 그래서 어른들도 놀이를 하는 동안 어린 시절로 돌아간 듯이 유쾌하고 익살스럽고, 웃음보를 자아내는 농담들을 주고받게 된다. 놀이를 할 때 진지하고 근엄한 자세를 취한다면 어울리지 않을 것이다.
　그런데 놀이를 하는 시간에도 농담들이 정도가 너무 지나치지 않도록 조심하는 것이 필요하다. 평상시에도 이런 점에 대해 주의해야 하는 것은 두말할 필요가 없다.
　가정이나 사회생활에서 유머러스하게 말을 하는 것은 다른 사람들을 상쾌하게 해주고 분위기를 돋워주는 효과가 있다. 하지만 적재적소에 그런 유머가 나올 때 효과가 있는 것이지 시도 때도 없이 유머나 농담들을 쏟아내면 듣는 사람들이 처음에는 즐겁게 웃어대다가 차츰 짜증을 내며 웃더라도 억지로 쓴웃음을 짓게 된다.
　텔레비전 오락 프로에 나온 연예인들이 자신들의 유머 감각을 서로 경쟁이나 하듯이 지나치게 발휘하면 시청자들은 채널을 돌리고 싶어진다.

이덕무는 '언언해조, 심즉방(言言諧嘲 心則放)'이라고 하여 입을 열 적마다 조롱하는 투로 익살스러운 말들만 토해내면 마음이 방일해진다고 하였다. 마음이 흐트러질 대로 흐트러진 사람이 맡은 일들을 제대로 해낼 리 없어 '사개무실(事皆無實)', 즉 하는 일들이 모두 진실성이 없는 상태로 떨어지게 된다. 그러면 남들도 그 사람을 가볍게 여기고 업신여기게 될 것이라고 하였다.

특히 정치 지도자가 '언언해조' 해버리면 말에 무게가 실리지 않고 그가 추진하는 정책들도 진실성이 없어 보이며 백성들도 그를 따르지 않게 된다.

입을 열었다 하면 구설수에 휘말리는 정치 지도자는 특히 이 점에서 조심해야 할 것이다.

함께 모여 있을 때 삼가야 할 말들

사람들이 하루 종일 함께 모여 있으면 자연히 여러 가지 천박한 말들을 주고받기 십상이다. 이때 하지 않도록 주의해야 할 말들을 이덕무는 다음과 같이 열거하고 있다.

조해(嘲諧)
앞에서 언급된 '언언해조'의 '해조'와 같은 말이다.

박혁(博奕)
'박'은 '도박'의 박이다. '혁'은 원래 넓고 크다는 뜻을 가지고 있지만 여기서는 바둑이라는 뜻이다. 바둑을 두면서 그 승패를 가지고 도박을 하는 것을 가리켜 '박혁'이라고 한다. 요즈음도 도박 바둑이 크고 작은 규모로 성행한다고 한다. 이덕무 당시 사람들도 모였다 하면 도박 바둑 이야기들을 한 모양이다. 요즘 사람들이 모이면 로또복권 이야기를 나누는 것과 대동소이하다.

주막 | 이덕무는 사람들이 모여 술과 음식에 관한 얘기는 주고받으면서도, 고전에 대해 논하는 모습은 찾아볼 수 없는 것을 아쉬워했다.

여색(女色)

남자들은 모이기만 하면 음담패설을 주고받기를 좋아한다. 양기가 부족한 남자들이 입으로나마 음욕을 발산하며 스트레스를 풀려고 한다. 음담패설의 주된 내용들은 여자관계나 여자의 몸에 관한 것들이다.

주식(酒食)

사람들이 모이면 술과 음식에 관한 이야기들도 자주 나오게 된다. 술을 많이 마시고 행한 일들을 영웅담처럼 늘어놓기도 하고, 어떤 술이 좋다는 등 술에 관한 정보를 주고받기도 하고, 술을 함께 마실 약속들을 하기도 한다. 그리고 몸에 좋은 음식, 정력 보강에 도움이 되는 음식들에 대해서도 장황하게 떠벌리게 된다.

과환승침(科宦升沉)

'과환'은 과거시험을 보고 벼슬자리로 나아가는 것을 말한다. '승침'은 올라가고 내려간다는 뜻으로 벼슬의 승진과 좌천을 가리킨다.

자고로 사람들은 세상 출세에 관심이 많아 과거나 벼슬에 관한 이야기들을 늘어놓는 것을 좋아한다. 과거시험을 잘 보려면 어떻게 해야 한다는 등, 누가 이번에 어떤 벼슬에 올랐고 누가 이번에 벼슬에서 쫓겨났다는 등 온통 그런 이야기만 하는 자들도 있다.

신문들도 그런 기사들로 도배를 하면서 사람들의 관심을 세상 출세 쪽으로 돌리고 있다고 해도 과언이 아니다.

가벌고하(家閥高下)

　'가벌고하' 란 가문을 따지고 어느 가문이 높으니 낮으니 하는 것을 말한다. 은근히 가문을 자랑하고 싶은 자는 사람들이 모이면 자기 가문 이야기를 하고 싶어 입이 근질거리기 마련이다.

　이덕무는 사람들이 모여 위와 같은 말들을 주고받는 일은 민망한 일이라고 하였다. 특히 '과환승침' 에 관심이 많은 자들은 마음이 편안하지 못하고 더 나아가 다른 사람들의 마음까지 불안하게 한다고 하였다. 군자는 모름지기 영리(榮利)에 대해서는 드물게 이야기하고 세상 출세에 연연하지 않는 담박(澹泊)한 마음을 가져야 한다고 하였다.

　또한 이덕무는 사람들이 모여서 『사서삼경(四書三經)』이나 『사기(史記)』를 논하는 모습을 찾아볼 수 없음을 한탄하였다. 그 당시 사람들도 책들을 잘 읽지 않았던 모양이다.

영리에 관한 말들

영리는 명예와 이익을 뜻한다. 여기서 명예는 주로 벼슬과 진급을 가리키고 이익은 벼슬을 이용하여 물질을 취하는 것을 가리킨다. 조선시대 벼슬을 얻는 길은 과거시험을 통하는 것이 첩경이었다. 그래서 그 당시 사람들은 과환득실지사(科宦得失之事), 즉 과거를 보고 벼슬을 얻고 그것과 관련하여 이해득실을 따져보는 일에 관심이 많았다.

입만 열었다 하면 집요할 정도로 과환득실지사를 들먹이는 사람들도 있었다. 이런 사람들은 틀림없이 마음이 편안하지 못한 자들이라고 이덕무가 진단하고 있다.

지금도 시사에 관심이 많은 사람들이 신문이나 방송 기사, 출처가 분명치 않은 소문 등을 인용하면서 과환득실지사에 관하여 떠벌이기를 좋아한다. 두세 사람이 모였다 하면 그런 이야기들로 시간을 보내기 일쑤다. 그런 사람들이 많아진다는 것은 시대가 불안하다는 증거다.

그러나 군자는 아무리 시대가 불안하고 사람들의 마음이 편안하지 못하다 하더라도 영리에 관하여 이야기하는 일은 극히 드물다. 군자는 이해득실이 개입되지 않은 순박하고 깨끗한 일들에 관해 사심 없이 이야기하기를 좋아한다.

  이런 군자의 태도를 '한언영리, 감어담박(罕言榮利 甘於澹泊)'이라고 한다. '한(罕)'은 원래 그물, 새그물이라는 뜻이지만 여기서는 드물다는 뜻이 된다.

쓸데없는 것들에 신경 쓰는 말들

말이나 나귀, 집, 칼, 부채 같은 것들의 값에 대해서는 언급을 자주 하지 않는 것이 좋다. 사람이 살아가는 데 필요한 물건이나 집들의 값에 대해 이야기하는 것은 자연스런 일이다. 그러나 지나치게 그런 것들에 관심을 가지고 자주 언급하는 것은 선비로서 할 도리가 아니다.

그런데 요즘 우리나라 사람들을 보면 온통 집값에 대하여 신경들을 곤두세우고 있다. 정부나 매스컴에서 연일 집값을 가지고 논란을 벌이고 있다. 강남의 아파트 가격을 어떻게 낮출 것인지, 투기지역의 땅값과 아파트 가격을 어떻게 조정할 것인지, 신행정수도로 지정된 지역의 부동산 투기 열기를 어떻게 가라앉힐 것인지 등등, 정책 입안자나 서민들이나 늘 집값을 계산하느라 여념이 없다. 이런 사회 풍조는 사람들을 천박하게 만들기에 충분하다.

게다가 소비자 물가 어떻고 하면서 사람들의 관심을 물건 값 따지는 데로 돌리게 한다. 이런 것들을 화제의 대상으로 삼는 것을 될 수 있는 대로 삼가는 것이 좋다.

이덕무는 또한 기생이나 악공들의 이름이나 용모, 재주 등에 관해 이야기하는 것을 즐기는 것도 삼가라고 충고하고 있다.

요즈음 신문의 연예란이나 스포츠신문들을 보면 온통 유명 인기 연예인들의 사생활에 관한 허섭스레기 같은 기사들로 가득 차 있다. 소문에 불과한 스캔들 기사들도 범람하고 있다. 우리 서민들이 왜 그런 내용들을 알아야 하는지 부아가 치밀 때도 있다.

더 나아가 10대 청소년들을 비롯하여 어른에 이르기까지 연예인들에 관한 이야기를 나누기 좋아하는 풍조가 만연해 있다. 일부 연예인들의 팬클럽의 극성은 도를 지나친 지 오래다.

물론 연예 활동을 하는 사람들에 대해 어느 정도 관심을 가지는 것은 좋으나 그들의 사생활에 대해 지나치게 호기심을 가지는 것은 삼가야 할 일이다.

이덕무는 이런 사람들이 경전이나 인륜, 자기 몸가짐을 위한 일들을 이야기할 겨를이 있겠느냐고 염려하고 있다.

절대로 대답해서는 안 되는 말들

이덕무는 '절불가수답(切不可酬答)'이라 하여 절대로 대답해서는 안 되는 말들에 관해 언급하고 있다. 그 목록들은 다음과 같다.

음설(淫媟)

여기서 '설(媟)'은 문란할 설이다. 음란하고 문란한 말을 들을 때는 거기에 맞장구를 쳐서는 안 된다. 그런데 누가 음담패설을 하면 대개 여기저기서 맞장구를 치며 점점 음담의 정도가 심해지게 마련이다. 그러나 누가 음담패설을 꺼내어도 아무도 맞장구를 쳐주지 않으면 흐지부지되고 만다.

패란(悖亂)

인간이라고 하여 다 이성적이고 합리적인 사고를 가진 것은 아니다. 인륜에도 어긋나고 사회법에도 어긋나는데도 자기 욕심을 채우기 위해 말도 되지 않는 궤변으로 행패를 부리는 경우가 있다. 그런 말들은 일일이 대꾸할 가치조차 없다.

탄망(誕妄)

태어난다는 뜻을 가진 '탄(誕)' 자가 왜 거짓되고 허황하다는 뜻도 함께 가지게 되었을까. 태어난다는 자체가 거짓되고 허황된 세상으로 들어서게 되었다는 것을 의미하기 때문인가.

거짓으로 허황하게 지어낸 말이 탄망이다. 음란하거나 인륜에 어긋나지는 않는다 하더라도 거짓으로 부풀려진 말들에 현혹되어 현실감을 상실하기 쉽다. 사이비 교주들이 신도들을 속이기 위하여 교묘하게 탄망을 잘 지어낸다. 간교한 정치가들도 허황된 공약으로 백성들을 속이기 일쑤다.

기산(譏訕)

나무랄 기(譏), 헐뜯을 산(訕)이다. 그러므로 기산은 남을 비난하고 헐뜯는 말이다.

『명심보감』에 보면 '중오지필찰(衆惡之必察)'이라는 말이 있다. 여러 사람들이 싫어하고 미워한다고 하더라도 과연 그러한가 하고 반드시 살펴보라는 뜻이다. 그러나 대부분 자기가 직접 겪어보지 않았으면서도 남을 비난하는 다른 사람들의 말을 얼른 받아들이고 그것을 옮기기까지 하는 경향이 있다.

남을 비난하고 헐뜯는 사람이 있을 경우, 그 사람이 왜 그런 식으로 말하는지 그 동기부터 살펴볼 필요가 있다.

기사(機詐)

기사는 그때그때 상황에 따라 잘 속이는 말을 가리킨다. 어떤 사람들은 거짓말을 조금만 하여도 시선이 불안해지고 얼굴이 붉어져 금방 들통나고 말지만 또 어떤 사람들은 얼굴색 하나 변하지 않고 능청스럽게 거짓말을 하기도 한다.

'탄망'과는 달리 허황되지도 않고 정말 그럴듯하여 사람들이 곧잘 속아넘어간다. 능숙한 사기꾼들이 기사를 잘 구사하는데 그럴 경우에도 이쪽에서 욕심을 비우고 냉정하게 이성적으로 대처하면 그 말들이 속이는 기사임을 눈치챌 수 있다. 사기꾼들은 흔히 상대방이 가지고 있는 욕심이라는 허점을 파고드는 법이다.

과장(誇張)

'탄망'은 없는 사실을 허황되게 지어내는 것을 말한다면 '과장'은 있는 사실을 기초로 하여 크게 부풀리는 것을 가리킨다. 그러므로 과장에는 참말과 거짓말이 섞여 있는 셈이다.

인간은 원래 있는 사실을 그대로 말하기보다 될 수 있는 대로 과장을 하려는 습관을 지니고 있다. 어떤 사실을 효과적으로 전달하기 위해 과장법이라는 수사법을 활용하기도 하고 그것이 예술 창작의 기법 중 하나로 추천되기도 한다.

그러나 한번 과장하다 보면 그 정도가 점점 심해져 나중에는 아예 탄망으로 나가기 쉽다. 수사법으로서의 과장법은 어느 정도 용납할 수 있으나 도가 지나친 과장은 삼가야 할 것이다.

원한지언(怨恨之言)

원한으로 가득찬 말은 그 말을 하는 사람이나 듣는 사람의 마음을 크게 상하게 한다. 그런 말에 동조하여 함께 원한에 찬 말을 하다 보면 어느새 살기(殺氣)에 감염되기 십상이다.

이덕무는 이상과 같은 말들에는 도무지 대꾸하지도 말고 그런 말을 하는 사람들에게서 물러나라고 권유하고 있다. 그런데 물러날 때도 갑작스럽게 하는 것이 아니라 슬그머니 물러나는 것이 좋다(宜逡巡而退)고 하였다. 다시 말해 못 들은 척, 무관심한 척 상대를 하지 말라는 뜻이다.

같은 이야기를 되풀이하지 않도록 주의하라

　사람들을 만나다 보면 그 사람에게서 전에 들었던 이야기인데 그 사람은 그 사실을 잊어먹고 처음 이야기하는 것처럼 신나게 떠벌이는 경우가 있다. 그 사람이 한창 이야기하고 있는 중에 전에 들은 이야기라고 해버리면 그 사람을 무안하게 하기 쉬우므로 꾹 참고 듣는 적이 많다. 그런데 그 일이 계속 반복되면 짜증이 나고 싫어진다. 더 나아가서 그 이야기를 되풀이하는 사람의 정신상태까지 의심하지 않을 수 없게 된다.
　심한 경우는 내가 상대방에게 그 이야기를 해주었는데 상대방이 그 사실을 잊어먹고 오히려 나에게 신나게 이야기해주는 적도 있다. 그때 "내가 해준 이야기잖아" 해버리면 상대방이 무척 당황할 것이므로 의리상 들어주는 사람들도 있다. 하지만 그 일이 반복되면 참기 힘들 것이다.
　그런데 그런 실수를 나 자신도 하고 있지 않은가 돌아볼 필요가 있다. 일상의 대화에서도 그런 실수들이 종종 범해지지만, 특히 강의나 설교를 하는 사람들이 자기 이야기에 익숙하다 보니 같은 말을 되풀이하는 사례가 비일비재하다. 청중이 다른 경우는 별 문제가 되지 않겠지만 같은 청중을 대상으로 할 때는 그 점을 특히 주의해야 할 것이다.

텔레비전에 자주 나와서 강연하는 명사들의 강의를 들어보면 전에 했던 이야기를 약간씩 각색해서 계속 우려먹고 있는 것을 보게 된다. 그러면 싫증이 나서 자연히 채널을 돌리게 된다.

한 교회에 오래 다니다 보면 목사가 설교를 할 때 전에 했던 이야기를 수도 없이 되풀이하는 경우가 많다. 새로 나온 신자는 그 설교를 통하여 은혜와 감동을 받을 수도 있겠지만 반복해서 듣고 있는 신자들은 또 그 이야기인가 하고 식상해지게 마련이다. 또한 목사의 설교가 발전하지 않고 구태의연하다고 여기게 될 것이다.

이덕무는 그런 습관에 대해 경계하면서 그러한 증상을 가리켜 '심기조솔지병(心氣粗率之病)'에 해당한다고 하였다. 심기조솔지병이란 심기가 거칠고 경솔한 증상을 말한다. 심기가 차분하고 진중한 사람은 함부로 떠벌이지 않고 같은 이야기를 동일한 대상에게 되풀이하는 실수를 잘 범하지 않는다.

제군문지부의 원칙

　여러 사람이 모여서 옛날부터 내려오는 고사(故事)나 요즘 떠도는 소문에 대하여 이야기를 나누게 될 때, 말을 시작하는 사람은 주위 사람들에게 이야기의 대강을 들려주면서 이미 들은 적이 없는가 하고 반드시 먼저 확인을 해보는 것이 좋다.
　'제군문지부(諸君聞之否)'의 원칙이라 할 만하다. '제군문지부'는 '여러분 들은 적이 없습니까' 하는 뜻이다.
　들은 적이 없다고 하면 하고자 하는 이야기를 마음껏 풀어놓을 수도 있지만, 들은 적이 있다고 하면 같은 이야기를 장황하게 늘어놓아서는 안 되고 간략하게 요약하여 말하면서 사람들이 들은 내용과 어떤 점에서 같고 어떤 점에서 다른가를 비교해보면 될 것이다.
　처음부터 끝까지 장황하게 늘어놓는 것은 '지리지계(支離之戒)', 즉 말을 지루하고 산만하게 해서는 안 된다는 규율을 깨뜨리는 것이다. 처음 듣는 이야기도 지리해지면 안 되는데 이미 들었던 이야기가 또 지리하게 이어지면 듣는 사람이 자연히 짜증이 나게 된다.
　요즈음도 사람들이 모이면 신문이나 텔레비전에서 본 이야기들을 어지럽게 나누는 것을 보게 된다. 다른 사람들도 알고 있는 내용을 자기만 아는 듯이 신나게 떠벌이면 듣는 자들이 곤혹스러울 수밖에 없다. 시국담이든 연예인 이야기이든 주위에 있는 사람들에게 '제군 문지부'라고 물어보고 나서 이야기의 내용과 길이를 적절하게 정해야 할 것이다.

대부분의 사람들이 매일 신문이나 텔레비전을 보고 있으므로 그런 매체를 통하여 알게 된 이야기들은 될 수 있는 대로 사람들이 모였을 때 꺼내지 않는 편이 낫다. 신문이나 텔레비전에서 들은 이야기들만 떠벌이면 사람이 천박하게 보이기 쉽다. 또한 상식적인 내용을 가지고 자기만 그런 생각을 가지고 있는 듯이 주장하는 태도로 말하는 것도 모양이 좋지 않다.

상청기경의 예의

　남이 옛날에 있었던 이야기나 요즈음 떠도는 기이한 소문을 말할 때 내가 이미 들은 이야기라도 그 사람이 한창 신나게 이야기하고 있으면 듣는 자로서 '상청기경(詳聽其竟)'의 예의를 지켜주는 것이 마땅하다. '상청기경'이란 끝까지 귀를 기울여 들어주는 자세를 말한다.
　상대방이 이야기하고 있는 도중에 "그런 이야기는 내가 이미 들어 알고 있네. 당신은 나중에 들은 것이니 더 이상 반복해서 이야기할 필요가 없네"라고 잘라 말해서는 안 된다. 그러면 열심히 이야기하던 상대방이 무안해지고 좌중의 분위기가 흐트러지고 말 것이다.
　사실은 이야기를 시작한 사람이 먼저 '제군문지부'의 원칙을 지켜 듣는 자들을 피곤치 않게 하여야 하지만, 그렇지 않다고 하더라도 일단 이야기를 듣게 되면 듣는 자로서 예의를 지키는 것이 좋다는 말이다.
　어떤 사람은 "그 이야기는 이미 들었네. 그 이야기가 말이야……" 하며 아예 상대방의 말을 가로채어 자기가 이어나가는 경우도 있다. 그러면 이야기를 꺼낸 사람이 얼마나 당황하게 되겠는가.
　비록 이야기를 하는 사람이 예의에 어긋난다고 하더라도 듣는 자는 듣는 자로서 지켜야 할 예의가 있는 법이다.

　그러므로 이야기를 하는 사람이나 듣는 사람이나 서로 예의에 어긋나는 일은 없나 자신을 살피는 것이 중요하다.

　이야기를 하는 사람에게 그 태도나 내용에 대하여 충고를 하게 되더라도 '상청기경' 하고 나서 하는 편이 나을 것이다.

남의 기를 꺾지 않도록 해야

    남의 말을 들을 때 비록 그 사람이 내가 이미 들은 것과 다른 이야기를 하더라도 내가 먼저 들은 것은 이렇다고 우기며 '성기절인(盛氣折人)'해서는 안 된다. '성기절인'은 핏대를 세워 남의 기를 꺾는 것을 말한다. 그러다 보면 자연히 말이 길어져 이말 저말 하게 되는데 그것도 주의해야 할 것이다.
    요즘 시국 문제나 정책의 쟁점을 두고 텔레비전에서 토론회를 하는 것을 보면 대개 '성기절인' 하지 못해서 안달이 나 있는 사람들 같다. 상대방이 약간 오류가 있는 자료들을 제시한다든지 하면 기회는 이때다 하고 상대방을 묵사발이 될 정도로 공격하곤 한다. 비록 그런 경우라도 정중하게 그 오류를 지적하는 것이 나을 것이다.
    그런 토론회뿐만 아니라 사회 전체가 다른 견해를 가진 사람들의 입장을 이해하려고 하기보다 어떡해서든지 반대편의 기를 꺾어놓으려는 추세로 나가고 있다. 성기절인의 살벌한 분위기로 말미암아 국론이 심하게 분열되어 가면 우리 민족 전체가 손해를 볼 뿐이다.
    여당과 야당도 자기들의 주장을 내세우되 성기절인으로까지 치닫지는 않도록 절제할 필요가 있다.

몇 사람 모인 자리에서 성기절인의 태도를 줄곧 취하는 사람은 결국 주위 사람들로부터 외면당하고 말 것이다.

다른 사람이 망언을 했다고 하더라도

어떤 사람이 속이는 말을 하고 망령된 말을 하였다고 하더라도 그 사람을 만나자마자 그 말을 가지고 조롱하거나 비웃어서는 안 된다. 또한 그 말을 다른 사람들에게 퍼뜨려서도 안 된다.

속이는 말과 사리에 맞지 않는 망령된 말은 사람을 화나게 하기에 충분하다. 그 말을 믿었다가 속임을 당한 경우는 더욱 그러할 것이다. 그래서 그런 말을 한 사람을 만나기만 하면 당장 대들어 혼을 내주고 싶은 마음이 굴뚝같게 된다. 그 사람의 말을 곱씹으며 속으로 말싸움을 해가면서 복수의 기회를 노린다.

그러다가 그 사람을 만나게 되면 보자마자 "이놈 잘 만났다!" 하고 그가 한 말을 상기시키고 그 말에 대하여 반박을 하며 온갖 욕을 쏟아붓기도 한다. 그동안 그 사람을 만나면 쏟아놓을 말들을 잔뜩 준비해두었다가 정신없이 퍼붓는 것이다. 그런 수모와 조롱을 당해도 그 말을 한 사람은 사실 할 말이 없다. 양심이 있는 사람이라면 쥐구멍에라도 들어가고 싶을 것이다.

하지만 비록 그렇다고 하더라도 그 사람을 만나자마자 그런 식으로 대하는 것은 선비의 도리가 아니다. 그 사람이 도망을 가지 않는 이상 일단 정중한 태도로 대화를 이어가다가 기회를 봐서 그가 한 말에 이의를 제기하고 따져볼 것은 따져보아야 할 것이다. 그가 왜 그런 터무니없는 말을 하였는지 그 자초지종을 들어보는 것도 필요할지 모른다. 그러면 오해한 부분이나 속에 맺혔던 것들이 풀리기도 하여 그 사람을 지나치게 대하지는 않을 것이다.

아무튼 그 사람을 만나자마자 분풀이를 하는 것은 삼가는 것이 좋다.

어수선한 분위기에서 남의 말을 들을 때는

남의 말을 들을 때 주위가 시끄럽고 번잡스러운 경우가 있다. 이런 상황을 이덕무는 '번쇄훤괄(煩瑣喧聒)'이라고 하였다. 특히 괄(聒)이라는 한자가 재미있다. 괄 자는 '귀 이(耳)'와 '혀 설(舌)'이 붙어 있는 형용을 하고 있다. 혀가 귀에 딱 붙어 있으니 그 귀가 얼마나 시끄럽겠는가.

국어사전에도 실려 있는 '괄괄하다'라는 말도 여기서 나온 말일 것이다. 목소리가 굵고 거세고 성격이 급한 사람을 가리켜 괄괄하다고 하지 않는가.

그런 시끄럽고 번잡한 분위기에서 남의 말을 들을 때는 자칫 하면 그 말들을 흘려듣거나 놓치기 쉽다. 그런 경우는 '정돈신기, 기기대략(整頓神氣 記其大略)' 하라고 하였다. 정신을 가다듬어 상대방이 하는 말의 대략을 기억하도록 하라는 말이다.

분위기에 핑계를 돌리며 잘 못 들었다고 하지 않도록 주의해야 한다.

특히 여러 사람들이 모여 떠들썩할 때 누가 이야기하면 주의를 잘 기울이지 않게 된다. 하지만 그럴 때일수록 더욱 '정돈신기, 기기대

략 하는 자세가 필요하다. 다른 사람이 말하는데 무심하게 듣거나 다른 일에 마음을 쓰면서 들어서는 안 된다.

  듣는 사람들이 이와 같이 무성의한 태도로 들을 때는 말을 하는 자는 이야기를 중단하는 것이 좋다. 다른 사람들이 말을 듣고 있지 않다는 사실을 눈치채지 못하고 끝까지 이야기를 하는 자는 좀 모자란 사람이라 아니할 수 없다.

  무엇보다 말하는 자가 중단하는 일이 없도록 듣는 자들이 협조해 주는 것이 필요하다.

과거시험이 뭐길래

　조선시대에 남자가 출세할 수 있는 가장 효과적인 방법은 과거시험에 합격하는 것이었다. 가문이나 인맥, 경제적인 사정이 좋지 않은 사람들일수록 과거시험에 매달렸다. 과거시험은 신분의 수직상승을 보장해주는 제도인 셈이었다.
　과거시험 과목은 유교의 경전들이 중심을 이루고 있었기 때문에 과거를 준비하려면 자연히 유교경전을 공부하는 유생이 되지 않으면 안 되었다.
　그래서 사람들이 유생을 만나면 고시에 관한 이야기를 나누기 일쑤였다. 그런데 고시에 관한 이야기를 하는 데도 선비로서 지켜야 할 도리가 있다고 하였다.
　너 같은 자가 고시에 합격하지 않으면 누가 합격하겠느냐는 둥, 고시에 합격하기만 하면 출셋길이 활짝 열리고 집안이 크게 일어날 것이라는 둥, 유생을 용동(聳動)하는 말들은 삼가라는 것이다. 용동은 원래는 놀라게 한다는 뜻이지만 여기서는 부추기고 선동한다는 뜻이다.
　그와 같이 괜히 유생을 들뜨게 하면 그는 착실하게 공부를 하기보다 헛된 꿈에 부풀어서 과거시험도 제대로 준비하지 못할지도 모른다. 또한 과거 그 자체에 집착하여 과거의 진정한 의미를 놓치고 말 것이다. 다시 말해 입신양명에만 마음을 쏟고 백성들을 위한 봉사에는 별로 관심을 두지 않을 것이다.

유생은 당연히 과거시험 공부를 하는 사람들이므로 유생을 만나면 과거나 출세에 관한 이야기는 차라리 하지 않는 편이 나을지도 모른다.

그리고 그 반대로 과거 공부를 하고 있는 유생에게 '너 같은 자는 아무리 공부해도 과거시험에 합격할 수 없다'는 식으로 말하여 그 사람을 공혁(恐嚇)해서는 안 된다. 공혁은 겁을 먹게 하거나 성나게 한다는 뜻이다. 성낼 혁(嚇)은 '웃음 하'로 읽기도 하는데 '하하' 하는 웃음소리는 원래 한문 '하하(嚇嚇)'에서 나온 말이다. 전혀 다른 뜻이 한 글자에 함께 들어 있는 것이 재미있다.

그러니까 과거시험 공부하는 유생의 마음을 들뜨게 해서도 안 되고 겁을 먹고 침울해지도록 해서도 안 된다. 다시 말해 과거시험이 인생의 전부인 것처럼 여기거나 그렇게 말하지 말라는 뜻이다.

과거시험에 매달리는 그 당시 풍조를 이덕무는 이렇게 한탄하고 있다.

차호! 일과거, 기능사인경중 (嗟乎 一科擧 豈能使人輕重)

'아아! 한낱 과거시험이라는 것이 어찌 사람의 경중을 좌우한단 말인가?' 하는 뜻이다.

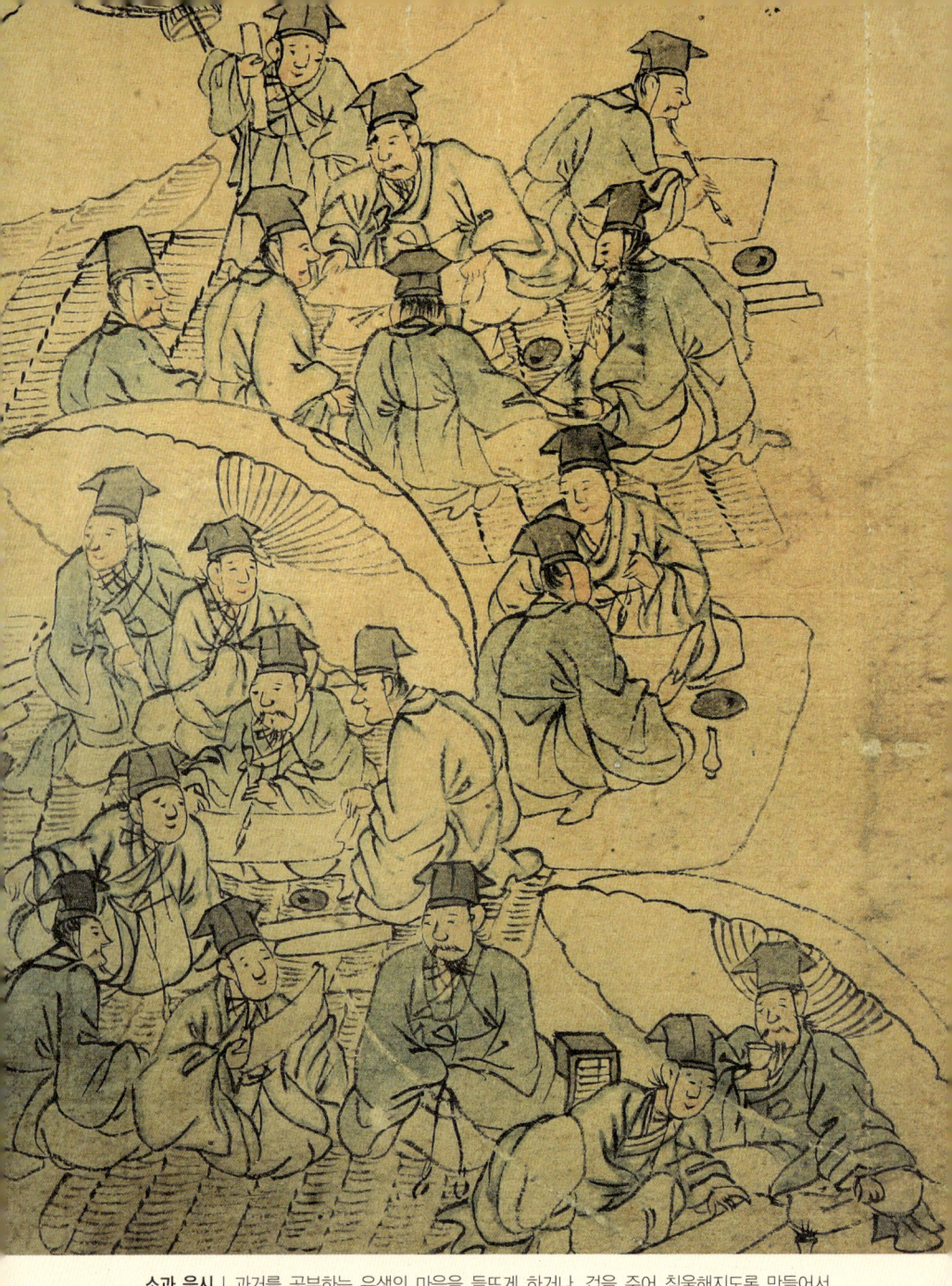

소과 응시 | 과거를 공부하는 유생의 마음을 들뜨게 하거나, 겁을 주어 침울해지도록 만들어서는 안 된다. 작자 미상. 국립중앙박물관 소장.

요즘도 대학입시가 인생의 전부인 것처럼 수능시험이나 대입에 필요한 공부들에 지나치게 매달리는 경향이 있다. 그것을 위해 소비되는 사교육비가 천문학적인 액수에 이른다고 한다.
　또한 청춘과 인생을 허비하면서까지 출셋길이 보장되어 있다는 사법고시나 기타 고시에 매달리는 사람들도 많이 있다.
　그런 대입 수험생이나 고시생들을 대할 때도 유생을 대할 때와 마찬가지로 용동하거나 공혁하지 않도록 주의해야 할 것이다.

나라의 정책이나 친지의 과실에 대해서는

　서로 마음이 통하는 사람들이 모이는 편안한 자리에 있게 되면 여러 이야기들을 비교적 자유롭게 나눌 수 있는 분위기가 이루어진다. 그런 경우에 남자들은 주로 시국 이야기를 나누고 나라의 정책에 대하여 불만을 터뜨리기 일쑤다. 또한 여자들은 남편과 시어머니에 대한 불만을 토로하고 친지들의 허물을 털어놓기 좋아한다.
　그러나 이덕무는 그런 편안한 자리에서도 조정의 정령(政令), 즉 나라의 정책이나 친지들의 과실에 대하여 함부로 말하지 말라고 충고하고 있다. 나라의 정책을 헐뜯으면 처벌을 받기 쉽고 친지들의 과실을 떠벌이면 친지들과 원수가 되기 쉽다는 사실을 늘 염두에 두라고 하였다. 그러면 과오를 줄일 수 있다는 것이다.
　우리나라 사람들은 특히 정치에 관심이 지대하여 나라의 정책에 대하여 의견들이 많고 사사건건 시비를 걸고 자기주장만 옳은 것처럼 언성을 높인다. 나라의 정책에 대하여 자신의 견해를 조리있게 피력하는 것은 좋으나 그 언사가 방자하고 모독적으로 나가서는 안 된다. 정책 입안자인 나라의 지도자들에 대하여 모욕 섞인 언사를 일삼는 것은 자기 얼굴에 침을 뱉는 꼴이다.

친지의 허물을 떠벌이는 것도 가문과 자신에게 침을 뱉는 셈이어서 모양이 좋지 않다.
　나라의 정책이나 친지들의 문제를 언급할 때는 좀더 신중한 자세가 필요하다.

삼가야 할 말들

금휘지언(禁諱之言), 즉 삼가야 할 말들의 목록을 이덕무는 또 하나 들고 있다. 그런 말들은 여러 사람이 있는 자리에서 스스로 흥분한 나머지 함부로 입을 열어 망령되게 떠벌이지 말라고 하였다.

그 목록을 살펴보면 다음과 같다.

사부편당(士夫偏黨)

'사부편당'은 사대부가 당파에 치우쳐 싸움을 하는 일들을 가리키는 말이다. 요즈음 말로 하면 여당과 야당이 서로 아옹다옹 싸우는 일 같은 것에 해당한다. 이런 이야기들은 재미있고 긴장감이 넘치기도 하여 남자들이 모이면 으레 끄집어내기 일쑤다. 그런데 당파싸움, 혹은 정치싸움은 진실성이 부족하고 백성들의 민생과 동떨어져 있는 경우가 많다. 그런 싸움에 관한 이야기들로 시간을 보내는 것은 아까운 일이다.

인가혼벌(人家婚閥)

'인가혼벌'은 남의 집 혼사에 가문이 어떻고 문벌이 어떻고 하며 따지는 일을 가리키는 말이다. 이런 이야기들은 부녀자들이 모이면 즐겨 나누게 된다. 하지만 남의 집 혼사를 두고 이러쿵저러쿵 말들이 많은 것은 덕스럽지 못하다. 특히 가문과 문벌을 따져 신랑과 신부를 비교하며 입방아를 찧는 것은 남의 집 혼사를 모독하는 행위이기도 하다.

당세명류, 문학고하(當世名流 文學高下)

당대에 유명한 인사들의 문장과 학문을 놓고 누가 높다느니 누가 낮다느니 함부로 판단하여 말하는 것은 그들의 고매한 정신을 훼손하는 일이 될 수 있다. 이덕무 당시에 박지원이라는 걸출한 문장가가 있었는데 누가 박지원의 문장이 이덕무보다 뛰어나다느니 하며 함부로 비교한다면 이덕무의 빼어난 문장의 가치가 훼손되기 쉽다. 문장을 비롯한 예술, 그리고 학문은 어느 경지에 이르면 서로 비교할 수 없는 독특한 세계를 지니게 마련이다. 그러므로 문외한들이 짧은 상식으로 명사들의 문장과 학문을 비교하여 떠벌이는 것은 좋지 않다.

붕우은특(朋友隱慝)

'붕우은특'은 친구의 은밀한 일을 가리키는 말이다. 한자 '특(慝)'은 사특하다, 악하다는 뜻도 있지만 숨긴다는 뜻도 있다. 친구의 은밀한 일을 알게 된 것은 친구 사이이기 때문에 가능한 일이었다. 그런데 둘만이 알고 있는 그 은밀한 일을 다른 사람들에게 말하고 다니는 것은 친구로서의 의리를 저버리는 짓이다.

국가재이(國家災異)

국가 전체가 당한 특별한 재난은 함께 마음 아파해도 시원찮은데 그런 이야기들을 농담거리로 삼아 떠벌이는 것은 국민의 도리가 아니다. 국가가 정치적으로 경제적으로 어려울수록 국민들의 입은 좀 더 무거워져야 할 필요가 있다.

얼굴에 관해서는

사람의 감정과 욕망을 육욕칠정(六慾七情)으로 분류하여 설명하기도 한다. 칠정은 희(喜), 노(怒), 애(哀), 구(懼:불교에서는 樂), 애(愛), 오(惡), 욕(欲)을 가리킨다. 육욕은 이성과 몸을 합하고 싶은 색욕(色慾), 미모를 탐하는 형모욕(形貌慾), 애교에 빠지는 위의자태욕(威儀姿態慾), 목소리에 반하는 언어음성욕(言語音聲慾), 부드러운 살결을 탐하는 세활욕(細滑慾), 사랑스런 인상에 끌리는 인상욕(人相慾), 이 여섯 가지를 말한다.

육욕은 모두 성적인 욕망과 관련된 것이지만 조금씩 차이가 있다. 형모욕이나 인상욕 같은 욕망들도 결국은 이성과 몸을 합하고 싶은 색욕에 속한다는 식으로 단정지을 수만은 없다. 이성과 몸을 합하고 싶은 마음 없이도 그 용모만 보고 충분히 쾌감을 느낄 수도 있는 법이다. 다시 말해 형모욕이나 인상욕만을 만족시킬 수 있다는 말이다.

사람의 얼굴은 형모욕과 인상욕의 대상이 되므로 그 생김새에 관하여 자연히 말이 많게 마련이다. 특히 남자들이 여자의 얼굴을 가지고 이러쿵저러쿵 말들을 많이 한다. 수다스러운 여자들은 남자의 얼굴뿐만 아니라 다른 여자의 얼굴을 가지고 몇 시간이고 떠들어댄다.

그런데 이덕무는 사람의 얼굴에 관하여 언급할 때는 극히 조심스럽게 해야 한다고 충고한다.

우선 자기 얼굴이 잘생겼다고 자이(自訑), 즉 스스로 자랑하지 말라고 하였다. 그런데 자기 얼굴이 잘생겼다고 직접 말을 하며 자랑하는 사람들은 그리 많지 않은 편이다. 대개 속으로 자만심을 가지게 마련이다. 하지만 자기 얼굴에 대한 그런 자만심이 사람을 은연 중에 교만하게 만들기 쉽다. 자기 얼굴이 잘생겼다고 여기는 여자들 중에는 어느 자리에 가서 사람들로부터 잘생겼다, 예쁘다는 말을 듣지 않으면 밤에 잠이 잘 오지 않는 자들도 있다고 한다.

자기 얼굴 자랑을 말로 해서도 안 될 뿐 아니라 속으로도 얼굴에 대한 자만심을 가지지 않도록 주의해야 할 것이다.

또한 남의 얼굴이 잘생겼다고 첨예(諂譽), 즉 아첨하며 칭찬하지 말라고 하였다. 상대방이 인격자인 경우는 그런 말들이 상대방을 기쁘게 하기는커녕 오히려 당혹스럽게 할 수도 있다. 상대방이 인격이 모자라는 경우는 그런 말들이 상대방을 더욱 교만하게 하여 사람을 못쓰게 만들 수도 있다. 그렇다고 남의 얼굴이 잘생겼다는 말을 전혀 하지 말라는 뜻은 아니다. 다만 아첨하는 태도로 지나치게 칭찬하지 말라는 말이다. 더 나아가서 남의 얼굴이 잘나지 못하였다고 자폄(紫貶), 즉 헐뜯거나 무시하지 말라고 하였다. 외모지상주의의 악영향으로, 얼굴이 잘나지 못한 사람들이 그 인격과 실력에도 불구하고 무시당하는 경향이 많다. 특히 여성들을 평가할 때 용모를 일차적인 기준으로 삼는 풍조가 농후하다. 이런 풍조는 학벌지상주의와 아울러 이 사회에서 타파해야 할 악습 중 하나이다.

혼사에 관하여 말할 때

남녀가 결혼을 하게 되면 혼인식 날은 말할 것도 없고 그날을 전후하여 일가친척들이 모여 혼인에 대하여 여러 가지 이야기들을 나누게 된다. 그런 자리에서 특히 삼가야 할 것은 '서부우열(婿婦優劣)'에 관한 말들이다.

'서부'의 '서(婿)'는 '서(壻)'와 같은 자로 사위를 가리킨다. 서(壻)는 원래 재주가 좋은 사나이라는 뜻을 가지고 있다. 재주 좋은 사나이가 자기 집 사위가 되기를 바라는 마음은 어느 부모나 공통적으로 가지고 있는 법이다.

그런데 신부측 일가친척들이 모여 신부의 부모가 듣기 좋으라고 사위가 신부에 비해 떨어진다느니 신부가 아깝다느니 하는 말들을 늘어놓기도 한다. 하지만 그 말은 자기 딸이 모자라는 사람에게 시집갔다는 뜻이기도 하여 부모의 입장에서 서운할 수도 있다.

그 반대로 일가친척들이 신부가 사위에 비해 떨어진다느니 사위가 아깝다느니 하는 말들을 하게 되면 신부의 부모로서 자존심이 상하기 십상이다.

신랑측 일가친척들이 모여 신부를 신랑과 비교하며 이러쿵저러쿵

결혼식 | 일가친척들이 모인 혼인식날, 신랑이나 신부 중 어느 한쪽이 떨어진다는 식의 언급은 삼가야 한다. 작가 미상의 〈평생도〉 중 부분. 국립중앙박물관 소장.

저울질을 하는 것 역시 신랑 부모의 입장에서 달갑지 않은 일이다.

혼인에 관하여 일가친척들이 모여 여러가지 이야기들을 나눌 수 있겠으나 서부우열에 관한 언급만큼은 삼가는 것이 좋다.

또한 자녀가 이미 결혼을 한 경우에 지난날에 자녀가 선을 보며 신랑감과 신부감을 찾던 일에 대해서는 일절 이야기하지 않아야 한다. 그때 그 사람이 사위가 되었으면 좋았을 것이라든지 그때 그 여자가 며느리가 되었으면 좋았을 것이라는 등등의 이야기는 입 밖에도 꺼내지 않아야 할 것이다.

이덕무는 '절물언(切勿言)'이라고 하여 그런 언급들을 삼가야 함을 엄하게 강조하고 있다. '절물언'은 절대로 말하지 말라는 뜻이다.

월급을 물으며 축하하지 말라

 살다가 보면 나 자신이 축하 받을 일도 있고 친척이나 친구들이 축하 받을 일들도 생기게 마련이다. 조선시대에는 친척이나 친구가 한 고을의 원님으로 임명되어 간다면 크게 축하할 일이 아닐 수 없었다. 그런데 이덕무는 그와 같이 축하할 경우에도 주의할 점이 있다고 하였다.

 물선문소용전곡다소, 이위하위 (勿先問所用錢穀多少 以爲賀尉)

 먼저 소용되는 돈과 곡식의 많고 적음을 물으면서 축하하고 위로하지 말라는 말이다. 여기서 '소용되는 돈과 곡식'은 고을의 원님으로 받게 되는 봉급을 가리키는 말일 것이다.
 우리도 친척이나 친구가 어느 회사에 취직이 되었다 하면 맨 먼저 월급은 얼마냐고 물으면서 축하하는 경우가 있다. 월급이 많으면 더 많이 축하를 하고 적다고 여겨지면 축하의 정도가 낮아지게 된다. 그것은 물질을 우선시하고 물질을 가치 판단의 기준으로 삼는 사고방식에 자신도 모르게 젖어들었다는 증거인 셈이다.

그런 일로 축하를 하게 될 경우는 먼저 상대방의 잠재력과 가능성을 격려해주는 말들로 축하해주는 것이 나을 것이다.
　특히 우리나라 사람은 상대방이 알리고 싶지 않은 사적인 사항들까지 알아보려고 꼬치꼬치 캐묻는 습성들이 있다. 상대방의 월급 액수 같은 것은 가급적 묻지 않는 것이 기본예의일 것이다.

어려운 이웃이 옆에 있으면

우리는 옆에 누가 있든지 간에 자기 감정과 사정을 생각없이 내뱉는 경우가 종종 있다. 그 말들이 옆에 있는 사람에게 어떤 상처를 주는지 염두에 두지 않는다. 아무리 정직하고 솔직한 말이라도 옆에 누가 있느냐를 살펴보면서 할말 안할말 가려서 하는 지혜가 있어야 할 것이다.

이 점에 대하여 이덕무는 적절한 예를 들어 경계하고 있다.

여름인데도 질병이나 다른 이유로 말미암아 더운 것을 참아가며 두터운 솜옷을 입고 있어야 하는 경우가 있을 것이다. 이런 처지의 사람을 의서자(衣絮者)라고 하였는데, 여기서 '서(絮)'는 솜을 뜻한다. 그런 자가 한자리에 있다면 비록 덥더라도 덥다고 말하지 말라고 하였다.

또한 겨울에 단의자(單衣者), 즉 옷이 없어 홑옷을 입고 있는 사람이 옆에 있는 것을 보거든 비록 춥더라도 춥다고 유난을 떨지 말라고 하였다. 그와 마찬가지로 옆에 양식이 없어 굶는 자가 있는 것을 보면 밥을 먹으면서 '함산지부조(鹹酸之不調)'를 불평하지 말라고 하였다. 여기서 '함산(鹹酸)'은 짜고 시다는 뜻인데 반찬이 짜고 신 정

구걸 | 어려운 이웃에게 적극적인 사랑을 베풀지 못할지언정, 자기 형편에 대해 불평을 늘어놓아서는 안 된다. 기산 김준근.

도, 즉 간이 맞지 않는다고 투덜거리지 말라는 것이다.

사실 옷이 없는 사람이나 굶주리는 사람이 옆에 있으면 옷을 주고 밥을 줌으로써 적극적인 사랑을 베푸는 것이 마땅할 터이나 그렇게까지는 못할지라도 그런 사람들을 생각해서 자기 형편에 대해 불평하지 말라고 충고하고 있다.

자기 집이 없어 겨우 전세로 살고 있는 사람이 옆에 있는데도 꽤 좋은 아파트를 가지고 있는 사람이 평수가 좁다느니 하며 불평을 늘어놓아서는 안 될 일이다.

어른이 아랫사람이나 아이를 꾸짖을 때

집안의 어른이 크게 화가 나서 아랫사람이나 아이들을 꾸짖을 때가 있다. 그러면 집안 분위기가 삽시간에 살벌해진다. 그럴 경우 자식들이 그 어른 편을 들면서 지금 꾸중을 듣고 있는 자의 허물들을 같이 들추어가며 거든다면 그 어른은 더욱 핏대를 세워 꾸짖게 될 것이다. 어른에게 간사하게 고자질을 하며 함께 꾸짖는 모양을 '노노조조(呶呶嘈嘈)'라고 했다. '노(呶)'는 시끄러울 노이고 '조(嘈)'는 떠들 조이다.

그런데 이덕무는 꾸중을 듣고 있는 아랫사람이나 아이가 비록 잘못을 저질렀다고 하더라도 어른과 함께 그의 잘못을 들추어가며 꾸짖는 일을 거들지 말라고 하였다. 그것은 불같은 어른의 노여움에 기름을 끼얹는 격이다. 그렇게 되면 어른이 지나치게 화를 내어 아랫사람이나 아이를 상하게 할 수도 있다. 꾸짖어서 바로잡아주려고 하다가 오히려 상해죄나 더 나아가 상해치사죄까지 지을 수도 있다.

그러므로 어른이 화를 내어 아랫사람이나 아이를 꾸짖을 때는 어른의 마음을 누그러뜨리는 방향으로 수습을 하는 것이 좋다. 어른에게 이런 말을 할 수 있을 것이다.

"아버님, 저 애들이 철이 없어서 그러니 이 정도로 꾸짖으시고 고정하시지요."

"아버님, 제가 저 애들을 잘 타이를 테니 저 애들은 저에게 맡겨주십시오."

그리고 아랫사람이나 아이에게는 이렇게 말할 수 있을 것이다.

"빨리 잘못했다고 빌어. 다시는 그러지 않겠다고 말이야."

"아버님 마음을 상하게 하면 되니? 건강도 좋지 않으신데."

이와 같이 부드러운 말로 상황을 수습하는 것을 가리켜 '온어주선(溫語周旋)'이라고 하였다. 그리하면 어른이 노여움이 지나쳐 실수를 하거나 과오를 범하는 것을 지혜롭게 막을 수 있는 법이다.

'온어주선'의 지혜는 비단 한 집안에서만 아니라 회사나 정치집단을 비롯한 다른 공동체에서도 활용되어야 할 것이다.

사용자와 노동자 간의 갈등이 심한 요즈음, 사용자 그룹이 노조를 향해 '노노조조' 하거나 노조가 사용자 그룹을 향해 '노노조조' 하며 둘 사이가 더욱 갈라지도록 하기보다 '온어주선' 하는 방향으로 나아가 상생의 덕을 쌓아나가야 할 것이다.

유명한 학자를 등에 업고

요즈음 부각되고 있는 독서사회학에서는 우리가 독서를 하는 목적은 '문화적 인용'을 하기 위해서라고 한다. 선진들이 쓴 책을 읽고 그들의 사상과 철학, 문장들을 인용하여 말하거나 자기가 쓰는 글에 끼어넣는 것은 자연스런 현상이라 할 수 있다.

그런데 재능과 학식, 명예와 지위가 있는 어른과 선배에 의지하여 그런 사람들의 글을 인용하면서 현학적인 체하며 잘난 척하는 것은 꼴불견이 아닐 수 없다. 자신의 주체적인 사상은 없이 데리다(Jacques Derrida)가 어떻고 라캉(Jacques Lacan)이 어떻고 하며 어려운 이론들을 늘어놓기에 급급한 지식인들이 꽤 많은 편이다. 이런 현상을 가리켜 문화적 호가호위(狐假虎威)라 할 만하다.

그와 같이 유명한 학자들의 글을 인용해먹는 것까지는 그렇다치더라도 그들의 전체적인 사상과 논지를 제대로 파악하지도 못하면서 그 일부만 가지고 대단한 이론을 펼치는 것처럼 떠벌여서는 더욱 곤란하다. 그러다가 오히려 그들의 사상과 논지와는 다른 방향으로 흘러 그들을 욕되게 하기 쉽다.

그들의 전체적인 사상과 논지를 제대로 파악하지 못하는 것을 이덕무는 '불식향방(不識向方)'이라고 하였다. 한 문장을 인용할 때도 어떤 문맥 속에 그 글이 위치하고 있는가를 파악하고 나서 해야 하는데 그 문장 자체에만 매여 논지의 방향을 잃어버리는 경우가 많다. 그러다 보니 자연히 '도습여론(徒拾餘論)' 하게 된다. '도습여론'은 논지의 일부만 거두어가지고 전체인 것처럼 꾸며서 펼치는 것을 가리키는 말이다. 그런 식으로 유명한 학자의 이론을 빌려다가 써먹는 것은 일종의 '지적 사기'인 셈이다.

앨런 소칼(Alan D. Sokal)과 장 브리크몽(Jean Bricmont)이 공동저술한 『지적 사기(Fashionable Nonsense: Postmodern Intellectuals' Abuse of Science)』라는 책에서는 포스트모던 사상가들이 과학 이론을 어떻게 잘못 인용하여 써먹고 있는가를 분석해놓고 있다. 그와 같이 과학 이론을 잘못 써먹고 있는 사상가들의 이론을 또 '도습여론' 하니 이중적인 지적 사기가 되기 십상이다.

그러므로 유명한 학자들의 이론을 소개할 때는 이런 점에서 주의해야 할 것이다. 무엇보다 그들의 사상을 다 알고 있다는 식으로 교만을 부리지 않도록 해야 할 것이다.

선배의 말을 대하는 태도

　이덕무는 홍원(洪垣)의 글을 인용하여 선배의 말을 어떻게 대하여야 하는가 권면하고 있다. 선배는 인생을 먼저 살아온 사람으로서 여러 가지 면에서 삶의 지혜를 갖추고 있게 마련이다. 시행착오도 먼저 겪었기 때문에 어떻게 하면 실패하기 쉬운가도 알고 있다.
　그런 선배가 후배가 잘못된 길을 가고 있는 것을 보고 아프게 충고하는 경우도 있다. 그러나 후배들은 자기가 가는 길이 바른 줄 알고 선배의 충고를 가볍게 여기는 경향이 있다. 이덕무는 선배의 충고들을 경홀치거(輕忽置去)하지 말라고 하였다. 경솔하게 다루어 버리지 말라는 것이다.
　그럼 선배의 충고를 어떻게 받아들여야 하는가.
　우선 '허심(虛心)'으로 대하라고 하였다. 허심으로 대한다는 것은 어떤 선입견이나 꺼림이 없이 열린 마음으로 받아들이는 태도를 가리킨다. 선배는 후배를 아끼는 마음으로 충고하는데 후배가 선배의 충고에 어떤 나쁜 동기나 의도가 깔려 있다고 여기게 되면 선배의 말을 비뚤어지게 해석하게 된다.
　그 다음 '세완(細玩)'의 자세를 가지라고 하였다. 세완은 그 말뜻이 무엇인가 하고 자세하게 헤아려보는 것을 가리킨다. 원래 '완(玩)' 자는 가지고 논다는 뜻을 가지고 있지만 익숙하다, 사랑하다는 뜻도 가지고 있다. '완독(玩讀)'이라고 하면 뜻을 새기며 책을 읽는 것을 의미한다.

그와 같이 선배의 말을 우습게 여기거나 가볍게 여기지 않고 '허심세완' 하게 되면 그 선배를 통하여 무언가 삶의 지혜를 얻고 하지 않아도 될 시행착오를 줄일 수도 있을 것이다.

하지만 기고만장한 후배들은 선배들을 은근히 업신여기다가 나중에야 선배의 말을 들을걸 하고 후회하는 경우가 많다.

그런 점에서 이 시대의 주도권을 잡고 있다고 여기는 집단들은 각계 원로들의 말을 '경홀치거' 하지 말고 '허심세완' 하여 나라를 바르게 이끌고 가는 데 밑거름으로 삼아야 할 것이다.

服食

이덕무는 최소한도의 먹을 것과 입을 것이 있는 사람이라면, 옷이 좋지 않다고 해서, 음식의 질이 나쁘다고 해서, 싫어하고 부끄러워하는 마음을 가져서는 안 된다고 하였다. 이덕무는 이런 자족의 도리를 실천하는 것이 곧 선비의 도리라 여겼다.

제3장 복식服食

의복과 음식에 관한 충고들

자족할 줄 알아야

　이덕무는 좋지 않은 옷을 입고 있거나 질이 나쁜 음식을 먹고 있어도 조금도 '염괴심(厭愧心)'을 가져서는 안 된다고 충고하고 있다. 염괴심은 싫어하고 부끄러워하는 마음이다.
　그런데 보통 사람들은 생활 형편이 어려워 옷과 음식이 변변치 못하면 환경을 탓하고 실의에 빠지며 심지어는 신세 한탄을 하기 십상이다. 더 나아가 사회에 대해 적개심을 품고 범죄를 저지르기도 한다.
　대개 사람들은 입고 있는 옷과 먹는 음식으로 신분의 수준이나 인간의 품위가 결정되는 것처럼 여기는 경향이 있다. 그리하여 자기 신분을 과시하고 싶은 마음으로 분에 넘치게 비싼 옷을 사 입고 맛있는 요리를 찾아다니기도 한다. 어떤 사람들은 자기가 그런 신분에 있는 것처럼 거짓으로 꾸미기 위해 일부러 좋은 옷을 입고 일류 음식점들을 드나들면서 탕진하기도 한다.
　사람들이 명품을 선호하는 이유도 이런 데 있다고 할 수 있다. 명품 하나 갖추지 못하고 고급 옷가게 같은 데 들어가면 종업원들이 불친절하게 대하여 마음에 상처를 받게 되고 그러다 보면 오기가 생겨 무리를 해서라도 명품을 구입하려고 한다.

1999년에 불거진 고위층 부인들의 '옷로비' 사건도 이런 사회적인 풍조와 무관하지 않을 것이다. 몇 천만 원짜리 옷들이 거론되는 것을 보면서 서민들은 심한 박탈감을 느끼지 않을 수 없었다.

그런데 과연 옷과 음식에 그렇게 많은 돈들을 허비해야 하는 것일까. 입어서 추위를 피할 만하고 먹어서 적당한 영양을 공급해주는 옷과 음식이면 족한 줄로 알아야 하는데 인간의 심리는 그것만으로는 만족할 수 없는 모양이다.

사도 바울은 『성경』「디모데전서」6장 7절, 8절에서 자기 수제자 디모데에게 이렇게 권면하고 있다.

> 우리가 세상에 아무것도 가지고 온 것이 없으매 또한 아무것도 가지고 가지 못하리니 우리가 먹을 것과 입을 것이 있은즉 족한 줄로 알 것이니라.

우리가 흔히 사용하는 '공수래공수거'라는 말을 바울도 하고 있다. 그리고 그 다음 구절에서, 부자가 되겠다는 욕심으로 돈을 사랑하는 것이 일만 악의 뿌리가 된다는 사실을 경고한다. 그런 자들은 시험과 올무와 어리석고 해로운 정욕에 떨어져 침륜과 멸망에 빠지고, 미혹을 받아 많은 근심으로 자기를 찌르며 괴로워하게 된다고 하였다. 먹을 것과 입을 것이 있는 것만으로도 족하게 여기며 살지 못하고 지나치게 욕심을 부리다가는 결국 큰 낭패를 보게 된다는 것이다.

물론 생존의 한계점에서 먹을 것과 입을 것이 절대적으로 부족한 상황에 처해 있는 사람들도 있다. 그런 자들에게 '먹을 것과 입을 것이 있은즉 족한 줄로 알라'고 하는 것은 어쩌면 잔인한 일인지도 모른다. 먹을 것과 입을 것이 없는데 뭘 가지고 족한 줄로 여기라는 말인가.

이덕무도 이런 절대 빈곤의 사람들을 상대로 자족하라는 말을 하고 있는 것은 아니다. 최소한도 먹을 것과 입을 것이 있는 사람들에게, 좋지 않은 옷이나 음식을 두고 싫은 기색, 부끄러워하는 기색을 보이지 말라고 충고하고 있는 것이다. 이것이 조선시대의 선비정신이기도 한데 이덕무 당시에 이런 자족의 여유를 보이는 사람을 찾기 힘들었던 모양이다.

그래서 이덕무는 자기가 주위를 둘러본 바로는 '심계(心溪)'라는 호를 가진 친척 한 사람만이 그런 자족의 도리를 실천하고 있는 것 같다고 토로하고 있다. 심계는 '마음 계곡'이라는 뜻인데 그 사람은 자신의 호처럼 마음을 깊이 있게 하는 일에 몰두했기 때문에 그런 자족의 비결을 익혔을 것이다.

심계에 대하여 좀더 소개를 하면 본명은 심채진(沈埰鎭, 1738~1808)으로 학문이 높은 경지에 이르렀음에도 평생 벼슬길에 나가지 않고 곡성을 중심으로 지역 인재를 양성하는 것을 유일한 낙으로 삼았던 선비다. 심계는 아버

지가 돌아가셨을 때 묘지를 지키며 삼년상을 치를 정도로 효성이 지극했다. 지금도 전남 곡성군 겸면 칠봉리에 자리한 대환정(大瓛亭)에는 심계의 체취가 묻어 있다.

심계는 이 정자에서 다섯 아들들을 비롯하여 지역 청년들을 엄격하게 교육하며 길러냈다. 정권 쟁탈을 위해 중상모략을 일삼고 있는

대환정 | 심계는 평생 벼슬에 나가지 않고 지역 청년들을 교육시키면서 자족의 도리를 실천했다. 전남 곡성군 겸면 칠봉리.

세상에서 선비가 지켜야 할 도리를 가르쳤다. 다섯 아들들 가운데서도 그의 가르침을 가장 깊이 받아들인 사람은 훗날 진사를 지내기도 했던 둘째 아들이었다. 둘째 아들이 아버지 심계에 대해 읊은 시문이 대환정 정자에 걸려 있다.

    늙은이 한평생 살 곳이 없어
    10년을 주희(朱熹)의 글만 읽었네
    돌아온 산 아래 삼간 집 있어
    한가로이 시내에 앉아 고기떼 굽어본다
    송죽은 뜰 가득 시흥을 돋우고
    신선과 교계 있어 세속의 정 멀었구나
    긴긴 세월 인생사 바둑 한 판인가
    생애를 즐기며 태평하게 늙고 지고

활동성과 단정성의 조화

옷을 어떻게 입느냐에 따라 한 사람의 사고방식과 생활습관이 좌우된다고 해도 지나친 말이 아니다. 옷은 사람을 게으르게 할 수도 있고 부지런하게 할 수도 있다.

이덕무는 그 당시 사람들이 옷을 입는 방식에 대해서도 세세히 조언을 하고 있다. '체면문화'가 지배했던 그 시대에는 옷들이 활동성을 고려하기보다는 겉치레에 치중하는 경향이 있어 그런 점들을 날카롭게 지적했다.

특히 적삼의 소매가 길고 넓으면 '양기나타(養其懶惰)'하게 된다고 하였다. '나타'는 나태(懶怠)와 같은 말로 어지럽고 게으르다는 뜻이다. 옷소매가 필요 이상으로 길고 넓어 거추장스러우면 자연히 동작이 느리게 되고 게으름을 키우기만 한다는 것이다.

무엇보다 그런 옷은 '불편집역(不便執役)', 즉 일을 하는 데 불편하고 '대방집사(大放執事)', 즉 일을 하는 데 크게 방해가 되므로 소매를 적당한 길이와 넓이로 줄여야 한다고 했다.

요즈음 회사에서는 이전처럼 회사원들이 정장을 하고 다니지 않아도 좋다는 지침을 내리기도 하는데 그것 역시 활동하기에 편하도록 옷을 입게 하기 위함이다. 회사원으로서 정체성과 일체감을 가지도록 유니폼을 만드는 회사도 있으나 그럴 경우에도 우선적으로 활동성을 고려에 넣어야 할 것이다.

회사에 출근한다는 것은 회사 일을 하기 위함이다. 그러므로 회사원들은 다른 규정이 없는 한 자기가 맡은 일을 가장 효과적으로 할 수 있는 옷을 입고 출근해야 함은 당연한 이치이다. 직장 상사나 다른 동료들에게 멋있게 보이기 위하여 지나치게 화려한 옷을 입고 출근하는 것은 회사원으로서 삼가야 할 일이다.

학교의 교사나 학생들도 마찬가지이다. 교복 자율화가 시행된 이유도 군사문화 잔재의 청산뿐만 아니라 학생들이 공부하기에 편한 옷을 입고 등교하도록 하기 위함이다.

종교계에서는 장엄한 분위기를 내기 위해 필요 이상으로 복잡한 옷들을 입는 성직자들이 있는데 그럴 경우 사람들을 섬기며 봉사한다는 종교의 본질을 훼손할 우려가 있다.

그런데 옷을 활동하기에 편하도록 입는다고 하여 흐트러지거나 민망스런 옷차림이 되어서는 안 될 것이다.

조선시대에는 남자들이 한복 바지를 입을 때 행전(行纏)이라는 것을 다리 아래쪽 부분에 찼다. 행전은 발목에서 장딴지 위까지 바짓가랑이를 가든하게 둘러싸는 것으로 위에 달린 끈으로 무릎 아래를 졸라맨다. 그런데 행전이 짧고 좁아서 단지 바짓가랑이 끝만 가리면 옷차림이 요망스럽게 된다. 이덕무는 이런 행전을 차지 말고 적당한 길이와 넓이의 행전을 차도록 경계하고 있다.

또한 평상시에 날씨가 덥더라도 반소매를 입지 말고, 과거시험을 볼 때 피곤하더라도 도포를 벗지 말아야 한다. 날씨가 춥더라도 짧은 저고리를 옷 위에 입지 말며, 덥더라도 옷깃을 풀어헤치거나 짧은 적삼만 입거나 버선을 벗거나 바짓가랑이를 걷어올리거나 해서는 안 된다.

버선의 양쪽 천을 박음질하여 이어놓은 솔기가 비뚤어져서도 안 되고 바짓가랑이를 느슨하게 매어서도 안 된다.

허리띠를 맬 때도 너무 높이 매어 가슴까지 이르도록 해서도 안 되고 너무 낮게 매어 배꼽 근처까지 내려가도록 해서도 안 된다. 바짝 졸라매어서도 안 되고 느슨하게 매어서도 안 된다. 또한 중심을 잘 잡아 끝을 가지런하게 매어야 한다.

이런 옷차림에 대한 조언들은 어디까지나 활동성과 단정성의 조화를 염두에 두고 있는 셈이다.

활동성과 단정성의 조화는 현대 의상에서도 여전히 적용되어야 할 기본원칙이라 할 수 있다.

시대와 신분에 맞게

 산인(山人)이라는 호를 가진 조연구(趙衍龜)는 박학호고(博學好古), 즉 학문이 넓고 옛것을 숭상하는 선비였다. 그가 하루는 옛날 사람들이 입던 학창의(鶴氅衣)를 입고 수양산성으로 놀러갔다. 학창의는 원래 학의 털로 만든 흰옷을 가리키는 말이었으나 후대에는 학의 털 대신에 백세포(白細布)로 옷을 만들어 입었다. 조연구는 옛날식대로 학의 털로 만든 학창의를 입고 갔는지도 모른다.
 성을 지키던 장수가 조연구가 입은 학창의를 보고 괴상한 옷차림이라 여겨 좌우에 있는 군사들에게 눈짓하여 그를 결박하도록 하였다. 조연구는 자기가 이상한 사람이 아니라는 것을 부드러운 말로 알아듣도록 설명하여 겨우 위기를 모면했다.
 이 일을 겪고 난 후 조연구는 강절(康節) 선생이 심의(深衣)를 입지 않는 이유에 대해 언급한 내용이 일리가 있음을 깨닫게 되었다.
 심의는 유학자들이 연거복(燕居服 : 공직에서 떠나 있을 때 입던 옷)으로 입던 의복으로 신선복 또는 학창의라고도 하였다. 『예기』에는 「심의편(深衣篇)」이 있어 형태와 치수까지 세세히 적어놓았다.
 심의는 둥근 소매와 굽은 깃을 갖추고 있으며 깃과 소맷부리 등에

관복 | 옷은 신분에 맞게 입어야 한다. 부와 권력에 따라 나눈 상하 개념의 신분이 아니라 자기가 사회에서 맡은 역할에 맞게 입어야 하는 것이다. 조정만 초상. 일본 천리대 소장.

검은 비단으로 선을 대었다. 허리의 둘레는 밑단 둘레의 반이고, 옷 전체의 길이는 복사뼈에 닿을 정도였다.

심의에는 각 부분마다 철학적 의미가 담겨 있었다. 저고리와 치마를 따로 마름질한 것은 각각 건(乾:하늘)과 곤(坤:땅)을 상징하는 것이고, 하늘은 땅을 다스리므로 이 둘을 다시 연결한 것이다. 또한 치마를 12폭으로 마름질한 것은 하늘의 이치가 1년 4계절 12달로 구현됨을 상징한 것이며, 소매의 둥근 모양은 규(規), 곧 원(圓)·법(法)·천(天) 등을 본뜬 것이다.

걸으며 손을 들어도 소매가 흐트러지지 않게 한 것은 직(直), 곧 곧고 바름을 본받기 위함이고, 아랫단을 평평하게 한 것은 몸과 마음을 평안하게 하기 위함이었다.

선을 댄 것은 부모에 대한 효도와 공경을 뜻하였다. 선의 색은 조부모와 부모를 모두 모시고 있는 사람은 오채(五彩), 부모를 모신 사람은 청색, 부모가 없는 사람은 본바탕색 그대로 하는 등 각각 달랐으나, 후대에 와서는 모두 검은색으로 통일했다.

심의는 이와 같이 각 부위에 담긴 철학적인 의미가 서로 호응하고 조화를 이루어 정신세계를 깨끗이 하고 균형 감각과 위기관리 능력을 배양하며 자아의 완성에 이르게 하려는 뜻을 담고 있었다.

이와 같이 심오한 뜻을 가지고 있다 하여 심의라고 하는지도 모른다. 하지만 강절 선생은 심의가 자기 시대에는 맞지 않는 옷이라 하여 입지 않았다.

'아금인, 지복금인의지(我今人 只服今人衣之)', 즉 '나는 지금 시대 사람이므로 지금 시대 사람들의 옷을 입을 뿐이다'라고 했다.

아무리 좋은 뜻을 가진 옷이라 하여도 시대가 지나면 사람들이 입기에 불편해지기 십상이다. 시대마다 사람들이 종사하는 일이 다르고 사람들의 미적 감각과 생활습관도 변하기 때문이다.

옛것을 숭상하는 것도 좋지만 너무나 고지식하게 그대로 따르다가는 시대에 뒤처지게 마련이다.

요즈음 한국 사람들이 즐겨 입는 개량한복처럼 옛것의 장점을 살리되 현대인의 생활습관과 미적 감각에 맞게 개량하는 것도 한 방편이 될 것이다.

또한 옷은 신분에 맞게 입어야 한다. 여기서 신분이라 함은 부와 권력을 기준으로 나누는 그런 상하 개념의 신분이 아니라 자기가 사회에서 맡은 분야라는 의미로 보면 되겠다.

관리들이 입는 공복(公服)이나 군사들이 입는 군복(軍服)을 일반 서민들이 시험삼아 입어보아서는 안 된다. 비록 장난으로 하는 일이라도 예의에 크게 어긋나는 짓이다.

요즘 일반 시민이 그런 옷을 입고 공무원이나 경찰, 군인 행세를 할 경우, 단순 사칭이면 경범죄로 처벌되지만, 직권 행사와 같이 정도가 심하면 형법 118조 '공무원자격사칭죄'에 해당하는 처벌을 받게 된다.

갓을 쓸 때 주의할 점

조선시대 선비들은 갓을 쓰는 일이 예의를 갖추는 데 매우 중요한 부분이었다. 이덕무는 갓과 관련하여 세세한 사항까지 지적을 하고 있다.

첫째, 갓의 끈이 넓어서는 안 된다. 복건의 띠는 반드시 두 갈래로 가지런히 달아야 하고 서로 길이가 다르게 해서는 안 된다. 갓이 비록 낡았더라도 단정하게 쓰도록 해야 한다.

둘째, 망건은 머리를 거두기만 하면 되므로 바짝 졸라매어 이마에 눌린 자국이 있도록 해서는 안 되고 느슨하게 매어 살쩍(귀밑털)이 흐트러져 있게 해서는 안 된다.
눈썹을 덮어누르도록 해서도 안 되고 눈꼬리가 당겨올라가도록 해서도 안 된다.

셋째, 선비가 비록 바쁘고 피곤하더라도 그 머리 위에는 잠시라도 갓이 없어서는 안 된다. 다만 감옥에 갇혀 있는 죄수나 부모의 상(喪)

을 당하여 머리를 풀고 있는 자식은 갓이 없어도 좋다. 월천(月川) 조목(趙穆) 선생은 갓을 쓰고 있지 않은 아들에게 호통을 치며 말했다.

옛날 관녕(管寧)이 풍파를 만났을 때 하늘을 우러러 호소하기를, "나는 새벽에 머리를 싸매지 않고 갓을 쓰지 않은 죄를 세 번 지은 것 이외에 일생 동안 다른 죄를 지은 일이 없습니다"고 하였다. 갓을 쓰지 않는 일은 심히 나쁜 짓이니 특히 삼가도록 하라.

갓 쓴 사람 | 이덕무는 선비가 아무리 바쁘고 피곤하더라도 반드시 갓을 써서 예의를 갖추어야 한다고 하였다. 단원 김홍도. 국립중앙박물관 소장.

넷째, 갓을 푹 눌러쓰고 갓 밑에서 곁눈으로 남의 기색을 살피는 것은 바른 기상을 가진 자라면 할 짓이 아니다.

다섯째, 갓을 쓸 때는 번립(翻笠), 즉 갓을 젖혀 써서도 안 되고, 엽영(獵纓), 즉 갓끈을 손으로 잡고 있어서도 안 되고, 산영(散纓), 즉 갓끈을 흐트러지게 해서도 안 된다. 또한 갓끈이 귓등으로 지나가게 해서도 안 된다.

여섯째, 갓에 대로 만든 갓끈을 다는 것은 시골에서는 무방하나 도시에서는 삼가는 것이 좋다. 복건에 갓을 덧쓰는 것은 편리한 점이 있으나 그런 모습으로 문밖으로 나가서는 안 된다. 집에 있을 때도 될 수 있는 대로 갓을 덧쓰지 않는 것이 좋다.

비록 갓에 관한 지적들이지만 현대인들도 참고할 만한 사항들인 셈이다.

음식을 가리는 습관에 대하여

　여러 가지 생활의 악습들은 고치기가 여간 어려운 것이 아니다. 간식지습(揀食之習), 즉 음식을 가려먹는 습관도 고치기 어려운 악습 중의 하나이다.
　부귀를 누리는 집 자제로서 거친 밥을 대하고도 감담(甘啖)하는 자는 칭찬 받을 만한 사람이다. '감담'은 맛있게 먹는다는 뜻이다. 그런데 형편이 어려운 사람이 기장, 피, 보리, 콩 같은 잡곡밥 먹는 것을 참아내지 못한다면 그 사람은 그야말로 모자란 자다.
　이덕무는 이것과 관련하여 유명한 말을 남겼다.

　천하영유불감식지곡 (天下寧有不堪食之穀)

　세상에 먹지 못할 곡식이 어디 있겠느냐는 뜻이다.
　다만 쉬거나 썩은 밥, 설거나 딱딱한 밥, 쌀겨나 모래가 섞인 밥, 벌레나 짐승이 먹다 남긴 밥 등은 먹지 못할 것이다.
　밥을 까다롭게 가려먹는 자는 굶어 죽는 경우가 많고, 그와 반대로 정신이 이상해져 더러운 밥도 가리지 않고 먹는 경우가 있다. 또 어떤 사람은 좋은 음식만 가려먹는 습관을 고치지 못하고 심지어 나쁜 짓을 해서라도 그런 음식을 구해 먹으려고 한다. 이런 사람은 음식에 미혹되어 눈이 먼 자라고 할 수 있다.

요즈음도 영양의 불균형을 초래하는 편식의 문제점들이 부각되고 있다. 다이어트에 신경을 많이 쓰는 사람들은 음식의 칼로리를 계산하면서 영양보충에 필수적인 음식들까지 기피하기도 한다. 그러다가 정도가 심해지면 밥맛을 완전히 잃어 음식을 거부하는 거식증(拒食症)에 걸리기도 한다.

또한 자기 분수를 모르고 비싸고 좋은 음식들만 찾아다니며 재물을 낭비하는 자들도 있다. 그런 생활을 유지하기 위하여 도적질과 강도짓도 서슴지 않는 파렴치범들도 있다.

아이들이 어려서부터 음식을 가려먹는 습관을 가지지 않도록 부모들이 주의를 기울여야 할 것이다. 어릴 적 편식 습관은 평생을 가기 쉽다. 편식 습관은 무의식과 관련이 있는 경우도 있어 정신 치료가 필요하기도 하다. 가령 어릴 적 아버지가 생선을 좋아하는 바람에 아이들은 생선 반찬에 손을 대지 못하도록 어머니나 다른 식구들이 은근히 제지를 했다면 그 아이들 중에 생선을 싫어하는 편식에 빠지는 자도 생길 수 있다. 아버지에 대한 혐오가 겹치게 되면 더욱 복잡한 양상을 띠게 된다.

그와 같이 정신 치료가 필요할 정도로 심한 경우가 아니라면 스스로 노력하여 편식 습관을 하루빨리 고치도록 해야 할 것이다. 차려진 음식 앞에서 까탈을 부리지 않고 무엇이든 맛있게 먹을 수 있는 건강한 마음과 몸을 키워가야 할 것이다.

음식이 차려지면 지체하지 말라

 음식이 차려졌는데 하던 일이 있다고 한참 후에 수저를 들면 음식이 식어버리고 먼지가 앉기도 한다. 음식이 차려지면 하던 일도 중단하고 얼른 수저를 들어 음식을 먹는 것이, 음식을 차린 사람이나 같이 음식을 먹는 사람들에 대한 예의일 뿐 아니라 건강에도 좋은 법이다.
 내가 지체함으로써 식탁에 앉은 사람들이 기다리도록 하거나 음식을 제때에 먹지 못하도록 해서는 안 된다. 남의 집에서 식사를 할 때는 더욱 조심하여 지체하지 않도록 해야 한다. 음식을 먹을 시간이 다가오면 하던 일을 정리하고 식탁에 앉을 준비를 하는 것이 좋다.
 요즈음 가정들을 보면 주부가 음식을 다 차려놓았는데도 아들은 컴퓨터게임에 빠져 자기 방에서 나오지 않고 남편은 텔레비전 축구중계 보느라고 여념이 없다. 주부가 아들 이름을 외쳐 부르고 남편을 목놓아 불러도 그들은 식탁으로 오지 않고, 따끈하게 데워놓은 찌개는 식어가고 전기밥통에서 방금 퍼놓은 밥은 찰기를 잃어간다. 주부는 신경질이 나고, 한참 후에 나온 아들과 남편은 밥이 맛이 없다는 둥, 찌개가 식었다는 둥 투정을 부린다. 그러면 식탁 분위기는 금방 무거워지기 마련이다.
 음식을 차릴 때는 음식을 준비하는 사람뿐만 아니라 음식을 먹을 사람들도 함께 참여하는 마음과 자세를 가지면 식탁의 분위기가 훨씬 화기애애해질 것이다.

식탁에서는 화를 내지 말라

아무리 화가 나는 일이 있다 하더라도 음식을 먹는 식탁에서는 반드시 '강기안서(降氣安舒)' 해야 한다. '강기'는 기를 가라앉히는 것을 뜻한다. 여기서 '기'는 노여운 기운을 가리킨다. '안서'는 마음을 편안하고 느긋하게 하는 것을 뜻한다.

노여운 마음을 그대로 가지고 식탁에 앉아 있어서는 먹는 밥과 음식이 제대로 소화될 리가 없다. 오히려 건강을 해치게 되므로 차라리 그런 마음으로는 식탁에 앉지 않는 편이 낫다.

이것과 관련하여 이덕무는 식탁에서 해서는 안 될 세 가지 일을 지적한다.

포효(咆哮)

노를 참지 못하고 성을 내며 소리를 질러서는 안 된다.

돈방시저(頓放匙箸)

갑자기 숟가락이나 젓가락을 집어던져서도 안 된다.

태식(太息)
크게 한숨을 내쉬며 탄식을 해서도 안 된다.

그런데 요즘 텔레비전 드라마들을 보면 식탁 장면이 많이 나오는데, 식탁에서 서로 화를 돋우며 싸우고 소리를 지르고 수저와 그릇을 함부로 팽개치고 크게 탄식을 하는 경우를 자주 보게 된다. 아무리 현실을 반영하는 드라마라고 하지만 식탁 예절과는 너무나 어긋나는 장면들이어서 아이들과 청소년들이 무의식중에 따라 배우지 않을까 염려되기도 한다.

특히 가장이 집안 문제로 화가 나 수저를 집어던지다시피 하고는 식탁을 박차고 일어나고 나머지 식구들은 어쩔 줄 모르는 장면 같은 것은 그 악영향이 더욱 클 것으로 여겨진다.

인도네시아 같은 데서는 함께 식탁에 앉아 음식을 먹게 되면 나중에 서로 원수지간이라는 사실을 알게 된다고 하더라도 원수를 더 이상 갚을 수 없게 된다고 한다. 그만큼 식탁에 함께 앉는다는 것은 친밀의 정도가 강하다는 사실을 뜻한다. 원수끼리도 그러한데 하물며 같은 식구끼리는 더욱 그러해야 하지 않겠는가.

전쟁 중에도 휴전기간이라는 것이 있듯이, 식탁에 앉아 음식을 먹는 시간만큼은 서로 감정이 쌓여 있더라도 휴전의 시간이라고 여기는 것은 어떨까.

집안사람이 어려운 경우

어느 시골 선비가 남의 집에서 밥을 먹는데 건숙(乾鱐), 즉 물고기 말린 것이 반찬으로 나왔으나 끝내 수저를 대지 않았다. 주인이 그 이유를 묻자 선비가 대답했다.

"아흔 살 되신 노모가 계신데 나물만 있어도 싫어하지 않고 잘 드십니다. 비록 건숙이 지찬(旨饌)은 아니라 하여도 어찌 목구멍을 내려가겠습니까?"

'지찬'은 맛있는 반찬이라는 뜻이다. 정말 맛있는 반찬이 나왔다면 선비는 집에 계신 노모를 생각하여 더욱 그 반찬에 수저를 댈 수 없었을 것이다. 하지만 그렇게 맛있는 반찬이 아닌 건숙이 나왔는데도 그는 수저를 대지 않았다. 왜냐하면 건숙이 노모가 싫어하지 않는 나물보다는 좋은 반찬이기 때문이었다. 노모가 먹는 반찬보다 더 좋은 반찬을 먹을 수 없다는 지극한 효심을 볼 수 있다.

이것은 보통 사람들이 따르기 힘든 사례이긴 하지만, 집안사람들이 어려움에 처해 있는 경우에 혼자 잘 먹고 다녀서는 안 된다는 것은 기본예의라 할 수 있다.

집안사람이 병들어 있는 경우에 부득이 남의 집에 가서 일을 하고 술과 음식 대접을 받게 될 때 세 가지 점을 주의해야 한다.

자취(恣醉)

술을 많이 마시고 방자하게 취해서는 안 된다. 물론 적당히 술을 마시는 것은 대접해주는 주인에 대한 예의라고도 볼 수 있으나 그 정도가 지나쳐서는 안 된다. 술이 한 잔 들어가면 도저히 절제가 되지 않는 사람은 처음부터 술잔을 기울이지 않는 것이 현명할 것이다. 집안사람이 병들어 아픈 경우는 한두 잔 정도로 끝내는 것이 적당할 것이다.

심포(甚飽)

음식을 지나치게 배부르게 먹어서도 안 된다. 집안사람은 병이 들어 제대로 먹지도 못하고 있는데 식탐에 빠져 거북할 정도로 많이 먹는다는 것은 자기만을 아는 이기적인 태도이다.

구불귀(久不歸)

집안사람이 병들어 있는데 술과 음식이나 여흥에 빠져 집에 늦게까지 돌아가지 않아서는 안 된다. 병들어 있을수록 사람이 그립고 외출 나간 식구들이 집으로 빨리 돌아오기를 그 어느 때보다 간절히 기다리는 법이다.

집안사람이 병들어 있는 경우뿐만 아니라 굶주리고 있는 경우도 위의 세 가지 점을 주의해야 하는 것은 두말할 나위가 없을 것이다.

복고기를 조심하라

조선시대에는 돈(魨), 즉 복고기(복어)를 '하돈(河豚)'이라고도 불렀다. 하돈은 문자 그대로 하면 물돼지라는 뜻이니 볼록한 복고기를 일컫는 데 적당한 이름인 셈이다.

그런데 이덕무는 사람들이 복고기를 먹는 풍습에 대해 크게 걱정을 하고 있다. 요즈음은 복고기의 독을 처리하는 기술이 발달되어 복고기를 먹고 죽게 되는 경우는 극히 드물지만 조선시대에는 복고기를 먹고 죽은 사람들이 많았던 모양이다. 물론 그 당시에도 복고기의 독을 처리한다고 했겠지만 제대로 되지 않아 사고가 빈번했던 것 같다.

복고기를 먹었는데도 죽지 않은 경우는 독을 잘 처리했다거나 남달리 건강해서 그랬다기보다 그야말로 다행히 재앙을 면했다고 할 수 있다.

그런 경우를 '종유불사, 시행면야(縱有不死 是幸免也)'라는 말로 표현했다. 흔히 세로라는 뜻으로 쓰이는 '종(縱)'이 여기서는 가령, 만약이라는 의미를 가진 접속사로 사용되고 있다.

독이 있어 위험한 줄 알면서도 사람들이 왜 복고기를 먹으려고 하

게 | 과거시험을 앞둔 자가 게를 먹지 않았던 것은 '게'의 한자어인 '해(蟹)' 자와 관련이 있다. 단원 김홍도. 국립중앙박물관 소장.

는지 이덕무로서는 의아하지 않을 수 없었다.

그는 사람들이 사물의 명칭이 주는 거리낌 때문에 삼가는 일들을 열거하면서 복고기를 먹는 사람들의 무모함을 다시 한 번 질타하고 있다.

인면(人面)을 먹지 않는다

과일 중에 인면이라는 이름을 가진 것이 있었던 모양이다. 아마도 사람의 얼굴 모습을 닮은 과일이었던 것 같다. 맛이나 영양 면에서 충분히 먹을 만한 과일이었지만 사람들은 그 이름 때문에 먹기를 꺼려했다. '사람의 얼굴'을 씹어 먹다니 여간 거북스럽지 않다.

구장(狗葬)에 묻지 않는다

'구장'은 개를 장사지낸다는 뜻이다. 그런데 '구장'이라는 이름을 가진 마을이 있었다. 옛날에 사람들이 개들을 거기에 많이 묻어서 그런 이름이 생겼겠지만, 이덕무 당시에는 사람들이 모여 사는 마을로 변해 있었다. 사람들은 구장이라는 이름 때문에 그 마을에 사람을 묻는 일을 삼갔다. 특히 효자가 아버지를 그 마을에 묻는 일은 상상도 할 수 없었다.

해(蟹)를 먹지 않는다

'해'는 옆으로 기는 게를 가리킨다. 그런데 그 음이 '해(解)' 자와 같으므로 '해산(解散)'이라는 말이 연상된다. 해산은 흩어져 없어지는 것을 뜻한다. 그래서 과거시험을 앞두고 있는 자들은 앞에서도 언급했지만 게를 먹지 않는 풍습이 있었다.

장거(章擧)를 먹지 않는다

'장거'는 낙지를 가리키는 말이다. 장어(章魚)라고도 한다. 왜 장어가 낙지가 되느냐 하면 '장(章)'이 단락을 뜻하기 때문이다. 낙지 다리를 보면 빨판으로 인하여 단락 내지는 매듭이 져 있는 것처럼 보인다. 그런데 낙지는 낙제(落第)라는 말을 연상시킨다. 또한 낙지는 잘 미끄러지는 특징이 있다. 그래서 과거시험을 비롯한 중요한 시험을 앞둔 자들은 낙지를 먹지 않는다.

　요즈음 대학입시나 사법고시 같은 시험을 앞둔 자들도 미끄러지는 성질을 가진 미역국을 먹지 않는다. 조선시대 과거시험 보는 자들이 게와 낙지를 먹지 않았다는 사실이 알려지면 그것들도 시험 보는 자들의 금기식품으로 추가될지 모르겠다.

　이와 같이 그 자체에 독이 있거나 어떤 치명적인 요소가 없는데도 단지 이름의 뜻이나 이름이 연상시키는 말 때문에 삼가는 경우도 많은데, 정말 독이 들어 있는 복고기는 꺼리지 않고 먹으려고 하다니 생명을 잃는 것이 과거시험보다 하찮은 일이란 말인가. 이덕무는 복고기 먹는 풍습이 자손 대대로 이어지지 않도록 해야 한다고 거듭 강조하고 있다.

　현재 복고기 먹는 풍습은 이덕무가 염려한 것과는 달리 독 처리 기술이 발달하여 우리 음식문화에 안착한 셈이다. 하지만 이덕무가 지적한 바는 여전히 우리에게 경계가 되고 있다.

　가령, 전혀 위생 검증이 되지 않은 동남아시아의 뱀 고기와 쓸개가 정력에 좋다고 날것으로 먹었다가 뱀 기생충이 뇌로 파고들어가 죽는 일들이 있는데, 그런 경우는 이덕무의 경고가 여전히 유효하다 할 것이다.

주도에 관하여

자고로 술을 어떻게 마셔야 하느냐에 대해서 여러 지침들이 있었다. 소위 주도(酒道)에 관한 가르침들이다.

주도의 기본은 술을 지나치게 마시지 않고 적당하게 마시는 것이다. 적당한 술은 건강에도 좋고 사람들과의 교제에도 유익한 법이다. 그러나 술은 다른 음식들과는 달리 절제하기가 여간 힘든 것이 아니다. 술이 술을 부르기 때문이다. 그래서 처음에는 사람이 술을 마시다가 나중에는 술이 술을 마시고 마침내 술이 사람을 마신다고 하지 않았는가.

이덕무도 이 점을 경계하여 술을 마실 때 해야 할 일과 하지 말아야 할 일로 나누어 주도를 제시하고 있다. 우선 해야 할 일은 다음과 같다.

이전의 실수와 낭패를 기억하라

술을 마시는 자리에 가게 되었을 때, 맨 먼저 이전에 술에 취함으로 행동을 잘못하였거나 말에 실수가 있었던 일을 상기해보는 것이 좋다. 또한 술을 너무 마셔 병이 생긴 적이 있었다면 그 병으로 고생하던 일을 되새겨보아야 한다. 그냥 그런 일이 있었지 하고 떠올리는 정도가 아니라 '맹사(猛思)'하라고 하였다. 맹사는 마치 그때로 돌아간 것처럼 생생하게 느껴본다는 말이다.

미훈극지(微醺亟止)

약간 얼근해진 상태가 되었을 때 얼른 술을 그만두어야 한다. 이것을 이덕무는 '미훈극지'라고 하였다. '훈(醺)'은 '술 유(酉)'와 '연기 낄 훈(熏)'이 합해진 글자이다. 술기운이 연기처럼 은근히 피어오르기 시작한 상태가 '미훈'이라 할 수 있다. '극지(亟止)'는 빨리 멈춘다는 뜻이다.

경심단배(驚心斷盃)

술을 그만두기 가장 힘든 시간이 사실은 '미훈'의 상태에 있을 때다. 술을 조금만 더 마시면 아주 기분 좋은 상태에 이를 수 있는데 바로 그 시간에 술잔을 거둔다는 것은 여간 어려운 일이 아니다. 그때 '한 잔만 더, 한 잔만 더' 하며 머뭇거렸다가는 다시금 술에 흠뻑 빠지기 십상이다. 하지만 이전의 실수와 낭패를 되풀이하지 않겠다고 굳게 결심하고 경계하여 단호하게 술잔을 거두어야 한다.

'경심'은 마음을 놀라게 하여 정신이 번쩍 나게 한다는 뜻이다. '단배'는 글자 그대로 술잔을 끊어버린다는 뜻이다. 이런 자세와 각오가 없다면 차라리 술자리에 처음부터 참석하지 않는 것이 좋을 것이다.

그 다음 술을 마실 때 하지 말아야 할 일들은 다음과 같다.

고권주(苦勸酒)

'고권주'는 술을 억지로 권한다는 뜻이다. 상대방이 술을 마시려고 하지 않거나 술을 그만 마시려고 하는데 억지로 술을 마시라고 권하는 것은 상대방에 대한 실례가 아닐 수 없다.

어른도 나이가 어린 사람들에게 술을 억지로 권하지 않는 것이 좋다. 그런데 어른이 권하는 술을 끝까지 받지 않는 것도 어른에 대한 예의가 아니다. 술을 마시고 싶지 않은데 어른이 권하여 도저히 사양하기 힘든 경우는 술잔을 받아 '첨순(沾脣)', 즉 입술만 살짝 축이는 정도의 예의는 갖추어드리는 것이 마땅할 것이다. 이것을 '첨순의 예'라고 이름 붙일 만하다.

축미가기(蹙眉呵氣)

'축미'는 이마를 찌푸린다는 뜻이고 '가기'는 숨을 크게 토해내는 것을 뜻한다. 흔히 술을 마실 때 사람들이 독한 술을 마신다는 것을 나타내려고 이맛살을 찌푸리며 '카아' 하고 큰소리를 내면서 거드름을 피우는 것을 보게 된다. 그런 태도는 방자하므로 삼가야 한다.

질음(疾飮)

'질음'은 급하게 빨리 마시는 것을 뜻한다. 요즈음 술자리에서 '원샷'이라 외치며 술잔을 단번에 비우고 빈 술잔을 위로 올려 머리에 터는 시늉을 하는 모습을 종종 보게 된다. 분위기를 돋우기 위하여 단체로 그러는 경우도 있는데 술을 마시는 예절에 어긋난다고 할 것이다.

설략순(舌掠脣)

'설략순'은 혀로 입술을 핥는 것을 말한다. 술을 마신 후에 혀를 길게 빼내어 입술을 훔치는 것은 보기에 흉하다. 입술에 술이나 안주가 묻었더라도 혀를 날름거리며 핥아먹지 않도록 하는 것이 좋다.

품산함(品酸醶)

'산함'은 시고 짜다는 말이다. 술자리에 참석하여 술맛이 안 좋다느니 안주가 시다느니 짜다느니 흠을 잡으며 품평하는 것은 좋지 않다. 술자리에서 돌아온 후에도 술이나 음식의 좋지 않음을 흉보아서는 안 된다. 함부로 흉을 보는 것은 술과 음식으로 대접하려고 마음을 쓴 사람에 대한 예의가 아니다.

각종 음식들과 관련된 예절

이덕무는 각종 음식들과 관련하여 어떤 점을 주의해야 할 것인가 세세히 지적해주고 있다.

참외와 무
감과(甘瓜), 즉 참외는 반드시 칼로 토막을 내어 먹도록 하고, 참외 물에 손과 얼굴이 젖지 않도록 해야 한다.
무나 참외를 먹다가 그 남은 것을 남에게 주게 될 때는 베어먹다가 생긴 잇자국을 반드시 과도나 부엌칼로 깎아내고 건네도록 해야 한다. 잇자국이 있는 것은 모양도 좋지 않지만 위생상으로도 침이 묻어 있어 좋지 않다. 침을 통해 간염균이나 헬리코박터파일로리균 같은 것이 전염된다는 것은 요즈음 상식에 속하는 일이다.
또한 다른 과실을 너무 뾰족하게 잘라 입에 넣지 말고, 그런 것을 남이 입을 벌려 받아먹도록 해서도 안 된다. 그리고 우적우적 씹는 소리가 나지 않도록 해야 한다.

수박

서과(西瓜), 즉 수박을 먹을 때는 앉은자리 주변에 씨를 함부로 뱉지 않도록 해야 한다. 그리고 씨를 이빨로 쪼개어 뱉어내어서도 안 된다. 그런 식으로 수박 씨를 뱉어내는 입은 품위를 잃게 된다.

젓갈 종류

새우젓, 굴젓, 조기젓, 전어젓 같은 젓갈 종류는 부취성미(腐臭成味), 즉 썩은 냄새로 맛을 이루는 음식들이다. 어떤 사람은 젓갈을 무척 좋아하기도 하고 어떤 사람은 냄새조차 맡기 싫어한다. 함께 식사하는 사람이 젓갈을 싫어하는 경우에는 자기가 비록 젓갈을 좋아한다고 하더라도 요반(澆飯:물에 만 밥)을 후루룩 들이켜는 것처럼 방자하게 젓갈을 먹어서는 안 된다.

어포(魚脯)

어포는 물고기를 말린 음식이라 냄새가 남아 있는 경우가 많다. 어포를 먹으면서 코를 가까이 대고 냄새를 자주 맡는 것은 보기에 좋지 않다. 그리고 어포나 떡 같은 음식들은 쉬거나 곰팡이가 피거나 하여 변하기 쉬우므로 책 보관함이나 그림 궤 속에 넣어두어서는 안 된다.

소의 간과 처녑

처녑은 소나 양의 위장 부분을 가리키는 말이다. 소의 간과 처녑을 회로 먹을 때는 식욕이 돋은 양 마구 씹어 먹어서는 안 된다. 그것은 혈성(血腥), 즉 피비린내를 풍기지 않을까 조심해야 하기 때문이다.

생선회

생선회는 사람들이 겨자와 초장을 많이 쳐서 먹는 경향이 있다. 또 무를 곁들어 먹는다. 그러나 겨자와 초장을 너무 많이 회에 묻혀 먹으면 재채기를 하거나 눈물을 흘리기 쉽다. 무를 많이 먹으면 트림을 하며 삭은 냄새를 피우기 쉽다. 남과 함께 생선회를 먹는 경우 특히 이런 점들을 주의해야 한다.

고깃국

고깃국은 국 위에 기름이 뜨기 쉽다. 기름이 떴을 때는 우선 수저로 깨끗이 떠먹어야 한다. 그렇지 않고 수저에 기름을 묻혀가면서 김치나 물에 만 밥을 계속 먹으면 김치 국물과 밥물에 기름이 엉겨 뜨게 된다. 그런 식으로 기름이 번질거리며 엉겨 뜨는 현상을 '유택응부(油澤凝浮)'라고 한다. 유택응부가 되면 조전(臊膻), 즉 누린내가 나서 좋지 않다. 남과 함께 김치나 다른 반찬을 먹을 때는 더욱 그런 점을 조심해야 할 것이다.

고깃국 위에 기름이 떴을 때 그 기름을 떠먹기가 거북스러우면 먼저 수저로 다른 빈 그릇에 떠놓는 것도 하나의 지혜가 될 것이다.

또한 국을 먹을 때는 갑자기 후루룩 소리를 내며 들이마시지 않도록 해야 한다. 물을 마실 때도 꿀꺽꿀꺽 소리가 나지 않도록 해야 한다.

진한 장국

여러 가지 양념이 많이 들어가 진한 국물이 된 장국에 밥을 말아 먹어서는 안 된다. 그렇게 되면 효잡(淆雜), 즉 어지럽게 뒤섞이게 되어 좋지 않다. 밥을 말 수 있는 국은 여러 가지 것들이 섞여 탁해지지 않도록 하는 것이 좋다.

생선국

생선국을 먹을 때는 숟가락으로 휘저어 생선을 부수지 않도록 해야 한다. 그러면 국이 탁해지고 어지럽게 되어 먹기에도 불편하다. 생선국의 생선이거나 구운 생선을 집어 간장에 찍어 먹을 때는 간장 그릇에 생선뼈가 떨어지지 않도록 주의해야 한다.

쌈밥

상추나 참취에 밥을 싸서 먹을 때는 함부로 손가락이나 손바닥을 사용해서는 안 된다. 그것은 불결한 식습관이다. 먼저 밥을 숟가락으로 뭉쳐 떠 밥그릇 위에 걸쳐놓은 다음, 젓가락으로 채소 잎 두세 개를 집어 밥덩어리에 가지런히 덮고 나서 숟가락을 들어 입으로 가져감과 동시에 장을 찍어 넣어 씹어 먹어야 한다.

너무 크게 쌈을 싸서 입 안에 넣기가 거북스러울 지경이 되도록 해서는 안 된다. 큰 쌈을 입에 집어넣어 두 볼이 불룩해지도록 하는 것은 예의에 어긋난다.

갈비

쇠갈비를 손에 들고 입으로 뜯어 먹는 맛이 별미임에 틀림없으나, 이덕무는 쇠갈비를 설박(齧剝), 즉 물어뜯으며 먹지 말라고 하였다. 설박하면 갈비에서 육즙이 튀어 옷을 더럽히기 쉽기 때문이다.

또한 생선뼈도 빨거나 물어뜯지 않아야 하고 꿩의 다리뼈도 씹어 꺾지 말아야 한다. 그 뼈들이 입 안을 찔러 상처를 입힐 위험이 있다.

고기는 뼈에서 잘 발라내어 먹는 것이 좋다.

게장

게를 끓여 먹거나 장을 담가 먹을 때 해광조반(蟹筐調飯)하여 먹지 말라고 하였다. '해(蟹)'는 '게 해' 자이고 '광(筐)'은 '광주리 광' 자이다. 게를 담고 있는 광주리라는 뜻이니 게 등껍질이 된다. 게 등껍질에 밥을 한두 숟가락 넣어 비비면 독특한 맛이 나기 때문에 요즈음 흔히 그렇게 해서 먹는다. 하지만 선비가 그런 식으로 먹으면 소인배처럼 보인다 하여 이덕무는 해광조반을 하지 않는 것이 좋다고 하였다.

김치

만약 김치가 한입에 다 들어가지 않아 끊어 먹어야 할 경우에 그 나머지를 다시 제자리에 갖다 놓아서는 안 된다. 따로 상 한쪽에 놓아두었다가 다 먹어 남기는 일이 없도록 해야 한다. 상에 그대로 두면 미관상이나 위생상 좋지 않을 수 있으므로 빈 그릇에 두는 것이 나을 것이다. 나머지 김치를 밥그릇에 얹어두었다가 곧바로 밥과 함께 먹는 것도 좋을 것이다.

죽 종류

콩죽이나 팥죽 같은 죽 종류를 먹을 때는 숟가락으로 자주 휘저어 삭게 해서는 안 된다. 입에 한번 들어간 숟가락으로 휘저으면 더 빨리 삭게 될 것이다. 그리고 죽이 뜨겁다고 입으로 후후 소리를 내어 불어서는 안 된다. 밥이나 국이 뜨거울 때도 마찬가지다.

나눠 먹는 정신

십시일반(十匙一飯)이라고 하여 열 사람이 한 숟가락씩 모으면 밥 한 그릇이 되어 어려운 이웃 한 사람 먹일 수 있다고 하였다. 그야말로 『성경』에서 말하는 '십일조 정신'인 셈이다. 이와 같이 우리 선조들은 조선시대를 비롯하여 대대로 이웃끼리 서로 나누는 정신으로 살아왔다. 이덕무는 여기에 대해서도 몇 가지 지침을 내놓고 있다.

집에 때 아닌 음식이 생겼을 경우
때 아닌 음식이라고 하는 것은 평상시에 먹는 음식 이외에 시골 친척집에서 그 지방 특산품 같은 것을 보내주어 뜻하지 않게 생긴 음식들을 말한다. 그럴 경우 비록 적은 음식이라도 나이의 많고 적음과 신분의 귀천을 따지지 않고 균분첨미(均分沾味), 즉 골고루 나누어 음식 맛을 보게 하면 화목한 기운이 가득하게 될 것이다.

남과 함께 대접을 받을 때
누가 술과 음식, 과일 등으로 대접하는 자리에 다른 사람들과 함께 앉게 되었을 때 혼자 먹거나 음식을 거두어 넣기에 급급해서는 안 된다. 반드시 균분관흡(均分款洽), 즉 고르게 나누어 먹어 서로 친밀하게 지내도록 해야 하다.

특히 한 상에서 같이 먹을 경우에 먹고 싶은 음식들을 자기 쪽으로 끌어다놓지 않도록 주의해야 한다. 비록 다른 사람들이 음식들을 자기 쪽으로 다투어 가지고 가더라도 그 사람들을 따라 해서는 안 된다. 자기 앞에 놓인 음식들부터 천천히 먹는 것이 좋다.

각각 상을 받았을 경우에는 음식을 다 먹고 나서 남의 상에 있는 음식을 더 먹으려고 해서는 안 된다.

손님에게도 똑같이

손님을 대접하면서 주인이 먹는 음식에 비해 떨어지는 음식을 손님에게 내놓아서는 안 된다. 주인은 고기를 먹으면서 손님은 푸성귀로 대접하는 것은 아름다운 일이 아니다.

주인이 지병이 있어 특별히 좋은 음식을 먹어야 하는 경우를 제외하고는 손님 대접에 음식 차별을 두어서는 안 된다.

또한 주인이 안에서 식사를 하면서 손님은 따로 혼자 먹도록 하는 것은 가풍 있는 집안의 예의가 아니다. 특히 손님이 같은 연배이거나 자기보다 지체가 높은 사람인데도 주인이 먼저 상을 받는 것은 그야말로 이로지풍(夷虜之風), 즉 오랑캐의 풍속이다.

이덕무는 '차이불찰, 하사가위(此而不察 何事可爲)', 즉 '이런 일을 잘 살피지 않으면서 무슨 일을 하겠다는 거냐'고 한탄하고 있다.

어디까지나 자원하는 마음으로

술과 음식을 나눠 먹으며 서로 즐기는 것은 아름다운 풍습이지만, 친구들을 잘 대접하지 않는 사람에게 억지로 자리를 마련하여 대접하도록 농담 반 진담 반 놀리며 압박을 가해서는 안 된다.

대개 이런 일을 가볍게 여기는데 그런 식으로 억지로 대접하게 하는 것은 사리에 크게 어긋나는 일이다. 그럴 경우 대접하는 자나 대접 받는 자나 기분이 흔쾌하지 않을 것은 두말할 나위가 없다.

서로 나누어 먹는 정신을 실천하고자 할 때도 어디까지나 자원하는 마음으로 하지 않으면 안 될 것이다.

그 외 음식과 관련된 작은 예절들

소나 개, 돼지와 닭들이 살진 것을 보고 "야, 저거 잡아 먹었으면 좋겠는데" 하며 의논해서는 안 된다.

도축법(요즘으로는 식품위생법)에 어긋나게 밀도살한 쇠고기를 사서 제수용으로 써서는 안 된다.

만나는 사람들에게 자신의 식탐을 과장하여 자랑해서는 안 된다.

음식을 먹는 모임에 참석할 때는 그 음식들이 어디에서 나오고 누구를 위한 모임인지 살펴보고 갈 것이다.

남과 마주 앉아 식사를 할 때는 종기나 설사 같은 냄새나고 더러운 것들에 관해서 말을 해서는 안 된다. 그리고 남이 식사를 마치지 않았을 때는 급하더라도 변소에 가지 말아야 한다.

비록 음식이 나쁘더라도 오줌이나 고름, 때와 같은 추하고 더러운 물건에 비유해서는 안 된다.

밥을 먹을 때 아주 느리게 씹어 먹기 싫은 것처럼 해서도 안 되고 아주 급하게 씹어 빼앗아 먹는 것처럼 해서도 안 된다.

젓가락을 밥상에 내던지지 말고 숟가락이 그릇에 닿는 소리가 나지 않게 해야 한다.

밥을 앞에 두고 기침을 하거나 마구 웃어서는 안 된다.

밥을 먹고 나서 하품을 하지 말고, 밥을 다 먹고 물을 마신 후 다시 짠 반찬을 씹지 말아야 한다.

웃어른이 밥상을 받고 식사를 할 때에는 다급히 절하며 인사를 하지 않아야 한다.

밥상을 받았을 때는 눈곱을 뜯지 말고 콧물을 닦지 말아야 한다.

종기 같은 피부병을 앓을 때는 비록 실과나 육포라도 손으로 집어 남에게 주어서는 안 된다.

動
止

선비의 행동거지는 선비의 성품을 그대로 드러낸다. 선비의 말에 질서가 없거나 선비의 몸가짐이 흐트러지면 선비는 인(仁)의 도리에서 멀어지게 된다.

제4장

동지 動止
행동거지에 관한 충고들

군자의 성품

이덕무는 선비의 행동거지는 군자의 성품에서 우러나와야 함을 강조하고 있다. 그 성품들의 목록을 보면 다음과 같다.

온아(溫雅)

온순하고 단아하다는 뜻이다. 거칠거나 흐트러지지 않는 성품이다. 고정관념을 가지고 고집을 부리거나 과도한 언행으로 무례를 범하는 일을 하지 않는다.

교결(皎潔)

원래 '교(皎)'는 달빛이나 햇빛을 가리키는 말로 희다는 뜻이다. '달빛이 교교하다'와 같은 표현을 문학작품에서 종종 보게 된다. 그만큼 맑고 깨끗한 성품이 교결이다. 세상의 더러운 때가 묻지 않고 부정부패와는 거리가 먼 성품이다.

정민(精敏)

정확하고 민첩한 성품을 가리키는 말이다. '온아'와 대조적인 성품인 것 같으나 온아하면서도 얼마든지 정민할 수 있다.

관박(寬博)

너그럽고 큰 마음을 가리킨다. 관용(寬容)이라는 말로 대신할 수도 있겠다. 교결하고 정민하면 고지식하여 마음이 좁을 것 같으나 교결하고 정민하면서도 관박할 수 있는 법이다.

위와 같은 네 가지 성품을 소유한 군자는 인(仁)의 도리를 체득한 자라고 할 수 있다. 인(仁)은 만물을 생성하는 근원이라 일컬어진다. 군자가 인의 도리를 체득하면 시시각각 만물을 생성하게 된다. 다시 말해 사람을 비롯한 자연 만물을 생기 있게 살아나게 한다. 하지만 말에 질서가 없거나 몸가짐이 흐트러지면 인의 도리에서 멀어진다.

출입을 할 때

　사람은 집을 나가거나 들어올 때, 학교나 회사, 친목을 위한 회관 같은 곳을 나가고 들어올 때 어떤 태도를 취하느냐에 따라 그 됨됨이가 드러나게 마련이다.
　그 원칙은 '출입진퇴, 유신유점(出入進退 有信有漸)'이라 할 수 있다. 나가고 들어오고 나아가고 물러날 때는 신실하게 차례를 밟아서 하라는 것이다. 소나기처럼 갑작스럽게 들어오거나 회오리바람처럼 휙 나가버려서는 안 된다.
　집으로 들어오면서 대문이나 방문을 와락 열어젖히거나 안에 있는 사람이 놀랄 정도로 후다닥 뛰어들어서는 안 된다. 집뿐만 아니라 사람들이 있는 다른 장소로 들어갈 때도 마찬가지다. 그런 장소를 나갈 때도 부리나케 나가면서 문을 세게 닫는다든지 해서는 안 된다.
　어느 직책에 취임하거나 사임을 하고 물러날 때도 '유신유점'의 원칙을 지켜야 할 것이다. 호들갑을 떨면서 취임한다든지 마음에 안 든다고 아무 말도 없이 홱 사표를 던지고 나가버린다든지 해서는 안 된다. 나아가고 물러나는 데도 다 지켜야 할 예의가 있는 법이다.

쿠데타로 정권을 잡는 것은 소나기처럼 갑작스럽게 들어오는 경우라고 할 수 있고, 중대한 사태가 벌어져 장관이 책임을 지고 수습해야 할 시기에 사표만 던지고 줄행랑을 치는 것은 회오리바람처럼 나가버리는 경우라 할 수 있다.

어느 교회에서는 목사와 장로들이 세력 다툼을 하는 과정에서 목사가 돌연히 외국으로 나가버린 경우도 있는데 이것 역시 '유신유점'의 원칙에 어긋나는 사례인 셈이다.

말을 할 때 해서는 안 되는 동작들

첫째, 몸을 흔들어서는 안 된다. 머리와 손, 무릎과 발 등을 흔들어서는 안 된다.

단정한 자세로 하라는 말이다. 강의나 설교를 할 때 사지를 흔들어 가며 과장된 몸짓을 하는 사람들이 새겨들어야 할 말이다.

둘째, 눈을 깜짝거리고 눈동자를 굴리고 입술을 비쭉거려서는 안 된다. 말을 할 때 눈은 똑바로 상대방이나 청중을 향해 있는 것이 좋다. 눈치를 보듯이 이리저리 눈동자를 굴리는 것은 불안정하게 보여 좋지 않다. 입술도 필요 이상으로 움직이지 않도록 주의해야 한다. 또한 눈을 쓸데없이 끔벅거리며 입술을 비쭉이는 것은 상대방으로 하여금 자기를 놀린다는 오해를 하게 하여 심한 다툼으로 번지는 빌미가 될 수도 있다.

셋째, 침을 흘리거나 턱을 괴거나 수염을 쓰다듬고 혀를 내밀어서는 안 된다. 특히 어린 사람이 어른들 앞에서 턱을 괴고 이야기하는 것은 큰 무례이다.

넷째, 손바닥을 치고 손가락을 튀기고 뽐내듯이 팔을 걷어올리거나 얼굴을 쳐들어 뒤로 젖혀서는 안 된다.
흔히 여자들이 감탄을 하면서 이야기할 때 '어머, 어머' 하며 손바닥을 치는 경향이 있는데 주의해야 할 사항이다.

다섯째, 자리를 긁고 옷을 쥐어뜯고 부채꼭지를 거꾸로 하여 던지거나 허리띠 끝을 돌려서는 안 된다.
말을 하면서 무의식중에 주변 물건들이나 자기 옷 같은 것을 쥐어뜯으며 못 살게 구는 경우가 있다.

이상에서 볼 때 일반적으로 사람들이 말을 하면서 얼마나 불필요한 동작들을 많이 하는가 알 수 있다. 자기도 인식하지 못하고 있는 나쁜 습관들이 말을 할 때마다 따라붙는다.
말을 할 때 손과 팔을 계속 흔들지 않으면 아예 말을 하지 못하게 되는 사람들도 있다. 다리를 달달 떨어가면서 이야기하는 사람들도 있고, 옷을 쥐어뜯지는 않는다고 해도 자기 머리카락을 꼬아서 비틀어가면서 말하는 사람들도 있다. 기차표를 손에 쥐고 이야기하면서 기차표가 부스러기가 되도록 계속 주무르는 사람도 있다.
자신이 말을 할 때 어떤 불필요한 동작들을 하는지 한번 점검해보고 악습들이 있으면 고쳐나가야 할 것이다. 그 작은 악습으로 인하여 사회생활과 인간관계가 지장을 받고 출세를 하는 데도 걸림돌이 된다면 그보다 억울한 일도 없을 것이다.

요망한 자를 본받지 말라

이덕무는 요망하다고 여겨지는 옷차림과 용모, 행동의 예들을 들면서 경계하고 있다. 시대가 다르긴 하지만 현대에도 참조하여 주의해야 할 것이다.

우선 요망한 옷차림들부터 살펴보면 다음과 같다.

착착지의(窄窄之衣)

'착(窄)'은 좁다는 뜻인데 '착착'이라고 했으니 그 좁은 정도가 무척 심하다는 말이다. 다시 말해 몸에 꽉 끼는 옷을 가리킨다. 이런 착착지의는 건강에도 좋지 않을 뿐 아니라 몸의 굴곡을 그대로 드러내어 풍기를 문란케 하는 원인이 되기도 한다.

요즘은 착착지의가 크게 유행하는 추세이다. 특히 여성의 경우 착착지의를 통하여 아름다운 몸매를 과시하려 한다. 하지만 꽉 끼는 청바지 같은 것을 입으면 다리 근육이 눌려 혈액순환에 문제가 생기기 쉽다. 상의가 좁다 못해 배꼽이 드러나도록 입는 여자들도 많다. 여자의 배꼽은 생명을 잉태하는 일과 밀접한 관계가 있으므로 어느 부위보다 따뜻하게 보호해야 한다는 것이 의학적인 상식이다.

첨첨지말(尖尖之襪)

'말(襪)'은 버선을 가리킨다. 발에 신는 것이므로 족의(足衣)라고도 한다. 말선(襪線)이라는 단어가 있는데 버선의 실이라는 뜻으로, 버선에서는 긴 실이 나오지 않으므로 특히 내세울 만한 재주가 없는 경우를 두고 하는 말이다.

'첨첨지말'은 아주 뾰족한 버선이라는 뜻이다. 첨첨지말 역시 모양은 날렵하여 보기에 좋을지 모르나 착착지의와 마찬가지로 발의 건강에는 좋지 않다. 발은 제2의 심장이라고 하는데 발에서 혈액순환이 잘 되지 않으면 심장으로 제대로 피가 올라가지 못한다.

중국 사람들은 한때 전족(纏足)이라 하여 여아가 네 살 되었을 무렵부터 발을 붕대로 감고 좁은 버선으로 압박하여 작은 발을 만들었다. 나중에는 발톱이 발바닥을 파고 들어가기까지 하였다. 전족을 한 여인들은 잘 걷지도 못하는 신체 장애인이 될 수밖에 없었다.

전족 같은 극단적인 경우가 아니더라도 여자들에게는 작은 발을 원하는 본능이 있는 모양이다. 남자도 여자의 큰 발보다는 아담하고 작은 발에 대해 성적인 매력을 더욱 느끼는 경향이 있다. 그래서 그런지 여자들이 무리하게 작은 신발, 특히 끝이 뾰족한 하이힐을 자주 신어 발이 기형으로 변하는 사례가 많다. 그런 하이힐은 현대판 '첨첨지말'이라 할 수 있다.

조선시대는 남자들도 첨첨지말을 신는 경향이 있었던 모양이다.

은초백고(銀鞘帛袴)

'초(鞘)'는 칼집이라는 뜻이므로 '은초'는 은장도를 넣는 칼집이 될 것이다. '백고(帛袴)'는 비단 바지라는 뜻이다. 은장도 칼집을 차고 비단 바지를 입고 있는 모습은 요란하게 보일 만하다.

그런데 착착지의에다가 첨첨지밀, 은초백고까지 다 갖추고 있는 남자는 그야말로 요망하게 여겨졌을 것이다.

그 다음 요망한 용모들을 살펴보면 다음과 같다.

쇄빈(刷鬢)
구레나룻을 깎고 다듬는 것을 말한다. 조선시대는 구레나룻이 자연스럽게 자라도록 두지 않고 모양을 내기 위해 깎고 다듬으면 요망스럽게 여겨졌던 모양이다.

요즘도 개성을 살린답시고 수염을 이상하게 깎고 다듬어 보는 사람으로 하여금 불쾌감을 자아내게 하는 경우가 종종 있다. 턱 쪽에 수염을 한 줄만 남겨놓는다든지 하는 것은 아무래도 경망스럽게 보인다.

섭미(鑷眉)
'섭(鑷)'은 족집게를 가리키기도 하고 족집게로 뽑아내는 것을 뜻하기도 한다. '섭미'는 눈썹을 족집게로 뽑아내어 다듬는 것을 말한다. 눈썹을 자연스럽게 놔두지 않고 인위적으로 변형시키는 것은 보기에 좋지 않다.

요즘은 아예 눈썹 부위에 문신을 하는 경우도 있다고 하니 이덕무가 보면 당황스러울 노릇이다. 여자들이 눈썹이 많이 빠져 눈썹 연필로 살짝 그리는 것은 그리 나무랄 일이 아닐 것이다. 여자들은 그렇다 치더라도 남자들이 눈썹을 인위적으로 변형시키는 것은 더욱 요망스러운 일이다.

이덕무가 쇄빈과 섭미를 경계하고 있는 것은 '신체발부 수지부모(身體髮膚 受之父母)' 사상에서 비롯되었을 것이다.

요즘 유행하는 성형수술들도 꼭 필요한 경우가 아니면 하지 않는 것이 바람직한데 용모지상주의의 악영향으로 무리하게 시술하다가 오히려 자연미를 잃어버리고 부작용으로 고생하기도 한다. 성형수술의 만연으로 인하여 여성의 아름다움에 대한 경탄도 시들해지고 말았다. 인조 미인에 대해 누가 매력을 느끼고 감탄하겠는가.

부모로부터 받은 신체를 족집게보다 더 날카로운 칼과 톱으로 인위적으로 변형시키는 것은 될 수 있는 대로 삼가는 것이 자연이치에도 합당하다.

그 다음 이덕무는 요망한 행동들에 대해 경계하고 있다.

간드러진 걸음걸이

남자는 걸을 때도 두 발에 힘을 주어 의젓하게 걸어야 한다. 그런데 남자가 엉덩이를 실룩거리며 간드러지게 걷는다면 모양이 좋지 않다. 요즘은 '헬스 워킹(Health Walking)'이라 하여 걸을 때도 허리를 쭉 펴고 두 다리를 힘있게 뻗어야 건강에 좋은 걸음걸이가 된다고 가르치고 있다.

공어언소(工於言笑)

말하고 웃는 데 진실함이 보이지 않고 거짓으로 꾸미는 것을 가리킨다. 간사하게 아첨하면서 웃는 웃음이나 하는 말들이 여기에 해당할 것이다.

이덕무는 특히 웃을 때 주의해야 할 사항들을 여러 번 반복해서 언급하고 있다.

딴 생각을 하면서 억지로 웃지 말라고도 하였다. 그리고 말을 하기 전에 먼저 웃음부터 터뜨리거나 웃음소리가 미교(媚巧), 즉 사람을 호릴 정도로 애교가 있는 것은 음란에 가깝다고 하였다. 또한 배를 떠받들고 웃어젖히는 봉복절도(捧腹絕倒)를 하지 말라고 하였다. 봉복절도는 포복절도(抱腹絕倒)와 같은 말이다.

옅은 재주를 가지고 있으면서도 선배들을 무시하고 피하는 행위

학계를 비롯한 여러 분야에서 후배가 훌륭한 선배를 존경하고 배우는 것은 바람직한 일이다. 그런 중에 '후생가외(後生可畏)'라 할 만한 후배들이 일어나는 법이다.

'후생가외'는 뒤에 태어난 사람들을 두려워할 만하다는 뜻이다. 젊은 후배들은 무한한 가능성과 잠재력이 있기 때문에 선배들보다 뛰어난 인물이 될 수도 있기에 가히 두렵다는 말이다.

공자는 『논어』「자한편(子罕扁)」에서 이렇게 말했다.

젊은 후배들을 두려워해야 한다. 왜냐하면 그들의 장래 학문이 오늘의 우리보다 나을지 모르기 때문이다. 그러나 그들이 나이

사오십이 되어도 세상에 이름이 나지 않는다면 그때는 두려워 할 필요가 없다.

하지만 별다른 재능도 없으면서 선배들을 괜히 무시하고 피하는 교만한 후배들은 죽었다 깨어나도 '후생가외'의 인물이 될 수 없다.

이상과 같이 요망한 옷차림과 용모, 행동을 일삼는 자들을 절대로 본받지 말라고 하였다. 이덕무는 자기 자녀들이 그런 자들을 본받는 것을 보느니 차라리 죽는 편이 낫다고까지 강한 어조로 말하고 있다.

거울을 보는 이유

남자가 거울을 보는 이유는 다음 두 가지라 할 수 있다.

정의관(整衣冠)

옷과 관을 바르게 한다는 뜻이다. 옷을 제대로 입었는지, 옷이 구겨져 주름이 져 있지는 않은지, 옷에 검댕 같은 것은 묻지 않았는지 살펴보고, 갓(지금은 모자)을 비뚤어지게 쓰지 않았는지 점검해보기 위해 거울을 보는 것이다.

존첨시(尊瞻視)

바라보는 태도를 존엄하게 한다는 뜻이다. 거울을 보면 자기 얼굴을 마주 바라보는 모양이 된다. 다시 말해 자신의 시선을 맨 먼저 느끼게 된다는 말이다. 자기를 바라보는 눈빛이 살아있는지, 눈에 눈곱은 끼지 않았는지, 얼굴이 지저분하지 않은지 등을 살펴보게 된다. 이런 얼굴과 눈빛으로 다른 사람을 보게 될 때 상대방이 어떤 느낌을 가질 것인가 헤아려 마음가짐을 새롭게 한다.

이와 같이 옷차림과 용모를 의젓하게 하기 위해서 거울을 본다고 할 수 있다.
　그런데 어떤 사람은 요사스럽게 몸단장을 하기 위해 거울을 본다. 그런 사람은 손에서 거울이 떠나지 않고 눈썹과 구레나룻을 다듬으며 날마다 멋들어진 자태를 가꾸려고 애를 쓴다.
　옛날에 어떤 천한 남자가 거울을 보면서 얼굴을 찡그리고 웃으며 온갖 표정을 지어보고는 그 중에서 사람을 기쁘게 할 만한 표정을 골라 자주 써먹었다. 그러자 사람들이 그를 좋아했다고 한다.
　다른 사람들은 그를 좋아했을지라도 이덕무는 '사아구토(使我嘔吐)'라고 하였다. 그런 자들은 이덕무 자신으로 하여금 구역질이 나게 한다는 뜻이다.
　배우가 아닌 이상, 거울을 보면서 온갖 표정을 지어보며 어떤 표정으로 사람들에게 인기를 얻을까 궁리하는 것은 사내대장부가 할 일이 아니다. 남자는 거울을 보면서 옷차림이 제대로 되었는가, 얼굴이 단정한가 대강 살펴보기만 하면 족할 것이다.
　여자들도 필요한 경우가 아닌데도 지나치게 자주 거울을 보거나 거울 앞에 붙어 있는 것은 좋지 않다.

입신출세할 상을 일부러 만들어서야

이덕무 당시는 '액발조독(額髮早禿)'이라 하여 이마의 머리털이 일찍 벗겨져야 입신출세할 상(相)이라고 하였다. 그래서 사람들은 그 부분의 머리털이 빨리 빠지도록 상투를 틀고 망건을 쓸 때 심하게 졸라매는 경향이 있었다. 심지어 이마의 머리털을 족집게로 뽑아내는 자들도 있었다.

이마 쪽으로 약간 대머리가 된 상이 출세할 상으로 여겨졌던 모양이다. 이미 출세한 사람들 중에 그런 상을 가진 사람들이 많았기 때문에 그런 선입견이 생겼을 수도 있고, 무당과 점쟁이, 스님 같은 자들이 그런 상이 출세할 상이라고 사람들을 세뇌시켰을 수도 있다.

일단 그런 식으로 고정관념이 형성되면 그것은 거의 미신으로 변하여 민간에 깊이 뿌리를 내리게 된다. 아무런 근거가 없는데 사람들은 출세를 위해 그런 상이 되려고 의식적이든 무의식적이든 애를 쓰게 마련이다.

요즘도 관상학의 영향력은 대단하여 목사들까지도 얼굴을 고치는 성형수술을 한다고 한다. '얼굴 경영'이라는 말이 나올 정도로 얼굴 인상이 한 사람의 인생을 좌우할 수도 있다는 것은 숨길 수 없는 사실이다. 하지만 인위적으로 얼굴 상을 바꾼다고 하여 성공적인 인생이 된다는 보장은 없다. 얼굴은 누가 말하기를 '얼이 들어 있는 굴'이라고 하였다. 얼굴에서 그 사람의 얼(정신 내지는 마음씨)을 느낄 수 있는 법이다.

사람 됨됨이가 잘못되었는데 얼굴만 고친다고 하여 무슨 효과가 있겠는가.

더군다나 근거도 없는 미신에 이끌려 출세할 상을 일부러 만든다는 것은 어리석은 일이다.

그리고 이덕무 당시 사람들은 늙어서 정수리 머리털이 빠지면 갓을 제대로 쓸 수 없을 것을 미리 염려하여 정수리 머리털을 깎아 모아 늙어서 갓을 쓸 때 사용하려고 하였다. 아마도 가발 같은 것을 자기 머리털로 만들기 위해 그런 식으로 준비했던 것 같다.

이덕무는 '액발조독' 하려고 한다든지 정수리 머리털을 깎는다든지 하는 것은 모두 조바심에서 나온 행위로, 부모가 주신 몸을 소중히 여기지 않는 처사라고 경계하였다.

노상예절에 대해

사람이 길을 가는 모습과 길을 가면서 하는 행동을 보면 그 사람의 됨됨이를 알 수 있다. 이덕무는 길을 갈 때 하지 말아야 할 일과 해야 할 일에 대하여, 다시 말해 노상예절(路上禮節)에 대해 일일이 충고하고 있다.

길을 갈 때 하지 말아야 할 일부터 살펴보자.

도보로 큰길을 갈 때는 복판으로 걸어가지 말라

길 복판으로 걷다가는 수레나 말을 피하느라 우왕좌왕하기 쉽다. 큰길을 갈 때는 길가를 따라 걸어야 한다. 요즘 말로 하면 인도를 따라 걸어가라는 말이다.

빨리 달리거나 너무 천천히 걷지 말라

허겁지겁 빨리 달리면 길을 가는 다른 사람들과 부딪치기 쉽고 너무 천천히 걸으면 사람들의 통행을 방해하기 쉽다. 느릿느릿 신발까지 끌면서 걷는 것은 꼴불견이다.

팔을 휘젓지 말고 소매를 늘어뜨리지 말라

늘어뜨린 긴 소매로 팔을 휘저으면서 길을 가면 주위 사람들이 함께 걷기가 힘들게 된다.

허리를 구부리지 말고 가슴을 지나치게 내밀지 말라

길을 걸을 때 노인이 아닌데도 허리를 구부리고 걷는 사람들이 많이 있다. 젊은 사람이 그런 자세로 걸으면 영 자신감이 없는 듯이 보인다. 허리에 병이 있지 않은 이상 허리를 구부리지 않고 걸어야 정신 건강에도 좋다.

그런데 허리를 구부리지 말라고 하면 허리를 젖혀 가슴을 내미는 사람도 있는데 그것도 좋지 않다. 허리와 가슴이 일직선이 되도록 반듯한 자세로 걸으라는 말이다. 가슴은 내밀기보다 편다는 느낌을 가지면 좋을 것이다.

머리를 돌려 좌우를 두리번거리지 말고 목을 내렸다 올렸다 하지 말라

머리를 좌우로 뒤로 자꾸 돌리고 목을 아래위로 움직이면서 걷는 것은 아주 불안정하게 보이거나 건방지게 보이기 쉽다.

엉덩이를 흔들지 말고 발을 함부로 올리거나 되는대로 디디지 말라

발을 필요 이상으로 올리고 엉덩이를 흔들며 지그재그로 걷는 것은 어수선한 느낌을 준다.

도로는 어디까지나 공공장소이므로 적당한 보폭과 속도로 단정

노상풍정 | 사람이 길을 가는 모습과 길을 가면서 하는 행동만 보아도 그 사람의 됨됨이를 알 수 있다. 국립중앙박물관 소장.

한 자세로 걸어서 다른 사람들에게 불편을 끼치는 일이 없도록 해야 한다.
 여기서 덧붙여 말한다면, 담배를 피우거나 불이 붙은 담배를 손에 쥔 채로 도로를 걷는 것은 노상예절에 크게 어긋난다고 할 수 있다. 상쾌한 공기를 마시며 걷고 싶은 사람들에게 간접흡연의 불쾌감과 고통을 안겨줄 뿐 아니라 담배의 불똥이 다른 사람들의 옷에 구멍을 내기 쉽다. 갓 맞춘 새옷을 입고 거리로 나왔다가 누구의 것인지도 모르는 담뱃불에 구멍이 나고 만다면 그보다 속상한 일도 없을 것이다. 심지어 키가 낮은 아이들의 얼굴에 화상을 입히기까지 한다.
 요즘은 금연 건물들이 많이 생기고 있어 흡연자들이 공공도로에서 담배를 더욱 많이 피워대고 있는 추세이다. 비흡연자들은 매연가스보다도 담배 연기 때문에 길거리를 나다닐 수 없을 지경에 이르렀다.
 아일랜드 같은 나라에서는 아예 길을 걸으면서 담배를 피우지 못하도록 입법화하여 노상예절 준수를 더욱 강화하고 있다. 길에 침을 뱉거나 소변을 보는 행위보다 길을 걸으면서 담배를 피는 행위가 사람들의 건강을 더 해친다는 사실을 감안할 때, 우리나라도 아일랜드처럼 노상 흡연금지법을 하루속히 입법화해야 할 것이다.

 그 다음 길을 갈 때 해야 할 일에 대해 살펴보자.

 첫째, 낙화(落火), 즉 불이 떨어져 있는 것을 보았을 때 그냥 지나쳐서는 안 되고 반드시 꺼야 한다.
 둘째, 복혜(覆鞋), 즉 신발이 뒤집어져 있는 것을 보면 반드시 바로 세워 놓아야 한다.

셋째, 타지(墮紙), 즉 종이가 떨어져 있는 것을 보면 반드시 주워서 치워야 한다.

넷째, 유립(遺粒), 즉 곡식알이 버려져 있는 것을 보면 반드시 쓸어 치워야 한다.

길을 가면서 줍고 치워야 할 물건들이 위에서 열거한 것들 이외에도 많을 것이다. 길을 가는 한사람 한사람이 이런 노상예절을 지킨다면 길거리는 자연히 깨끗해질 것이다. 많은 사람들이 걸어가는 길이지만 나 자신이 돌보아야 할 나의 길이기도 하다.

이덕무의 친척인 이복초(李復初)는 길을 갈 때 독특한 버릇이 있었다. 다른 사람들의 그림자를 밟는 실례를 범하지 않기 위해 아침에는 길 왼편으로 다니고 저녁에는 길 오른편으로 다녔다. 길 왼편이니 길 오른편이니 하는 것은 그림자가 지지 않는 방향을 가리킬 것이다.

조선의 유생들이 스승의 그림자를 밟지 않기 위해 조심했다는 이야기는 들었어도 일반 서민들의 그림자를 밟지 않기 위해 조심한 선비가 있었다는 이야기는 처음 듣는다.

또한 이복초는 길을 갈 때 반드시 '공수직척(拱手直脊)'의 자세로 걸었다. '공수'는 오른손 위에 왼손을 얹어 공손한 태도를 취하는 것을 말한다. '직척'은 등을 꼿꼿하게 세워 바른 자세를 유지하는 것을 말한다.

이덕무가 한번은 복초와 삼사십 리 되는 길을 함께 걸어간 적이 있는데, 복초는 그 길을 다 가도록 조금도 흐트러짐이 없이 '공수직척'의 자세 그대로 걸어갔다고 한다.

그리고 이덕무는 같은 마을에서 다른 집을 방문할 때는 될 수 있는 대로 나귀 같은 것을 타고 다니지 말고 걸어서 다니라고 하였다. 이 권면은 자동차로 이동하는 요즘 시대에도 귀담아들어야 할 말이다. 가까운 거리를 가는 데도 자가용을 이용하는 사람들이 많은데 그것은 건강에도 좋지 않고 국민경제에도 좋지 않다.

쉽게 들뜨지 않도록 주의하라

　사람의 마음은 대개 깊지가 않아서 조금만 좋은 일이 생기면 들뜨기 쉽다. 사실은 이때야말로 평소보다 더욱 주의해야 할 시점인 셈이다.
　이덕무는 사람이 들뜨기 쉬운 경우를 다음과 같이 들고 있다.

　갑자기 큰돈을 얻게 되었을 때
　사람이 살다 보면 난데없이 큰돈이 굴러들어오는 행운을 얻기도 한다. 생각지도 않았던 유산을 물려받는다든지, 장사하고 있는 물건이 우연히 사람들의 인기를 얻는다든지, 거액이 걸린 복권에 당첨된다든지, 비싼 물건을 주워서 일정 기간이 지난 후 자기 소유가 된다든지, 오래전에 사두었던 땅값이 천정부지로 치솟는다든지 하여 갑자기 큰돈을 얻게 되는 경우가 있다.
　이런 경우에 가치관이나 물질관이 확립되어 있지 않은 천협인(淺狹人), 즉 속이 얕고 좁은 사람은 반드시 사치스러운 마음이 생기게 마련이다. 돈을 제대로 관리하지 못하여 물 쓰듯이 허비하고 방탕한 생활로 건강까지 잃는 사례가 비일비재하다. 자기 노력으로 돈을 벌지 않은 재벌 2세들의 탈선행각은 이미 널리 알려진 일이다.
　요즘 로또복권으로 갑자기 큰돈을 번 사람들의 후일담을 들어보면 대부분 그 큰돈으로 인하여 가족관계나 친척관계가 깨어지고 일상적인 행복들을 잃어버리게 되었다고 한다. 큰돈으로 사치스런 마음이 생겼을 뿐만 아니라 누가 그 돈을 앗아갈까봐 두려운 나머지 더욱 이기적이 되어 가족과 친척들을 멀리하게 되어 인생이 점점 황폐해지는 것이다. 물론 무조건 도와달라고 떼를 쓰는 가족들이나 친척들에게도 문제가 없는 것은 아니다.
　이렇게 한 사람의 삶을 오히려 어렵게 만드는 로또복권 같은 것을 정부에서 장려하다시피 하고 복권 장사를 하여 남은 돈을 정부에서 관리하면서 문화사업 등에 지원하고 있다. 복권에 당첨되는 사람들을 희생양(?)으로 하여 정부가 돈을 벌어들여 좋은 일에 쓰고 있는 것은 아이러니가 아닐 수 없다.
　문제는 평소에 가치관과 물질관을 바르게 확립하고 있느냐 그렇지 않느냐 하는 점일 것이다. 천협인이 아닌 군자의 마음을 가진 자들은 갑자기 큰돈을 얻게 되었을 때도 사치스런 마음이 생기거나 들뜨지 않고 자신의 가치관에 따라 물질을 잘 관리할 수 있을 것이다. 하지만 그 누구도 자신할 수 없는 일이니 갑자기 큰돈을 얻게 되었을 때는 크게 주의하여 마음을 잘 다스려야 할 것이다.

선배로부터 한번 칭찬을 들었을 때

　학계나 예술계에서 선배의 인정을 받는다는 것은 크게 격려가 되는 일이다. 선배가 그 분야에서 일가를 이룬 사람인 경우는 더욱 그러하다. 하지만 선배의 칭찬으로 지나친 자부심을 가지지 않도록 주의해야 한다. 지나친 자부심은 부단한 노력을 하지 않게 하고 결과적으로 성장을 가로막게 된다.

어려운 시험에 합격하였을 때
이덕무 당시에는 성균관에서 달마다 치르는 시험에 합격하면 큰 영광으로 여겼던 모양이다. 그 시험에 합격하여 뽑히게 되면 사람이 교만해지기 쉽다고 하였다. 물론 천협인인 경우에 그렇다는 말이다.
요즘 사법고시 같은 어려운 시험에 한번 합격하고 나서 사람이 교만해져서 못쓰게 되는 경우도 많다.

이상과 같이 들뜨기 쉬운 경우에 조심하지 않고 점점 더 사치스러워지고 자긍해지고 교만해지면 그 허물이 더욱 심해질 수 있다. 이덕무는 이 점을 안타까워하며 애석해하고 있다.

과거시험장에서

과거시험장을 시위(試闈)라고 하고, 과거시험 답안지를 제출하는 것을 납권(納券)이라고 하였다. 이덕무는 과거시험장에서 감독관을 한 적이 있는지, '시위납권'을 할 때 안정된 걸음걸이로 천천히 걸어 나오는 유생은 아직 한 사람도 보지 못하였다고 하였다. 원래 천박하고 경솔하게 행동하던 사람은 그렇다 치더라도 평소에 몸가짐을 바르게 하며 신중하던 사람도 과거시험장에서는 정신없는 자처럼 초조해하며 우왕좌왕하니 도대체 무슨 까닭인지 알 수 없다는 것이다.

인생의 향방을 결정하는 중요한 시험일 경우에 사람들이 긴장하게 되는 것은 당연할 것이다. 대학입시가 장래를 좌우하는 결정적인 요소인 것처럼 여겨지는 우리나라에서 수학능력시험을 치르는 학생들은 그 전날 밤잠을 설치다가 시험장에 가서는 입술이 바싹바싹 탈 정도로 안절부절못한다. 당황한 나머지 시험지에 표시한 답 번호를 컴퓨터용 답안지로 옮기는 과정에서 실수를 하기도 하고, 시간 조정을 잘못하여 많은 문제의 답들을 미처 옮기지 못하기도 한다.

하지만 어떤 시험이든지 지나치게 긴장을 하면 오히려 평소에 쌓은 실력을 제대로 발휘하지 못하게 되는 경우가 많다. 그렇게 긴장하는 것은 그 시험 자체가 인생의 성패를 좌우하는 것처럼 필요 이상으로 의미를 부여하기 때문이기도 하다.

조선시대에 사회적으로 과거지상주의가 만연하였기 때문에 부담감에 짓눌린 유생들이 '시위납권'할 때 그렇게 어쩔 줄을 몰랐던 모양이다.

그러나 그런 시험에 불합격하거나 시험을 잘못 보았다고 해서 인생의 성패가 결정되는 것은 아니다. 시험은 단지 내가 어느 정도 실력을 쌓았는지 그야말로 '시험' 해보는 의미가 있을 뿐이다. 없던 실력이 시험 때 갑자기 발휘되는 것도 아니다. 그런 여유 있는 마음으로 시험에 임하면 오히려 자신의 실력을 십분 발휘할 수 있는 법이다.

아닌게 아니라 조선시대에도 과거지상주의를 경계하며 과거시험에 대하여 아주 부정적인 견해를 가진 선비들도 있었다. 심지어 그들은 다음과 같은 말을 하기도 했다.

천하최순결지신, 일생부답과장지인
(天下最純潔之身 一生不踏科場之人)

세상에서 가장 맑고 깨끗한 사람은 일생 동안 과거시험장을 밟아보지 않은 사람이라는 뜻이다. 그 당시 과거시험에도 부정 사례들이 있었고 과거시험으로 인재를 등용하는 데 여러 가지 문제점들이 발생했던 것 같다. 그래서 과거시험에 대하여 결벽증을 가지고 조정과는 거리를 두며 재야에 묻혀 산 고고한 선비들도 있었다.

이덕무도 과거시험에 대하여 별로 긍정적인 견해를 가지고 있지는 않았지만 그렇다고 과거시험을 폐지해야 한다는 식으로 주장하지도 않았다.

일생 동안 과거시험장을 밟아보지 않는 자가 세상에서 가장 순결하다는 견해에 대해서도 '극본지론(極本之論)', 즉 지나치게 극단적인 생각이라 하여 경계했다.

하지만 요즘 사법고시에 합격했다고 해서 기고만장해하는 자들은 그런 고고한 선비들의 견해도 있다는 사실을 종종 염두에 두어야 할 것이다.

책을 읽을 때

요즘 독서사회학이라는 학문이 새롭게 개척되고 있다. 독서가 사회에 미치는 영향들을 연구하는 학문인 셈이다. 그동안 독서가 한 사람의 인생을 바꾸기도 하고 사회를 변화시키기도 하였는데 거기에 대한 학문적인 분석은 미흡했다고 볼 수 있다. 20세기 위대한 심리학자인 카를 융도 자서전에서 자신의 인생 방향을 바꾼 것은 한 권의 책이었다고 고백하고 있다.

이덕무는 이와 같이 인생을 바꾸기도 하는 책을 어떤 태도로 읽어야 할 것인가 충고하고 있다.

책을 읽다 보면 나라에 충성을 다하고 비분강개하여 옳은 일을 위해 목숨을 아끼지 않은 옛사람들을 만나게 된다. 그러면 책을 읽는 본인이 그 일을 당한 것처럼 비장하고 격렬한 감정을 느끼게 되고 눈물을 흘리기까지 한다. 마땅히 이러한 태도로 책을 읽어야 한다.

그런데 어떤 사람들은 그런 감동적인 내용을 읽어도 '일번설화(一番說話)', 즉 한번 지어낸 이야기 정도로 여기고 마는 경우도 있다.

이덕무는 이런 자들에게 '장사(長思)' 할 것을 권면하고 있다. 그런 가벼운 이야기로 취급하지 말고 깊이 생각해보라는 말이다. 그리고 더 나아가, 비록 벼슬은 하지 않고 있는 몸이더라도 나라에 어려운 일이 생겼을 때는 의로움을 나타내고 절개를 지키어 목숨까지도 내어줄 각오를 하라고 하였다. 그리하여 수토지은(水土之恩), 즉 나라의 은혜를 저버리지 말라고 하였다.

이와 같이 책은 의로운 인생을 살도록 하는 유익한 면이 있지만, 책들을 너무 어지럽게 읽으면 오히려 정신에 해를 끼치기도 한다. 책을 많이 읽은 사람들 중에는 자신의 유식함을 드러내기 위해 이 책 저 책 인용하며 말을 많이 하는 자들도 있다. 이덕무는 이 일을 경계하여 다음과 같이 말했다.

독지어손신, 언지어모기, 낭인야 (讀至於損神 言至於耗氣 浪人也)

여기서 '낭인'은 별 소득도 없이 되는대로 사는 사람을 가리킨다. 『성경』「전도서」 12장 12절에서도 보면 '여러 책을 짓는 것은 끝이 없고 많이 공부하는 것은 몸을 피곤케 하느니라'고 하였다. 책을 쓰는 일이나 책을 읽으며 공부하는 일도 좋은 방향과 목적에 맞추어져야지 어지럽게 행해지면 오히려 해로울 수도 있음을 경계하는 충고인 셈이다.

아닌게아니라 책을 많이 읽었다는 사람들이 별로 책을 읽지 않은 평범한 서민들보다 더 나쁜 짓을 저지르는 경우가 있음을 보고 이덕무는 안타까워하고 있다. 그것은 소위 유식하다고 하는 사람들이 책에서 배운 내용대로 진실하게 살려고 하기보다 그럴듯하게 겉으로만 바르게 사는 것처럼 언행을 꾸미며 위선을 부리기 때문이라고 하였다.

  요즘도 사회를 부패시키고 나라를 망치는 사람들이 대부분 책을 많이 읽고 많이 공부한 사람들인 것을 보게 된다.

  좋은 책을 읽었으면 그 내용을 그야말로 '장사(長思)'하고 새기어 인생에 유익이 되도록 해야 할 것이다.

뜻을 세우고도

올바른 도리에 뜻을 두고도 능히 이루지 못하는 사람들이 많이 있다. 뜻은 좋은데 실천이 따르지 않으니 안타까운 일이다.

처사(處士) 유형원(柳馨遠)은 그 이유를, 뜻이 기질로 인하여 느슨해졌기 때문이라고 하였다. 좋은 뜻을 세우지만 그것을 밀고 나가는 데는 게으른 기질이 있는 법이다. 그런 자들이 할 수 없는 일들을 다음과 같이 열거하고 있다.

숙흥야매(夙興夜寐)

'숙흥야매'는 일찍 일어나고 늦게 눕는다는 뜻이다. 일찍 일어나고 늦게 눕는다는 것은 결국 잠을 이기고 잠을 줄인다는 말이다. 잠을 잘 조절하지 못하면 좋은 뜻을 아무리 세워도 능히 이룰 수가 없는 법이다.

요즘 '아침형', '새벽형'이 성공한다느니, 꼭 그렇지만은 않다느니 하면서 논쟁이 벌어지고 있는 것을 보게 된다. 유전자의 차이로 새벽형이니 늦은 아침형이니 하는 유형들이 결정된다는 주장도 있다. 유전자가 늦은 아침형인데 무리하게 새벽에 일어나는 습관을 들

유형원의 반계서당 | 반계 유형원은 뜻을 바로 세우고도 능히 이루지 못하는 사람들은 인륜의 기본을 잘 갖추어야 그 좋은 뜻을 실천할 수 있다고 말하였다. 전북 부안 소재.

이러고 하면 오히려 정신집중이 잘 안 되고 건강에 이상이 생길 수도 있다고 한다.

  심야까지 일하고 새벽과 아침에 얼마간 잠을 자고 일어나는 사람들 중에도 성공하는 사람들이 많이 있다. 결국 성공과 실패는 언제

일어나느냐에 좌우되는 것이 아니라 얼마큼 잠과 싸워 이기느냐에 달려 있다.

예수도 십자가 처형을 앞두고 겟세마네 동산에서 기도할 때 잠을 이기지 못하는 베드로를 비롯한 수제자들에게 '마음에는 원이로되 육신이 약하도다'라고 하였다. 뜻은 좋으나 약한 기질로 인하여 그 뜻을 실천하기는 어렵다는 말이다.

정의관, 존첨시

'정의관'과 '존첨시'에 대해서는 앞에서 거울을 보는 이유를 말할 때 언급하였다. 의관을 제대로 단정하게 차려입지도 못하고 바라보는 눈빛과 표정을 잘 관리하지도 못하면서 좋은 뜻을 실현해 나갈 수가 없다.

화안(和顔)

'화안'은 얼굴빛을 부드럽게 하는 것을 의미한다. 특히 부모를 마주 대하여 섬길 때 얼굴빛을 부드럽게 하는 것이 효도의 기본이다. 얼굴빛에 슬프고 억울한 감정이 묻어나도록 해버리면 부모의 마음을 아프게 하는 것이 된다. 아무리 괴롭고 분한 일이 있더라도 부모 앞에서는 표정을 부드럽게 지어야 한다. 어떤 경우에는 이렇게 하는 것이 몹시 어려울 수 있지만 이것을 하지 못한다면 자기 감정을 다스릴 능력이 없다는 것을 드러내는 셈이다.

심지어 어떤 사람은 부모에게 화가 나서 무서운 표정으로 대들기도 하는데 이런 자는 좋은 뜻 이루기를 기대하지 말아야 할 것이다.

경상대(敬相對)

손님을 집으로 초대하였으면 그 사람을 공경하는 태도로 대하는 것은 마땅한 도리이다. 손님과 방 안에 같이 있으면서 그 사람을 깔보거나 무시하는 듯한 태도를 취하는 자는 어쩌다가 뜻을 세울 수는 있으나 결코 이룰 수는 없다.

뜻은 좋게 세웠으나 결국 이루지 못하는 사람은 집을 지을 때 기초석만 놓고 나머지는 손을 못 대는 경우와 같다.

유형원이 위와 같이 경계하며 말한 것은 좋은 뜻을 실천하기 위해서는 무엇보다 인륜(人倫)의 기본을 잘 갖추어야 함을 강조하기 위함이라 할 수 있다.

색을 경계해야

　이덕무는 우선 조남명(曺南冥)의 글을 인용하여 남자가 여자를 경계해야 함을 강조하고 있다. 여기서 말하는 남녀관계는 사회적으로 인정되는 정상적인 관계가 아님은 두말할 나위가 없다.
　정암(靜庵) 선생은 자태와 용모가 옥같이 아름다워 사람들이 보기만 하면 사모하고 좋아하였다. 그가 젊을 때 여행 중에 숙소에서 머리를 다듬고 있는데 한양에서 온 어느 어여쁜 처녀가 그를 보고 반하여 그와 친해지려고 자기도 그 숙소에서 묵었다. 정암 선생은 밤중에 잠자리에 누웠으나 그 처녀가 방으로 들어오지 않을까 염려하여 급히 자리에서 일어나 다른 집으로 옮겨가 잠을 잤다.
　서양 사람 방적아(龐迪我)도 여자를 경계한 소년의 이야기를 들려주고 있다. 한 소년이 어느 여자에게 빠져 있다가 나중에 뉘우치고는 그 여자와 관계를 끊으려고 멀리 가서 출입을 삼가며 몸가짐을 조심했다. 그러다가 몇 년 후에 집으로 돌아왔는데 전에 알던 그 여자를 길에서 만났다. 그가 아는 체를 하지 않자 그 여자는 이상하게 여기며 물었다.
　"나는 아무개인데 왜 나를 돌아보지 않는 거예요? 어찌된 일이에요?"

소년이 대답했다.

"나는 당신이 아는 그 사람이 아니오."

그러고는 뒤도 돌아보지 않고 도망치듯 가버렸다.

조남명은 위의 두 가지 사례를 들면서 여자를 경계하여 끊는 데 좋은 본보기가 된다고 하였다. 여자의 입장에서는 남자를 경계하여 끊는 데 좋은 사례가 될 것이다.

두 사례의 공통점은 이성과의 관계를 단호하게 끊었다는 것이다. 첫번째 사례에서는 사전에 예방하기 위하여 처음부터 틈을 전혀 주지 않았고, 두번째 사례에서는 처음에는 실수하여 이성에게 빠졌으나 나중에 후회하고 나서는 상대방을 멀리 떠나버렸고 우연히 만나게 되었어도 아는 체도 하지 않았다.

남녀 간의 관계를 정리하려고 할 때는 이와 같이 엄절(嚴截), 즉 단호하게 끊어버리는 자세가 필요한 법이다. 어영부영하다가는 둘 다 헤어나오기 힘든 법이다.

조남명은 다시 한 번 강조해서 말한다.

불여차, 제지심난 (不如此 制之甚難)

이와 같이 하지 않고는 색(色)을 막아내기가 정말 힘들다는 말이다.

남명 조식 | 조남명은 남녀 간의 관계를 정리할 때 단호하게 끊어버리는 자세를 견지하지 않으면 색을 막아내기가 힘들다고 강조하였다. 남명학연구소 소장.

끊었다고 하면서도 막연히 그리워한다든지 기회가 다시 주어지기를 은근히 기대한다든지 해서는 결코 부적절한 남녀관계를 깨끗이 정리할 수 없다.

이덕무는 색을 경계하기 위하여 평소의 습관부터 바꾸어야 한다고 하였다.

조선시대 남자들도 길을 가다가 아름다운 옷을 입은 여자를 만나면 머리를 돌려 눈여겨보곤 하였다. 심지어 궁녀가 입은 장옷이나 마을 여인의 웃옷까지도 흘끔흘끔 곁눈질해 보고 부인이 타고 가는 가마도 훔쳐보곤 하였다.

『성경』「요한일서」 2장 16절에 보면 '안목의 정욕'이라는 말이 나온다. 안목의 정욕은 눈으로 짓는 정욕적인 죄를 가리키는데 곧 소유욕과도 통한다. 여자를 자꾸만 곁눈질해 본다는 것은 그 여자를 소유하고 싶다는 음심이 깔려 있다는 증거인 셈이다.

이덕무는 이러한 습관을 '추습(醜習)', 즉 더러운 습성이라 하여 경계하였다.

그럼 이럴 경우 어떤 태도를 가져야 하는가. 이덕무는 다음 세 가지 태도를 가지는 것이 마땅하다고 권면하고 있다.

원피(遠避)

멀리 떨어져서 피하라는 말이다. 곁눈질해 보고 싶은 대상으로 가까이 다가가고 싶은 것이 자연스런 욕구인데 오히려 그 대상에서 멀리 떨어지도록 하여 피해 가라는 것이다.

절물전안(切勿轉眼)

절대로 눈을 돌리지 말라는 뜻이다. 음심을 품은 자의 눈동자는 불안정하다. 끌리는 대상으로 쉴새없이 눈이 돌아가게 마련이다. 그러나 눈동자가 그쪽으로 돌아가지 않도록 의지력을 발휘하면 마음이 훨씬 안정을 유지하게 된다.

근지오신(謹持吾身)

몸가짐을 삼가 지킨다는 뜻이다. 눈동자를 돌리지 않는 것으로 그칠 것이 아니라 몸가짐 전체가 흐트러지지 않도록 조심해야 한다. 몸가짐을 의도적으로 바르게 할 때 마음도 바르게 되는 법이다.

신랑을 거꾸로 매달지 말라

　최근에도 시골에서 보면 결혼식을 치르고 장인댁에 들른 신랑을 일가친척들이 거꾸로 매달고 발바닥을 방망이 같은 것으로 때리며 여러 가지 희롱의 말을 하는 것을 보게 된다.
　한국전쟁 당시에 미군이 어느 마을로 들어갔다가 그런 광경을 보고 거꾸로 매달린 자가 빨갱이인 줄 알고 총으로 쏴 죽였다는 일화도 있다. 얼마나 나쁜 놈이면 저렇게 거꾸로 매달고 방망이로 때리고 있겠는가 하고 생각했던 모양이다.
　조선시대에는 그런 풍습이 더욱 널리 퍼져 있었다. 발을 매달고 때린다 하여 '괘각타박(掛脚打撲)'이라 하였다. 이덕무는 그 괘각타박 관습을 비속(鄙俗), 즉 비루한 풍속이라 하여 경계했다.
　또한 신랑 친구들이 신랑집으로 쳐들어가서 술이나 음식을 빼앗아 먹는 것을 승사(勝事), 즉 자랑거리나 잘한 일로 여기는 풍습이 있었다. 그들은 얼마나 많은 술과 음식을 빼앗아 먹었는지, 얼마나 신랑을 괴롭혔는지를 으스대며 떠벌리기 일쑤였다.
　요즈음은 우정을 과시한답시고 아예 신혼여행까지 따라가서 신랑신부와 매일 어울리며 부담을 주는 친구들도 있는 모양이다.

결혼식 | 이덕무는 결혼식을 치르고 처가에 들른 신랑을 희롱하는 것을 비루한 풍속이라 하여 경계했다. 단원 김홍도, 국립중앙박물관 소장.

이덕무는 이런 풍속도 좋지 않으니 삼가라고 하였다.

　친구 결혼식을 즈음하여 신랑 신부를 농담거리로 삼아 즐거운 놀이들을 하는 것은 화기애애한 분위기를 돋우는 데 일조를 하지만, 무엇이든지 너무 지나치는 것은 좋지 않다. 아무리 재미있는 것도 적당히 하고 규모 있게 해야 모두에게 유익한 법이다.

남의 집을 방문했을 때

남의 집을 방문했을 때는 자기 집에서 하던 습관대로 해서는 안 될 것이다. 남의 집에서 주의해야 할 점들을 이덕무는 다음과 같이 지적하고 있다.

첫째, 비록 남의 집 방이 좁고 누추하여 앉아 있기가 불편하더라도 코를 가리거나 눈살을 찌푸려서는 안 된다. 또한 곧바로 일어나 도로 나와서도 안 된다. 이 정도도 참지 못하면서 어찌 더 큰 일을 견디어낼 수 있단 말인가.

둘째, 비를 맞고 다니다가 젖은 옷으로 급히 남의 방에 들어가지 말아야 하고, 눈을 맞은 옷과 갓을 마르고 깨끗한 곳에서 털지 말아야 한다.

셋째, 중한 병이 있거나 아주 늙지 않았으면 남의 집 요강에 오줌을 누지 말아야 한다. 비록 춥더라도 반드시 문밖으로 나가 변소를 사용해야 한다. 원현천(元玄川)이라는 자가 이덕무의 집을 방문했을 때 남의 집에서 요강을 쓰는 사람들의 외람됨이 두려울 지경이라면서 끝내 요강을 쓰지 않았다.

요즘으로 말하면 남의 집에서 실내 화장실을 사용할 때 요란을 피우지 않도록 주의해야 할 것이다.

넷째, 남의 집에 들어갔는데 누가 와서 등 뒤에 앉으면 그를 알든 모르든 돌아앉아 그를 바로 보아야 하고, 누가 나를 등지고 앉아 있으면 그 사람의 얼굴을 볼 수 있도록 나도 자세를 바꾸어 고쳐 앉아야 한다.

다섯째, 남의 집에 들어갔는데 먼저 온 손님이 앉아 있다가 잠시 볼일이 있어 자리에서 일어나더라도 얼른 그 자리로 가서 앉지 않도록 해야 한다. 이는 자리를 빼앗는 것과 같다. 방이 몸을 움직이기 힘들 정도로 좁은 경우는 할 수 없지만 말이다.

여섯째, 남의 집에 가서 주인이 은밀히 간직하고 있는 글이나 물건들을 뒤져보아서는 안 된다. 그런 글이나 물건이 남에게 보여져서는 안 되는 것이라면 주인이 부끄러워하고 꺼려할 것이고, 뒤져보는 사람의 마음도 불안할 것이다. 경계하고 경계할 일이다.

일곱째, 주인이 은밀히 간직하고 있는 것이 아니더라도 남의 집에 가서 서가의 책을 함부로 빼어 보거나 물건들을 함부로 들추어보아서는 안 된다. 주인이 말리는데도 그런 행동을 계속하는 사람은 결코 장사(莊士), 즉 예의 바른 사람이라 할 수 없다.
　또한 '회두전정, 망간사벽(回頭轉睛 忙看四壁)' 하지 말라고 하였다. 즉, 남의 집에 들어가자마자 머리를 이리저리 돌리고 눈동자를 바삐 굴려 집 안이나 방 안 사방을 둘러보는 것은 실례가 된다는 말이다.

　여덟째, 남의 집에 오래 앉아 있다가 밥상이 들어오면 주인이 수저를 들기 전에 먼저 작별 인사를 하고 물러나와야 한다.

　아홉째, 남의 집에서 잘 때에는 반드시 주인이 잠자리에 든 후에 누웠다가 주인보다 먼저 일어나야 한다. 일어나면 반드시 이불을 개어 잘 넣어두고 옷을 단정하게 입고 바로 앉아 있어야 한다.
　그리고 주인이 세수할 것을 권하면 지체하지 말고 몸을 일으켜 얼굴을 씻어야 한다. 주인이 일 시킬 아이가 없어 물을 제때 떠 오지 못하면 마른 머리에 그대로 망건을 쓰는 것이 좋다. 이 말은 세수를 하거나 머리를 감느라고 물을 많이 쓰지 말라는 뜻일 것이다. 물이 넉넉지 못한 집에서 손님이 물을 마구 쓰는 것은 예의에 크게 어긋난다.

　열째, 남의 집에서 잘 때는 자기 편한 대로 하지 말고 주인의 의향을 따라주어야 한다. 주인이 옷을 벗고 자라는 말이 없는 한 적삼과 바지를 벗지 않는 것이 좋다. 아침에 일어나 세수를 하고 나서는 주인이 쓰는 수건으로 얼굴을 닦지 않도록 해야 한다. 주인이 결벽증이 있어 남의 때가 수건에 묻는 것을 싫어할지도 모르기 때문이다.

주인이 만약 자기 수건으로 닦기를 권하면 수건 끝으로 닦을 것이요, 눈물이나 침을 묻히지 않도록 주의해야 한다.

남의 집에서 이런 불편을 겪은 사람이면 손님이 자기 집에 왔을 때 어떻게 해야 하는 것은 분명하다. 손님이 내 집에 와서 자게 될 경우에는 반드시 손수 잠자리를 마련해주고, 옷을 벗고 자리에 누울 것을 권하고, 아침에 세수를 할 때는 반드시 수건을 챙겨주며 수건이 더러우면 거기에 대해 사과해야 할 것이다.

삼가야 할 잠버릇

자기 집에서나 남의 집에서 잘 때 삼가야 할 잠버릇들이 있다. 특히 남의 집에서 잘 때는 더욱 조심해야 할 것이다. 그러나 잠버릇은 잠이 든 가운데, 다시 말해 무의식중에 일어나는 행동이나 몸짓이기 때문에 그것을 바꾼다는 것은 보통 힘든 일이 아니다. 하지만 자신에게 어떤 나쁜 잠버릇이 있는지 알고 의식적이든 무의식적이든 개선하려고 노력하는 것은 중요하다.

이덕무가 지적하는 삼가야 할 잠버릇들은 다음과 같다.

발금(撥衾)
자다가 이불을 발로 차거나 해서 젖혀버리는 것을 말한다.
이불은 자는 동안 체온을 보호해주어 건강 증진에 도움을 준다. 그런데 이불을 젖혀버리는 버릇이 있으면 본인 건강에 해로울 뿐만 아니라, 다른 사람과 이불을 함께 덮고 잘 경우는 그 사람의 건강에도 해를 끼치고 편안한 잠자리를 불편하게 만들어버린다.

번면(翻面)

자면서 자꾸만 얼굴을 이리저리 돌리는 것을 말한다. 자는 동안 될 수 있는 대로 얼굴은 단정하게 일정한 상태를 유지하는 것이 좋은데 자주 돌리는 것은 보기에도 좋지 않고 건강에도 좋지 않다.

곡경(曲頸)

목을 구부리는 것을 말한다. 얼굴을 가슴 쪽으로 붙이거나 머리를 뒤로 젖혀 목이 구부러지도록 하여 잠을 자면 목병이 생기기 십상이다.

방수족(放手足)

손발이 제멋대로 놀도록 하는 것을 말한다. 어떤 사람은 자면서 두 팔을 마구 휘두르기도 하고 발길질을 하기도 한다. 벽을 주먹으로 쳐서 손등에 피가 맺히기도 하고 옆에 자는 사람에게 타박상을 입히기도 한다. 아주 위험한 잠버릇이 아닐 수 없다.

섬언(譫言)

섬(譫)은 헛소리라는 뜻이다. 잠과 관련해서는 잠꼬대인 셈이다. 잠을 자면서 심하게 뭐라뭐라 혼자 중얼거리며 잠꼬대를 많이 하는 사람이 있다. 잠을 자는 동안 자기도 모르게 말하는 것을 어떻게 고칠 수 있느냐 할 수 있지만, 자신에게 그러지 말라고 암시를 자꾸 주면 그 버릇도 고쳐질 수 있는 법이다.

한수(鼾睡)

한(鼾)은 '코 비(鼻)'와 '방패 간(干)'이 합해진 글자이다. 코가 방패로 막혔으니 코 고는 소리가 날 수밖에 없다. '한수'는 코를 골면서 자는 잠을 가리킨다. 한식(鼾息)은 코를 고는 소리이고, 한뢰(鼾雷)는 천둥이 울리듯이 크게 코를 고는 소리이다.

그냥 한식도 견디기 어려운데 한뢰를 내는 사람과 같이 잔다는 것은 고역 중의 고역이다. 대개 코를 심하게 고는 사람은 코뼈가 휘어져 있는 경우가 많다고 하니 교정 수술을 받는 것이 좋다. 그렇지 않으면 옆에서 같이 자는 사람을 괴롭힐 뿐만 아니라 코가 완전히 막혀 무호흡증으로 떨어져 심장마비가 될 위험성도 있다.

벼룩이나 이를 함께 자는 사람 쪽으로 몰아부치는 것

자다가 겨드랑이가 간지러워서 잠결에 손을 넣어보니 벼룩이나 이가 잡혔다. 그것을 함께 자는 사람 쪽으로 무의식중에 툭 던진다고 상상해보자. 온몸에 소름이 돋을 만도 하다. 평소에 남이야 어떻게 되든 자기만 편하면 된다는 식으로 살아온 사람들이 잠을 자면서도 그런 이기적인 행동을 하기 쉽다.

잠을 자면서도 남을 배려할 줄 아는 사람이 되려면 평소에 얼마나 남을 위해 희생적인 봉사를 해야 할 것인가.

인사를 형식적으로 하지 말고 성심껏 해야

　이덕무는 인사의 중요성을 강조하여 '배읍기거, 불가소결(拜揖起居 不可少缺)'이라고 하였다. '절을 하고 읍하고 일어나고 거하는 일에 조금도 모자람이 없어야 한다'는 뜻이다.
　조선시대에는 절을 할 수 없는 상황에서는 읍(揖)을 함으로써 상대방에 대한 존경과 예의를 표했다. 이것을 읍례(揖禮)라고 하는데 읍례를 하기 위해서는 먼저 공수(拱手)를 해야 한다.
　공수는 두 손을 앞으로 모아 위로 가는 손바닥으로 아래 손등을 덮어서 포개 잡는데 두 엄지가 깍지 끼듯이 교차하도록 한다. 이를 차수(叉手)라고도 한다.
　차례나 제사(흉사가 아닌 길사로 여김), 평상시 인사 때에는 남자는 왼손, 여자는 오른손이 위로 오게 잡는다. 장례 등의 흉사는 그 반대로 한다.
　읍례에는 상읍례, 중읍례, 하읍례가 있다.
　상읍례는 높은 어른께 눈높이만큼 공수한 두 손을 밖으로 원을 그리면서 들어올린다. 이때 팔뚝은 수평이 되게 한다. 중읍례는 입높이로 올리는데 어른에게나 같은 동년배끼리 한다. 하읍례는 공수한

노상풍정도 | 조선시대에는 절을 할 수 없는 상황일 경우 읍을 함으로써 상대방에 대한 존경과 예의를 표했다. 단원 김홍도. 국립중앙박물관 소장.

손을 가슴 높이만큼만 올리는데 아랫사람의 읍례에 답례할 때 한다.

어른을 밖에서 뵙고 읍례를 했더라도 절을 할 수 있는 장소에 들어와서는 절을 해야 한다. 요사이는 경례를 읍례 대신 하지만 유교 의식에서는 아직도 읍례를 하고 있다.

이덕무는 그 당시 사람들이 이러한 예절을 익히지 않아 결례를 범하고 있다고 염려하였다. 읍을 할 때 두 손이 가슴에 이르렀다가 금방 처지는 자도 있고, 두 손을 비스듬히 들어올려 읍을 하는 체하고는 이내 내려버리는 자도 있었다. 말하자면 형식적으로 읍을 얼른 하고 마는 자들이 많았다. 간단히 읍례를 하더라도 건성으로 하지 말고 성심껏 하라고 충고하고 있다.

또한 서로 절을 할 때 너무 빨라서 상대방보다 내가 먼저 일어나서도 안 되고, 너무 느려서 상대방이 먼저 일어나게 해서도 안 된다.

요즈음은 이런 번거로운 인사법이 간편하게 바뀌었지만 그래도 어떤 종류의 인사를 하든 성심껏 하도록 주의를 기울여야 할 것이다. 성의없는 인사는 오히려 상대방의 마음을 상하게 하기 쉽다.

집에 온 손님을 대하는 태도

남의 집에 가서 지켜야 할 예의가 있고 손님이 자기 집에 왔을 때 손님에 대하여 지켜야 할 예의가 있다. 손님을 대하는 태도가 어떠해야 하는가 정리해보면 다음과 같다.

예의를 표하되 너무 호들갑스럽게 대하지 않도록 한다.
높고 귀한 손님이 왔다고 얼굴을 붉히며 머리를 심하게 숙이거나 몸을 지나치게 굽히고 두 손을 이리저리 많이 움직이는 사람은 마음속에 줏대가 없는 사람이다. 이런 상태를 이덕무는 '중무주(中無主)'라고 하였다. 마음 중심에 주인이 없다는 뜻이다.
마음 중심에 주인이 있도록 하려면, 다시 말해 어떤 사람 앞에서도 비굴해지지 않고 자존심을 지킬 수 있으려면 평소에 의연한 중심과 위용을 갖춘 군자가 되기 위해 덕을 쌓아야 한다.

손님의 방문 | 손님이 왔는데 다리를 뻗은 채 벽에 기대 앉아 있다든지 드러누운 채로 말을 건네는 것은 짐승의 행동과 별다를 바 없다. 작자 미상.

손님이 앉을 자리에 마음을 써야 한다.

집으로 들어온 손님이 앉을 자리가 없는데 주인이 움직이지 않고 자기만 자리를 차지하고 앉아 있으면 큰 실례가 된다. 주인은 마땅히 손님이 앉을 자리가 있는가, 그리고 그 자리가 어떠한가 살펴보며 마음을 써야 한다.

손님을 대하는 태도가 단정해야 한다.

손님이 왔는데 두 다리를 뻗고 벽에 기대 앉아 있든지 번듯이 드러누워 잡된 말이나 늘어놓는 것은 금수불원(禽獸不遠), 즉 짐승의 행동과 별다를 바 없다. 손님이 오면 두 다리를 뻗고 있다가도 오므려야 하고, 벽에 기대 앉아 있다가도 상체를 바로 세워야 하며, 드러누워 있다가도 얼른 일어나야 할 것이다. 손님을 단정한 태도로 맞이하기 위해 몸가짐을 바로 가지도록 하라는 말이다.

손님을 배웅할 때도 끝까지 예의를 갖추어야 한다.

귀한 손님을 배웅할 때는 마루 아래까지 따라가서 보내야 하고, 동년배인 경우는 두 손을 마주 잡고 일어나 손님이 마당으로 내려가기를 기다렸다가 자리에 앉아야 한다. 손님이 겨우 몸을 돌려 아직 방문 밖에도 나가지 않았는데 그가 보지 않을 것이라 하여 바로 앉아 버리는 것은 거만한 행동이다.

현대 도시의 아파트 주거 공간에서는 동년배인 경우 현관에서 배웅해도 되겠지만, 귀한 손님을 배웅할 경우는 적어도 엘리베이터 앞까지는 따라 나와주어야 할 것이다. 그리고 손님이 몸을 돌리자마자 자기도 얼른 몸을 돌려 집으로 들어오지 않도록 주의해야 할 것이다. 끝까지 성의를 다해 배웅해야 손님 대접에서 유종의 미를 거두게 되는 법이다.

남을 대할 때 특히 주의해야 할 점

집에 온 손님뿐만 아니라 다른 곳에서 낯선 사람을 만났을 때도 기본적으로 지켜야 할 예의가 있다. 여기에 대해서는 앞에서 많이 언급되었지만 이덕무는 다시 한 번 몇 가지 점들에 대해 주의를 기울일 것을 충고하고 있다. 남을 대하였을 때 특히 하지 말아야 할 것들을 다음과 같이 지적하고 있다.

소양(搔痒)

가려운 데를 긁는 것을 말한다. 다른 사람과 만나 이야기를 나누면서 몸이 가렵다고 북북 긁어대는 것은 모양이 좋지 않다.

수치(搜齒)

이빨을 쑤시는 것을 말한다. 다른 사람과 함께 음식을 먹거나 먹고 난 후 남과 만날 때 이빨을 이쑤시개나 손톱 같은 것으로 쑤시는 것은 보기가 흉하다. 이빨에 음식 찌꺼기가 끼어 있지 않도록 남이 보지 않는 데서 미리 이빨을 깨끗이 해야 할 것이다. 함께 식사를 하는 경우에도 잠시 화장실을 다녀온다든지 하여 이빨을 깨끗이 하는 것이 좋다.

괄비(括鼻)

코를 후비는 것을 말한다. 남 앞에서 코를 후비고 더 나아가 코딱지까지 끄집어내는 것은 큰 실례가 된다. 그런데 무심결에 이런 행동을 하는 자들이 종종 있다.

척과(剔瓜)

손톱을 깎는 것을 말한다. 남과 이야기하면서 가위나 다른 기구로 손톱을 깎지 않도록 해야 한다. 손톱 조각이 상대방의 얼굴로 튀기라도 하면 상대방은 모욕을 당한 기분이 될 것이다.

단구(團垢)

몸의 때를 밀어 모은다는 뜻이다. 남과 만나 이야기하면서 팔뚝이나 손등의 때를 밀어 모은다든지 바지를 걷어 다리의 때를 밀어 모은다든지 하는 것은 극히 삼가야 할 일이다.

탄한(彈汗)

땀방울을 튀기는 것을 말한다. 이마에 땀이 흘렀다고 남과 이야기하면서 손등으로 문질러 털어내거나 머리카락에 묻은 땀을 머리를 흔들어 튀기지 않도록 해야 한다.

노계(露髻)

상투를 드러내는 것을 뜻한다. 현대에는 상투를 한 사람이 극히 드물기 때문에 여기에 해당하는 사항이 없다고 할 수 있으나 남을 대할 때 머리를 단정히 해야 하는 것은 당연한 일이다.

요즈음 여자들이 머리를 감지 않고서 그것을 감추기 위해 모자를 쓰는 경향들이 있는데 그럴 경우 함부로 모자를 벗어 감지 않은 부스스한 머리를 보여주지 않도록 주의해야 할 것이다.

탈말(脫襪)

'말(襪)'은 앞에서도 말했지만 버선을 뜻한다. 남과 만나는 자리에서 버선을 벗는 것은 실례가 된다. 요즘으로 말하면 양말을 벗어 발 냄새를 풍기는 것에 해당한다.

파조슬(破蚤蝨)

벼룩과 이를 잡아 손톱으로 뭉개는 것을 파조슬이라고 한다. 요사이는 벼룩과 이를 잘 찾아볼 수 없지만 이전에 그것들이 많을 적에는 밤잠을 설쳐가며 잡느라고 야단을 피우기도 했다. 확실히 죽이기 위해 두 엄지 손톱으로 깔아뭉개면, 따닥 하는 소리를 내며 벼룩과 이는 분해되고 만다.

그런데 남과 만나면서 옷 속에 벼룩이나 이가 있다고 옷을 벗어 파조슬을 해서는 안 된다. 몇 십 년 전에 영국의 어느 여기자가 중국의 유명한 남자 작가를 만나 인터뷰를 하였는데 그 작가가 자꾸만 옷 속에서 무언가를 꺼내어 손톱으로 뭉개는 것을 보았다. 나중에 그것이 이를 잡는 동작이었다는 것을 알고 여기자가 대경실색을 했다고 한다.

잡은 벼룩과 이를 화로에 던져 연기를 피우며 타는 냄새가 나게 해서는 더더구나 안 된다. 그리고 벼룩이나 이를 뭉갠 손톱에 피가 묻어 있는 채로 남을 만나서도 안 된다.

이덕무는 이런 말까지 하는 것을 두고 너무 잔소리를 한다고 생각하지 말라면서 다만 사람이 추해지는 것을 막기 위해 부득이 이런 충고를 하는 것이라고 하였다.

진중하지 못한 행동들을 삼가야

선비는 모름지기 가볍게 행동해서는 안 된다. 그와 같이 진중하지 못한 행동들의 예를 들어보면 다음과 같다.

자주 규방에 드나들기

남자가 집 안에 오래 있으면서 아내가 있는 규방을 자주 드나들면 행동에 실수가 많게 되고 말이 잘 먹혀들지 않는다.

아무리 가까운 부부 사이라도 부부유별(夫婦有別)의 질서를 지켜야 하는데, 남자가 아내에게 붙어 떨어지지 않으려고 하고 심지어 어리광까지 부린다면 가장으로서의 권위가 떨어지고 말 것이다.

밥상 앞에서 벌떡 일어서기

식사를 막 끝마치고 아직 밥상을 물리지 않았는데도 벌떡 일어나는 것은 옹용지상(雍容之象), 즉 점잖은 모습이 아니다.

식구들이 밥상을 가운데 두고 둘러앉는 것보다 이 세상에서 더 평화로운 광경은 없을 것이다. 식탁은 밥만 먹고 흩어지는 곳이 아니라 사랑의 대화와 권면들이 오가는 공간이다. 그러므로 자기 밥을 다 먹었다고 식탁이 전체적으로 마무리되지 않았는데도 벌떡 일어나서 자기 방으로 들어가버리는 것은 옹용지상이 아니다.

급한 일이 있어 부득이 다른 식구들보다 먼저 식탁에서 일어나야 할 경우에는 양해를 구하면서 천천히 일어나 식탁을 떠나야 할 것이다. 나 한 사람의 점잖지 못한 행동으로 식탁의 평화로운 분위기가 깨어지지 않도록 조심해야 한다.

심심하면 문 밖으로 나가기

'사귀념정(士貴恬靜)'이라 하였다. 염정(恬靜)은 편안하고 고요한 상태를 의미한다. 선비는 모름지기 편안하고 고요한 상태를 귀하게 여기고 집안에서 조용히 지내는 것을 선호해야 한다. 조용히 지낸다고 하여 아무 데도 나가지 않고 집 안에 틀어박혀만 있거나 게으름을 피우며 뒹구는 것을 뜻하지는 않는다. 바깥에서 할 일을 다 한 후에 집 안에 들어와 조용히 책을 읽거나 사색에 잠기는 시간을 갖는 것을 선호해야 한다는 말이다.

그런데 집 안에서는 오히려 답답해하며 안정을 찾지 못해 분분출문(紛紛出門), 즉 부지런히 밖으로만 싸돌아다니려고 한다면 그 사람은 이미 마음이 흐트러진 지 오래다.

상중(喪中)에 사람들 만나기

상중에 있는 사람은 상장(喪葬)에 관계된 일이 아니면 대문 밖으로 나가서는 안 된다. 집안이 가난하여 약을 지어오거나 물건을 빌려오는 일을 대신할 사람이 없는 경우에는 어쩔 수 없이 대문 밖으로 나가도 되지만, 그럴 적에도 한가롭게 남과 이야기를 나누거나 상복을 입은 채로 남의 집 방으로 들어가서는 안 된다.

『잡기(雜記)』라는 책에서 말하기를, '상복을 입은 사람은 비록 장례를 다 치르고 난 후라 하더라도 다른 사람이 만나보자고 청하면 만나볼 것이지만 불청견인(不請見人), 즉 자기가 먼저 남을 보자고 청해서는 안 된다'고 하였다.

변생(卞生)이라는 자는 관해 지방의 의원이었는데, 모친상을 당했을 때 중한 병이 아니면 상복의 띠를 벗지 않았고 망령된 말을 하거나 웃음을 짓지 않았으며 부유하고 귀한 집에서 여러 번 청하였으나 3년 동안 집 밖으로 나다니지 않았다.

이덕무는 변생의 예를 들면서 이와 같이 상중에 진중한 태도를 유지하는 것이 쉽지 않은 일이라 하였다.

지금은 부친상이나 모친상을 당했다고 하여 3년간이나 상복을 입고 있지는 않지만, 상중에 있을 때 진중한 자세를 가져야 하는 것은 두말할 나위가 없겠다. 지나치게 어둡고 무거운 표정을 하고 있을 필요는 없지만, 사람들과 만나 떠들며 농담을 주고받거나 세상 오락을 즐기는 것은 삼가야 할 것이다.

비록 가난하더라도

  비록 가난하더라도 비굴해져서는 안 된다. 부유한 사람들에게 도움을 청할 경우에도 추위에 떨거나 굶주려 불쌍한 처지에 있다는 식으로 구걸하는 태도를 취해서는 안 된다. 그런다고 해서 상대방이 동정심을 가지고 즉시 도와주는 것도 아니다. 도리어 업신여기고 꺼려할지도 모른다.
  혹시 도와준다고 하여도 인색한 마음을 품은 채 마지못해 하는 경우가 허다하다. 그렇게 도와주는 것은 호축(呼蹴), 즉 고함을 지르면서 발길질을 하는 것과 다를 바 없다. 그렇게까지 비굴한 태도로 구걸해서 배를 채우는 것은 차라리 굶어 죽는 것만 못하다.
  남에게 도움을 구하고 빌리는 것은 비록 나쁜 일은 아니지만, 부유하고 지위가 높으면서 교만하고 인색한 사람에게는 자주 도움을 구하지 않는 것이 좋다. 그들은 어쩌면 어려운 사람이 비굴한 태도로 구걸하는 것을 업신여기면서도 한편으로는 은근히 즐기고 있는지도 모른다. 그들을 가리켜 이덕무는 '교인자(驕吝者)'라고 하였다.
  그러므로 비굴한 태도로 구걸하지 않아도 동정심을 가지고 돌아보는 사람을 찾아 그런 사람에게 도움을 청하는 것이 좋다. 도움을 청할 때에도 겸손한 태도는 지녀야 하지만 결코 비굴한 자세나 마음을 가져서는 안 된다.

　물론 도와주는 측에서도 상대방이 비굴함과 굴욕감을 느끼지 않도록 지혜롭게 돕는 것이 중요하다. 그렇지 않으면 그 사람은 이덕무가 말한 '교인자'에 불과하다. 어려운 사람을 도와주고도 좋은 소리를 못 듣게 되니 이보다 어리석은 일이 어디 있는가.

피곤하더라도 몸가짐을 바르게

더운 여름이면 몸이 피곤해지기 쉽다. 아주 심한 더위에 몸이 지치면 대개 눕고 싶어진다. 심지어 사람이 발로 밟고 다니는 문지방을 베개로 삼아 꼴사납게 드러눕는 자도 있다. 하지만 몹시 피곤하지 않으면 될 수 있는 대로 눕지 않도록 하라고 이덕무는 충고하고 있다.

몸이 좀 피곤하다고 누워버리면 자연히 졸음이 오고 졸게 되면 기운이 혼탁해져서 팔다리가 흐트러질 뿐만 아니라 감기와 같은 병을 초래하는 원인이 되기도 한다. 몸의 기운을 회복하기 위해 누웠는데 도리어 기운이 더 없어지고 마는 셈이다. 왜냐하면 피곤에 정신적으로 졌기 때문에 몸도 결국 지고 말기 때문이다.

몸이 피곤하여 정신과 기운이 완산(緩散), 즉 느슨해지고 흩어지려고 하면 더욱더 다음과 같은 자세를 취해야 한다.

직척(直脊)

등을 꼿꼿하게 세우는 자세이다. 등의 척추에는 온갖 신경이 다 지나가고 있기 때문에 등의 자세가 어떠한가에 따라 신경의 흐름이 달라진다. 척(脊)이라는 한자를 보면 신경 다발과 디스크 모양이 상형

되어 있는 셈이다.

송견(竦肩)

'송(竦)'은 삼가다, 놀라다, 옹그리다 하는 뜻도 있고 올리다, 세우다 하는 뜻도 있다. 흔히 '모골이 송연(竦然)하다'는 말을 쓰는데 그 때는 놀라서 움츠리는 것을 말한다. 여기서는 올리다, 세우다 하는 뜻으로 '송견'은 어깨를 반듯이 하는 자세를 가리킨다.

위좌(危坐)

'위(危)'자의 바깥 모양은 사람이 언덕 위에 있는 모습을 본딴 것이다. 사람이 언덕 위에 있으니 굴러떨어지지 않을까 조심해야 하는 것은 당연하다. 조심하기 위해서는 몸가짐을 바르게 가져야 한다. 그래서 '위(危)'가 위태롭다는 뜻을 가질 뿐만 아니라 바르다, 똑바르다 하는 뜻을 지니게 된 것이다.

'위좌'는 바르게 앉는 자세를 가리킨다. 앉아서 다리를 단정히 하고 직척하고 송견하면 자연히 위좌가 될 것이다. 가부좌를 틀면 더욱 효과적이다.

이와 같이 바른 자세로 얼마간 있으면 혈액과 신경의 흐름이 좋아져서 문득 피곤이 가시면서 정신이 맑아진다. 그러면 아무리 날씨가 더워도 여름 기운이 몸을 침노하지 못하고 피곤하게 하지 못할 것이다.

그래서 옛사람들이 말하기를, '장경일강, 안사일타(莊敬日彊 安肆日

墮)'라고 하였다. 몸가짐을 단정히 하고 삼가면 날로 강해지고, 몸가짐이 헤프게 흐트러지면 날로 기운을 잃고 게을러진다는 뜻이다.
『성경』「잠언」6장에도 비슷한 경고가 있다.

게으른 자여, 네가 어느 때까지 눕겠느냐. 네가 어느 때에 잠이 깨어 일어나겠느냐. 좀더 자자, 좀더 졸자, 손을 모으고 좀더 눕자 하면 네 빈궁이 강도같이 오며 네 곤핍이 군사같이 이르리라.

아무쪼록 몸가짐을 바르게 하여 날씨나 주변 환경들에 지지 않는 정신력과 체력을 길러가야 할 것이다.

신경을 거스르는 작은 것들에 대하여

사람이 살다 보면 주변에서 신경을 거스르는 작은 일들을 만나게 된다. 그 작은 일들에 신경을 쓰고 화를 내다 보면 큰 분쟁으로 발전하기도 한다. 생활 속에서 이런 점들을 어떻게 주의해야 할 것인가 사례별로 살펴본다.

첫째, 어린아이가 우는 소리, 개가 짖는 소리, 갈까마귀가 우는 소리 등은 신경을 거스를 때도 있다. 하지만 그런 것들은 나에게 감정을 가지고 내는 소리들이 아니므로 거기에다 대고 노여워하며 화를 내면서 목소리와 기운을 소모하거나 마음을 어지럽게 해서는 안 된다.

둘째, 아이가 영리하지 못하다고 꾸짖거나 화를 내서도 안 된다. 아이들은 순진하기 때문에 세상 지혜가 부족할 수도 있는 법이다.

셋째, 말이 피곤하여 느리게 걷더라도 답답하게 여겨 소리를 지르거나 하인으로 하여금 때리도록 해서는 안 된다. 요즘으로 말하면 교통체증으로 차가 느리게 간다고 짜증을 내서는 안 된다. 짜증을 낸다고 해서 차가 빨리 가는 것도 아니고 짜증을 내면 낼수록 마음의 안정을 잃고 기운만 소모될 뿐이다.

 넷째, 파리가 달라붙고 이나 벼룩이 스멀거려도 노여워하거나 큰 소리로 꾸짖어서는 안 된다. 모기 한 마리가 잉잉거려 잠을 못 잔다고 신경질을 부리다 보면 더욱 잠이 달아나게 마련이다. 요즘 보면 바퀴벌레 한 마리로 온 집안이 발칵 뒤집어지는 경우도 있는데 그렇게까지 소란을 피울 일이 아니다.

 다섯째, 영절의열(纓絶衣裂), 다시 말해 갓끈이 끊어지고 옷이 찢어졌다고 한탄해하거나 애석해하지 말 것이다. 옷차림에 너무 신경을 쓰게 되면 자그마한 흠도 견디지 못하고 화를 내거나 억울해한다. 와이셔츠를 잘 다리지 않아 구겨진 데가 있다고 아내에게 화를 버럭 내는 남편이 되어서는 안 될 것이다.
 옷을 입다 보면 옷이 찢어질 수도 있고 갓을 쓰다 보면 갓끈이 끊어질 수도 있는 법이라고 대범하게 생각하는 편이 정신 건강상 좋다. 옷을 위해 우리 몸이 있는 것이 아니라 우리 몸을 위해 옷이 있는 것이 아닌가.

근심거리가 있는 경우에

　사람들은 대부분 자기 문제뿐만 아니라 가족이나 주변 인척들로 인하여 근심거리를 가지게 되고 사회적인 문제들로 인하여 근심하게도 된다. 근심 되는 문제 하나가 해결되면 또 기다렸다는 듯이 다른 문제가 발생하여 근심거리는 사실 끊일 날이 없다.
　근심은 대개 일이 뜻대로 풀리지 않을 때 생기고, 협노병발(挾怒幷發), 즉 노여움을 끼고 함께 일어나기 십상이다. 근심과 노여움은 동전의 양면처럼 함께 붙어 있다는 말이다. 일이 뜻대로 풀리지 않는 과정에서 사람과 사회에 대한 노여움이 얼마나 많이 쌓일 것인가. 그러므로 자칫하면 도격(挑激), 즉 심하게 반발하여 자신이나 남을 해하게 하기 쉽다.
　도격하지 않으려면 조억술(調抑術)을 잘 익혀야 한다. 조억술이란 마음을 다스리고 억제하는 비결을 말한다. 마음을 잠시 잘 다스리고 억제하기만 해도 오랫동안 평안을 얻을 수 있는 법인데, 사람들은 한순간의 감정을 다스리지 못하여 큰 재앙을 불러오기도 한다. 근심을 풀려고 하다가 도리어 더 큰 근심을 가지게 된다.
　이덕무는 마음을 다스리고 억제하는 데 경계해야 할 것들을 다음과 같이 말하고 있다.

조요(躁擾)

조급해하며 마음이 요동하는 것을 말한다. 근심거리가 생기면 사람이 조급해지는 것이 보통이다. 그러나 조급하게 서둔다고 문제가 해결되는 것이 아니라 문제를 더 복잡하게 만들기 쉽다. 근심거리가 생길수록 마음을 안정시키고 차근차근 문제를 풀어나가야 하는데 그것이 여간 어려운 일이 아니다.

난내(難耐)

참지 못하는 것을 말한다. 앞의 '조요'와 같은 마음이라 할 수 있다. 조급하여 마음이 안정되지 못하면 자연히 참지 못하게 된다. 참지 못하면 감정이 폭발하고 분을 풀기 위해 사회적으로 범죄에 해당하는 일을 저지르기도 한다. 살인을 범한 사람들이 그 순간에 '참을 인(忍)'자를 세 번만 썼어도 그런 끔찍한 일을 행하지 않을 수도 있었을 것이다.

한거(閒居)

혼자 있는 것을 말한다. 근심거리가 생기면 다른 사람들과 대화도 하지 않으려 하고 방에만 틀어박혀 아예 밖으로 나오지 않으려는 사람들이 많이 있다. 그런 증상이 심해지면 자폐증, 우울증으로 발전한다. 자기 혼자서 머리를 쥐어뜯고 끙끙거리며 신음하고 뭐라뭐라 호소하는 듯 욕을 하는 듯 중얼거리기도 한다. 자기 앞에 대상이 있는 것처럼 혼자 중얼거리는 것을 '자언자어(自言自語)'라 한다.

  근심거리가 있으면 오히려 다른 사람들과 그 문제에 대해 대화를 나누면서 해법을 모색하는 것이 바람직하다. 물론 아무에게나 근심을 털어놓으라는 말은 아니다. 자신의 근심거리를 털어놓을 만한 친구나 친지들을 만나 이야기를 하다 보면 의외로 가까운 데서 해법을 찾기도 한다.

  그런 친구나 친지들의 도움도 한계가 있으면 정신과 전문의를 찾아가 상담을 받아보는 것도 하나의 방법이 될 것이다. 아무튼 오래 '한거' 하는 것은 좋지 않다.

병이 들었을 경우에

사람의 근심거리 중에 병(病)과 관련된 것들이 많이 있는 법이다. 사람이 살다 보면 사고를 당하여 병이 들기도 하고 전염병에 걸리기도 하고 암과 같은 치명적인 병이 느닷없이 찾아오기도 하고 늙어서 노환을 앓기도 한다. 우리 인생은 크고 작은 병의 연속이라고 해도 과언이 아니다. 자신은 비교적 건강하다 해도 가족이나 친지 중에 병든 사람이 있을 경우 그것이 근심거리가 된다.

병이 들었을 때 마음을 잘 다스리는 것이 참으로 중요하다. 그 마음 상태가 병의 치료와 밀접한 관계가 있기 때문이다. 병이 들었을 때 주의할 사항들을 살펴보자.

병을 과장하여 생각하지 말라

작은 병에 불과하여 금방 치료가 될 텐데도 마치 큰 병에라도 걸린 것처럼 한탄을 하고 낙심하는 자들이 있는데 그것은 오히려 병을 키우는 태도이다. 물론 병을 너무 소홀히 여겨 치료할 시기를 놓치는 어리석음을 범해서는 안될 것이다.

긍정적인 생각을 가져라

아무리 심각한 병이 들었을지라도 금방 죽을 것처럼 부정적인 생각부터 가지거나 슬퍼하고 괴로워하며 부정적인 말들을 늘어놓지 않도록 해야 한다. 아예 죽어가는 시늉을 하며 약도 먹지 않고 음식도 물리치며 소란을 피우는 일이 없도록 해야 한다. 어떤 경우에도 긍정적인 생각으로 두려움을 이기고 병의 치료에 임해야 할 것이다.

간호하는 사람들에게 화를 내지 말라

병을 앓게 되면 환자는 자연히 신경이 날카로워진다. 그러다 보면 간호하느라 수고하는 가족이나 병원 사람들이 마음에 맞지 않게 한다고 짜증을 부리고 화를 내기 쉽다. 아주 자기중심적으로만 생각하고 말하게 된다. 이런 환자를 간호하는 것은 여간 까다로운 일이 아니다.

환자가 계속 까탈을 부리면 간호하는 자들도 점점 정성을 기울이지 않게 되고 형식적으로만 환자를 대하게 된다. 결국 손해를 보는 것은 환자 측이다.

비록 마음에 차지 않더라도 간호하는 사람들에 대하여 늘 감사하는 마음을 가지도록 하고, 요구할 사항이 있을 경우에도 부드러운 말투로 자신의 의사를 나타내야 한다.

병중에는 근신하고 절제하라

병을 치료하는 과정에서는 치료법을 잘 따라야 한다. 조금 몸이 나았다고 제멋대로 행하다가는 병이 도지거나 악화되기 쉽다. 심지어 병실에서 술판을 벌이는 환자들도 있다고 한다.

　바람을 쐬지 말라고 했으면 바깥에 나가 돌아다니고 싶어도 근신하여 집이나 병실에 있도록 하고, 날것과 찬 것을 먹지 말라고 했으면 그것들을 먹고 싶어도 절제하고 참아야 한다. 병중에 근신하고 절제하지 않는 바람에 사망에 이르는 사람들이 부지기수다.

병이 나으려 할 때는 더욱 마음을 다잡으라

　병이 다 나아가는 데도 정신을 가다듬어 떨쳐 일어날 생각은 하지 않고 계속 간호나 받으려 하고 자꾸 눕기만 하면서 게으름을 피워서는 안 된다. 몸의 세포들이 병균과 싸워 최후의 승리를 얻으려고 할 때는 정신도 함께 힘을 보태주어 확실한 승리를 얻도록 해야 할 것이다. 레슬링이나 유도에서는 그것을 가리켜 '굳히기'라고 한다. 그 굳히기 기회를 놓치면 병의 세력이 도로 몸을 지배하기 쉬운 법이다.

　다시 말해 병중에 생기기 쉬운 게으른 습관이나 의존심 같은 것을 강한 정신력으로 떨어내고 자립적으로 일어설 준비를 하라는 말이다.

謹愼

지금까지 이덕무는 여러 방면에서 삼가야 할 것들에 관하여 충고하였다. 아마도 근신편을 따로 만든 것은 삼가야 할 것들에 대해 보충하고 싶은 내용들이 아직도 남아 있기 때문이었을 것이다.

제5장

근신 謹愼

기타 삼가야 할 것들

담박한 생활의 유익

　세상에서 큰 죄악과 큰 재앙은 모두 담박한 생활을 잘 참고 감당하지 못하는 데서 생긴다. 담박(澹泊)이란 마음이 욕심이 없고 소박한 상태를 뜻한다. 모자라면 모자라는 대로 어려우면 어려운 대로 견디며 현재 있는 것에 대해 감사하면서 살면 더욱 나은 형편이 될 수도 있는데, 그러한 생활을 빨리 벗어나고자 무리하게 욕심을 부리다 보면 절도와 강도, 사기 같은 범죄를 저지르게도 되고 그 결과 큰 재앙을 만나게 된다. 이덕무는 『중용(中庸)』에 있는 구절을 인용하여 담박한 생활을 잘 참고 감당할 것을 권면하고 있다.

　소빈천 안어빈천 소환난 안어환난
　(素貧賤 安於貧賤 素患難 安於患難)

　평소에 가난하고 비천하게 지내본 사람들은 가난하고 비천한 생활에 잘 적응하고, 평소에 여러 가지 어려움들을 겪어본 사람들은 웬만한 어려움이 있어도 잘 견디어낸다는 뜻이다.
　평소에 가난하고 비천하게 지내보지 않은 사람들은 조금만 궁색해져도 자존심이 상하여 견디지 못하고 여전히 이전처럼 생활하려고 하다가 남아 있는 것마저 탕진하게 되고, 그것을 만회하기 위해 남의 것을 속여 취하는 죄악을 범하기도 한다. 사기를 쳐서 부자가 된 자들이 감옥에 들어갔다 나와도 또 같은 죄를 짓고 감옥에 다시 들어가게 되는 것도 이러한 이유에서다.

평소에 여러 가지 어려움들을 겪어보지 않은 사람들은 조금만 어려움이 닥쳐도 견디지 못하고 좌절과 낙심 속에서 스스로 생을 포기하기도 한다. 이것은 개인과 가정에 큰 재앙이 아닐 수 없다.

가난과 환난이 닥칠 때 인내하는 성품을 키우는 훈련으로 알고 잘 견디면 오히려 인생에 큰 유익을 얻을 수 있는 법이다. 『성경』「로마서」 5장 3절, 4절에서도 이 점을 강조하고 있다.

환난은 인내를, 인내는 연단을, 연단은 소망을 이루는 줄 앎이로다.

중국 『성경』을 보면 이 구절을 이렇게 표현하고 있다.

환난생인내, 인내생노련, 노련생반망
(患難生忍耐 忍耐生老鍊 老鍊生盼望)

여기서는 노련이라는 단어가 인상깊다. 환난 중에 인내를 배워 잘 견디면 어떤 생활도 '노련'하게 감당할 수 있는 비결을 터득하게 되고, 그러면 더욱 참다운 소망을 가지게 되는 법이다.

사람들이 잘 잊어버리는 것

사람이면 자기 몸을 사랑하고 자기 목숨을 아끼지 않는 자가 없을 것이다. 운동도 하고 보약도 먹으면서 몸이 건강하도록 노력들을 한다. 하지만 식색(食色), 즉 음식을 먹는 것과 성적 쾌락에 있어서는 자기 생명이 상하는 줄을 잊어버리는 사람들이 많다.

이덕무는 그런 현상을 '어식색, 망기장생(於食色 忘其戕生)'이라고 표현하였다. 여기서 '장(戕)'은 죽이다, 상하게 하다는 뜻을 가지고 있다.

식욕을 적절히 제어하지 못하고 맛있는 음식을 탐하다가는 건강이 상하기 십상이다. 요즘 음식에 맛을 내고 장기간 보존하기 위해 인체에 유해한 물질을 섞는다는 것은 상식에 속한다. 그런 유해물질이 없다 하더라도 영양을 과잉섭취하면 각종 성인병과 비만증에 걸리게 된다.

비만증은 또 다른 병의 원인이 되고 무엇보다 사람들로부터 소외감을 느껴 정신적으로도 몹시 어렵게 된다.

성적인 쾌락은 정상적인 남녀관계에서는 사랑의 표현이요 생활의 원동력이 되지만, 비정상적인 불륜관계에서는 정신과 가정, 삶을 파괴하는 독소로 작용한다. 물론 건강에도 해로운 것은 두말할 나위가 없다. 그런데도 사람들은 자기 몸이 타는 줄도 모르고 불길 속으로 달려드는 나방들처럼 자신의 생명을 소진시키면서까지 성적 쾌락에 몰두한다.

불륜관계를 통해 자신의 욕망을 채울 뿐만 아니라 성매매를 통하여 성적 쾌락에 몰두하는 자들도 있다. 그러다가 성병 같은 질병에 걸려 고생하기 십상이다.

또한 다른 면에서는 수돈절조(修敦節操), 즉 절개와 지조를 잘 닦고 지키는 사람들 중에도 '어식색, 망기패행(於食色 忘其敗行)' 하는 자들이 있다. 식색에 있어서는 자기 행실이 무너지는 것을 잊어버린다는 말이다. 자신의 신념을 지키기 위해 여러 가지 어려움들을 인내로 극복해나가던 사람들이 식색에 있어서는 무너지고 마는 사례들이 많이 있다.

환경운동과 인권운동을 위해 희생적으로 일하던 사람이 여자를 성폭행한 문제로 사회적으로 매장된다든지, 열심히 노력하여 종교적인 업적을 쌓아온 목회자가 여신도와 성추문을 일으키는 바람에 교회에서 쫓겨난다든지 하는 사례들이 여기에 해당할 것이다.

사람이 건너다니는 다리는 '약한 부분만큼 약하다' 는 말이 있다. 다리에 균열이 생겨 있을 경우 그 다리는 다른 부분이 아무리 강하고 튼튼하다고 하여도 그 강함과 튼튼함이 다리가 무너지는 것을 막아줄 수는 없다. 오히려 그 강함과 튼튼함이 다리가 균열로 무너지는 것을 더욱 부추길 뿐이다.

사람이 다른 면에서는 훌륭하다고 해도 식색에 있어 자기 생명이 상하고 행실이 무너지는 것을 잊어버린다면 다른 장점들도 함께 무너지고 말 것이다.

　사람들이 잘 잊어버리는 것을 오히려 잘 잊지 않도록 해야 그 생명과 인생이 보존될 것이다.

무리한 것은 삼가야

　이덕무는 부사(府使)를 지낸 할아버지께서 남기신 훈계를 소개하면서 무리한 것은 삼갈 것을 권면하고 있다.
　그 훈계는 '부등백운대, 불식하돈탕(不登白雲臺 不食河豚湯)'이라는 말씀이다. 백운봉(백운대)을 오르지 말고 복어탕을 먹지 말라는 뜻이다.
　백운봉은 삼각산(북한산의 본래 이름)에서 가장 높은 봉우리로 거대한 암괴로 되어 있다. 보통 삼각산을 간다 하면 백운봉을 찾는 것을 뜻하는 경우가 많다. 백운봉 바위 높이는 100여 미터이고, 폭은 200미터쯤 된다. 경사는 그리 급하지 않지만 자칫하면 실족하여 크게 다치거나 생명을 잃기 쉽다.
　지금은 안전요원도 있고 안전장치도 설치되어 있어 덜 위험하지만 조선시대는 아주 위험한 곳으로 인식되었던 모양이다.
　복어탕도 독을 잘못 처리하고 먹으면 즉사하기 쉽다. 지금도 그럴 위험이 있지만 조선시대는 그 위험이 더했을 것이다. 배를 조금 부르게 하려다가 목숨을 잃는 것은 얼마나 억울한 일인가.
　이덕무 할아버지의 훈계는 위험한 곳이면 아예 그쪽으로 발길을 옮기지 말고 위험한 것이면 아예 먹지도 말라는 뜻이다. 위험을 즐기고 자신의 체력을 시험해보기 위한 무리한 짓은 처음부터 하지 말라는 것이다.

　사건 사고가 발생하였을 때 보면 대개 위험한 곳에서 무리한 행동을 한 경우가 많다.

　폭주족이 오토바이를 타고 밤거리를 마구 달려가다가 자동차와 충돌하여 즉사한다든지, 한강에서 친구들끼리 생일파티를 하다가 장난삼아 술 취한 친구를 한강물 속으로 밀어넣어 익사케 한다든지, 대학 신입생 환영식에서 신입생들에게 바가지에 소주를 따라 마시게 함으로써 과음으로 숨지게 한다든지, 산에서 독버섯일 가능성이 있는 버섯 종류를 캐서 그냥 먹고 독사(毒死)한다든지 무리한 일들을 삼가지 않으므로 재앙을 당하는 사건들을 많이 접하게 된다.

　사회 곳곳에서 일어나는 대형사고들도 위험한 결과가 예상되는데도 무리하게 공사나 행사를 추진한다든지 하여 생기는 경우가 얼마나 많은가. 대개 인재(人災)라고 하는 것은 이와 같이 무리한 것을 삼가지 않는 데서 발생하는 법이다.

　이덕무는 이러한 할아버지의 훈계를 아버지 형제분들이 잘 지켜 행함으로써 자신의 형제들에게도 본이 되었음을 말하고 있다. 후손들도 이런 훈계의 뜻을 잘 살펴 지켜나가기를 바라고 있다.

　이와 관련하여 이덕무는 몇 가지 무리한 행동들을 삼갈 것을 구체적으로 지적하고 있다.

　첫째, 피로한 말을 타고 가다가 길이 오르락내리락 하는 곳을 만나면 곧장 말에서 내려서 걸어갈 것이다.

그 이유는 말이 힘을 잃고 피로해진 것을 가엾게 여겨서 그럴 뿐 아니라 말이 기진하여 주저앉기라도 하면 말 탄 사람이 엎드러지고 고꾸라지기 십상이기 때문이다. 길 사정이 나쁜데도 피로한 말을 억지로 타고 가는 것은 무리한 일이다.

요즘으로 말하면, 자동차에 이상이 있는데도 억지로 끌고 나가거나 차를 타고 가다가 이상징후가 느껴지는데도 무리하게 운전을 계속한다든지 하여 사고를 당하지 않도록 하라는 말이 될 것이다.

둘째, 교활한 아이와 술 취한 사람과 사나운 말과 미친개는 삼가 피해야 한다.

교동(狡童), 즉 교활한 아이는 순진한 어린이인 척하면서 어른 뺨치는 일을 저지르는 아이이다. 아이이기 때문에 다룰 수 있다고 자만하다가는 큰코다치기 쉽다.

취인(醉人), 즉 술 취한 사람을 정상인 대하듯 상대하다가는 시간과 기운만 빼앗기게 된다. 일찌감치 삼가 피하는 것이 지혜로운 일이다.

한마(悍馬), 즉 사나운 말을 억지로 길들이려고 하다가는 다치기 십상이다.

제견(猘犬), 즉 미친개를 섣불리 제어하려고 하거나 구경삼아 따라가다가 물리기라도 하면 사망에 이를 수도 있다. 한마도 그렇지만 제견도 다룰 만한 사람들에게 맡기고 보통 사람들은 삼가 피하는 것이 좋다.

셋째, 다락의 난간에 걸터앉지 말고, 뱃전에 걸터앉지 말고, 바람이 불어오는 창가에 앉아 귀지를 후비지 말 것이다.

다락의 난간에 걸터앉는 것은 예의에도 어긋날 뿐 아니라 자칫하면 떨어져서 다칠 위험이 있다. 뱃전에 걸터앉는 것도 마찬가지다. 달리는 뱃전에 걸터앉아 있다가 강이나 바다에 빠지면 큰일이다. 아예 위험한 짓은 하지 않는 것이 좋다.

바람이 불어오는 창가에 앉아 귀지를 후비지 말라는 것은 귀를 다칠 위험이 있어서라기보다 바람으로 인하여 귀지가 잘 후벼지지 않을 뿐 아니라 후벼진다 해도 바람에 귀지가 날아가 주변 사람들에게 실례가 되기 때문이다.

넷째, 겹쳐놓은 그릇이나 가득 찬 그릇은 힘을 뽐내어 한 손으로 들어 남에게 주지 말 것이다.

힘을 뽐낸답시고 겹쳐놓은 그릇이나 음식으로 가득 찬 그릇들을 무리하게 한 손으로 들어 남에게 주다가는 그릇들이 무너져 깨어지거나 음식이 쏟아지기 십상이다.

수저를 가지런히 놓아야

  식사를 마치면 필정시저(必整匙箸)하는 습관을 기르는 것이 좋다. 반드시 수저를 가지런히 놓되 손잡이 끝이 상 밖으로 나오지 않게 해야 한다. 그렇지 않으면 상을 물릴 때 수저의 끝부분이 문설주에 부딪혀 수저뿐 아니라 그릇까지도 떨어지기 쉽다.
  이덕무가 어릴 적에 수저 끝이 상 밖으로 나오게 놓았더니 삼촌이 그 점을 지적하며 경계하였다. 그 이후 이덕무는 일생 동안 식사를 마치고 상을 물릴 때마다 삼촌의 충고를 기억하고 수저 끝이 상 밖으로 나가지 않게 가지런히 놓는 습관을 가지게 되었다.
  여기서 보면 '세 살 적 버릇이 여든까지 간다'는 말이 맞는 것 같다. 그러므로 어릴 적부터 좋은 습관을 기르도록 어른들이 관심을 가지고 지적해주며 가르치는 것이 그 아이에게는 일생 동안 유익한 충고와 교훈이 될 수 있다.
  요즘 도시 사람들은 대개 식탁에서 식사를 하는 경향이 있어 상을 물리는 일이 없다. 그래서 수저를 어떻게 놓든 문설주에 걸리는 것을 염려하지 않아도 된다.
  하지만 수저 끝이 식탁 밖으로 나오도록 놓으면 사람이 일어서거나 그 옆을 지나가다가 수저를 건드려 떨어뜨릴 수 있고 수저가 떨어지면서 옆의 그릇을 쳐서 함께 떨어지게 할 수도 있다.

그러므로 이 충고는 현대 도시 가정의 식탁에서도 여전히 유효하다 할 것이다.

그런데 시골은 말할 필요가 없고 도시 가정에서도 종종 식탁에서 식사를 하지 않고 큰 상이나 작은 상을 차려 안방 같은 데서 가족들이 둘러앉아 음식을 나누는 경우가 있다. 그럴 때는 상 밖으로 수저 끝이 나오지 않게 가지런히 놓으라는 '필정시저'의 충고를 더욱 기억해야 할 것이다.

이런 세심한 데까지 마음을 쓰는 어른들이 과연 얼마나 있을까. 어른들이 마음을 쓰지 않으니 아이들에게 가르칠 수도 없다.

식탁에서 먹든 상에서 먹든 수저 끝이 식탁이나 상 밖으로 나오지 않도록, 이덕무의 삼촌처럼 어른들이 먼저 본을 보이고 아이들에게도 가르쳐야 할 것이다.

조심해야 할 곳을 가리켜주어야

 이덕무의 선배 장학성(張學聖)은 기둥들이 심히 낮은 집에 살았다. 그래서 손님들이 집에 와서 문으로 들어가려다가 머리가 들보에 부딪히기 쉬웠다. 장학성은 손님들이 방을 출입할 적마다 반드시 기둥과 들보를 가리키며, "기둥이 낮아서 갓이 부딪힐까 염려됩니다" 하고 주의를 환기시켰다. 이것으로 보아 장학성이 얼마나 성실하고 부지런한 사람인지 알 수 있다. 무엇보다 손님을 세심하게 돌보는 점에서 본받을 만하다.
 주인은 집의 어느 곳이 조심해야 할 데인가 잘 알고 있어야 하고, 손님이 그곳으로 접근할 때는 반드시 주의할 사항을 일러주어야 한다.
 특히 손님이 아이를 데리고 왔을 때는 더욱 그런 점에 유의하여 아이들이 다치지 않도록 해야 할 의무가 있다. 아이들이 날카로운 물건이 있는 곳으로 다가가는데도 주인이 주의를 주지 않으면 아이가 크게 다칠 우려가 있고, 그렇게 되면 아이를 데리고 온 손님과 불편한 관계가 되기 쉽다.
 이것은 집에 온 손님을 대하는 예의일 뿐만 아니라 사회적으로도 공공기관이 국민들에게 봉사하는 태도가 되어야 마땅하다. 거리에 위험한 것들이 깔려 있는데도 공공기관에서 그곳을 가리키며 조심할 것을 말해주지 않는다면 많은 사람들이 다치고 죽게 마련이다.

고속도로가 파손되어 그곳으로 자동차들이 지나가면 교통사고가 일어날 위험성이 있는데도 도로공사에서 주의하라는 팻말 하나 세우지 않고 방치하고 있으면 사고가 일어날 것은 뻔한 일이다. 수많은 유흥업소에서 소방법을 지키지 않고 불량시설물로 영업을 하고 있는데도 소방당국에서 업주에 대해 조치를 취하지 않거나 그곳을 출입하는 사람들에게 주의사항을 일러주지 않는다면 불이 났을 경우 대형사고가 되기 십상이다.

담배에 대해서도 마찬가지이다. KT&G(구 한국담배인삼공사)가 담배의 위험성을 널리 홍보하지 않고 담배 판매실적 올리기에만 열을 올린다면 거대한 부작위 살인 행위를 하고 있는 셈이다. 보건복지부에서는 금연 캠페인을 벌이고 있는데 KT&G에서는 열심히 담배를 생산하고 있으니 이보다 더 큰 모순 정책도 달리 없을 것이다. 물론 담배를 사서 피우는 사람들의 책임도 무시할 수는 없을 것이다.

기둥이 낮은 집 문을 드나들 때는 주인이 주의사항을 일러주지 않더라도 손님 스스로 조심하여 허리를 굽혀야 함은 두말할 나위가 없다.

'출입문호, 필국궁(出入門戶 必鞠躬)'이다.

부녀자들에 대한 예의

남의 집 바깥 사랑채에 들어갔을 때는 안방을 가까이 하여 높은 소리로 말하거나 웃어서는 안 된다. 그리고 배내호(背內戶) 자세, 즉 안방을 등진 자세로 앉아야 한다.

안방에는 부녀자들이 있는 곳이다. 안방을 향하여 가까이 앉아 부녀자들이 다 들도록 높은 소리로 떠들거나 웃어대는 것은 그들에 대한 예의가 아닐 뿐만 아니라 남자로서 처신없는 짓이다.

그런데 대개 남자들은 부녀자들이 있다고 하면 오히려 으스대고 더 큰 소리로 떠들며 웃어대는 경향이 있는데 마땅히 고쳐야 할 버릇이다.

이덕무는 친척집에 가서도 그 집 부녀자들을 보고 감히 말을 붙이거나 웃어서는 안 된다고 하였다.

'남녀칠세부동석'이 지켜지던 조선시대에는 친척집에 가서도 함부로 부녀자들에게 말을 걸거나 마주 보고 웃어서는 안 되었던 모양이다. 지금은 그렇게까지 할 필요는 없지만, 친척집 부녀자들과 너무 친하게 행동하는 것은 삼가야 할 것이다.

명절이 되어 친척들끼리 재미있는 놀이를 할 때도 이 점을 유의하여 일정한 예의를 지키도록 해야 한다. 친척이라 허물이 없다고 함부로 농담을 던진다든지 신체 접촉을 하는 것은 피해야 할 것이다.

친척의 부인이 사람을 보내어 문안을 할 때에는 누워 있다가도 반드시 일어나서 그 문안을 삼가 들어야 한다. 여자가 하는 문안이라고 가볍게 여겨 드러누운 채 듣는 것은 그 부인에 대한 예의가 아니다.

이와 같이 이덕무는 부녀자들이 사회적으로 업신여김을 받던 그 당시에도 부녀자들을 존중하는 자세로 그들에 대해 예의를 지킬 것을 강조하고 있다.

말에서 내릴 때

 정문(旌門)이 세워진 집이나 종손의 집, 항렬이 높은 집에 들어갈 때는 반드시 대문 밖에서 말을 내릴 것이다.
 정문은 충신과 효자, 열녀 등을 표창하기 위하여 그 사람이 사는 마을 입구나 집 문 앞에 세우던 붉은 문을 가리킨다. 작설(綽楔), 홍문(紅門), 홍살문이라고도 한다.
 정문은 붉은색으로 단장하였는데, 그 액(額)에다 충(忠)·효(孝)·열(烈) 등의 글자를 새겨 표창의 종류를 표시하고 그 이름과 직함을 새겼다. 정문의 벽은 흰색으로 칠하고, 네 귀퉁이에 세우는 기둥만을 붉은색으로 칠하여 먼 곳에서도 알아보기 쉽게 하였다.
 처음에는 나라에서 정문을 내리는 절차가 엄격하고 복잡했으나, 점차 정문을 받는 사람이 늘어나고 심사규정도 완화되자 정문도 간소화되어 홍살문만 세웠다.
 이와 같이 사회적으로 존경할 만한 사람이 사는 집이나 가문에서 높은 서열에 해당하는 집에 들어갈 때는 말을 탄 채로 들어가는 실례를 범해서는 안 된다.
 말을 타고 가다가 농부들이 모여 점심을 먹는 곳을 지나가게 될 때는 말에서 내리는 것이 마땅하다. 농부들이 열심히 논을 매거나 밭을 맨 후에 모여서 먹는 새참은 그야말로 꿀맛이다. 그런데 옆에서 말을 타고 가면서 먼지를 일으킨다면 농부들의 식사를 방해하게 된다.

또한 농부들이 모여 점심을 먹고 있는 곳을 말을 타고 휙 지나간다면 먼지 문제뿐만 아니라 그들의 노동에 대해 실례가 된다. 귀한 식량이 되는 곡식 한알 한알이 농부들의 땀과 수고로 영글어진다는 것을 생각할 때 그런 무례를 범할 수는 없다.

그러므로 그런 곳을 지나갈 때는 말에서 내려 말을 조심스럽게 데리고 가야 할 것이다. 농부들에게 인사말과 함께 목례라도 보내면 금상첨화일 것이다.

지금은 말을 타고 다니는 사람이 극히 드물지만 이러한 충고는 여전히 새겨들어야 한다. 가령 논둑에서 농부들이 한차례 일을 마치고 새참을 먹고 있는데 그 논둑길을 승용차가 먼지를 일으키면서 빨리 지나가서는 안 될 것이다. 승용차에서 내

하마비 | 조선시대에는 하마비가 세워진 곳을 지날 때 신분의 고하(高下)를 막론하고 누구나 타고 가던 말에서 내려야 했다. 주로 왕장(王將)이나 성현, 명사의 출생지나 분묘 앞에 세워져 있는 것으로 보아 선열(先烈)에 대한 경의의 표시로 말에서 내렸음을 알 수 있다. 충남 논산 돈암서원 입구.

려 농부들이 새참을 다 먹을 때까지 기다릴 수는 없다 하더라도 승용차를 최대한 천천히 몰아 먼지가 일어나지 않도록 배려해야 할 것이다.

또한 시골 사람들이 모여 활을 쏘는 사정(射亭) 같은 곳을 말을 타고 지나갈 때도 말에서 내리는 것이 좋다. 활을 쏘기 위해서는 정신을 집중해야 하고 정신을 집중하기 위해서는 정숙함이 요구된다. 그런데 옆에서 말발굽 소리가 요란하게 들린다면 정신집중이 어렵게 되고 만다. 그러므로 그런 곳을 지날 때는 말에서 내려 조용히 말을 끌고 가야 한다.

비단 사람들이 활을 쏘는 곳뿐만 아니라 정숙함이 요구되는 지역에서는 말발굽 소리를 함부로 내지 않도록 조심해야 할 것이다.

심야에 주택가 근처에서 폭주족들이 굉음을 내며 오토바이와 자동차를 몰고 다니면서 안면방해를 하는 것은 무례함의 극치라 할 수 있다. 주택가 한복판에 술집과 노래방들이 들어서 밤새도록 고성방가로 안면방해를 해도 아무런 제재가 없는 사회는 이미 예의범절을 잃어버린 패륜사회라 할 만하다.

현대에도 하마(下馬), 즉 말에서 내리는 예절이 절실히 요구되는 이유가 여기에 있다.

친밀한 교제에도 절제가 있어야

　이덕무의 선배들인 현천(玄川) 원중거(元重擧)와 능호(凌壺) 이인상(李麟祥)은 대문을 마주 대하고 살았다. 형제처럼 친하여 서로 제집 드나들듯 방문하며 교제 나누기를 즐겼다. 그러나 그들은 친밀한 교제에도 절제가 있도록 약속을 정했다.
　그것은 '일혼물상왕래(日昏勿相往來)'라는 약속이었다. 날이 어두워지면 서로 왕래하지 말자는 것이었다.
　『예기』「곡례편(曲禮篇)」에 보면 예(禮)의 네 가지 성격에 대하여 말하고 있다. 불유절(不踰節), 불침모(不侵侮), 불호압(不好狎), 불사비(不辭費)가 그것이다. 그 뜻을 차례대로 풀이하면, 모든 일에 분수를 넘지 않으며, 남의 마음을 거슬려 모욕을 주지 않으며, 필요 이상으로 친한 것을 삼가며, 말을 함부로 하지 않는다는 것이다.
　원중거와 이인상은 서로 친밀한 사이였지만 불유절과 불호압의 예절을 지키려고 한 셈이다.
　또한 날이 어두울 때 방문하여 담소를 나누다 보면 시간 가는 줄 모르는 가운데 어느새 통행금지 시간을 넘기기 십상일 것이다. 조선시대 통행금지는 밤 10시부터 새벽 4시까지 시행되었다. 통행금지가 시작되면 인정(人定), 혹은 인경이라 하여 쇠북을 스물여덟 번 쳤고 통행금지가 해제되면 파루(罷 漏)라 하여 쇠북을 서른세 번 쳐서 사람들에게 알렸다.

이덕무는 원중거와 이인상 같은 선배들도 통행금지 시간을 범하지 않으려고 조심한 점을 들면서 그러한 선배들을 본받을 것을 권면했다.

요즘은 통행금지 제도가 없기 때문에 사람들이 밤늦도록 방자하게 놀기 쉽다. 비록 통행금지 제도가 없다 하더라도 부득이한 사정이 없는 한 조선시대처럼 밤 10시 이전에는 집에 들어가도록 하는 것이 좋지 않을까 싶다.

능호 이인상 | 이덕무는 이인상과 원중거와 같은 선배들이 친밀한 교제를 나누면서도 절제 있는 행동을 보인 것을 본받자고 하였다. 작자 미상. 국립중앙박물관 소장.

법을 잘 지키는 사람이 놀림받는 세상

이덕무가 살던 시대에도 사람들이 법을 잘 지키려고 하기보다 법을 교묘하게 어기면서 자기 이익을 챙기며 그런 행각을 오히려 자랑하고 다니는 자들이 많았던 모양이다. 더 나아가서 그들은 법을 잘 지키는 자들을 보면 겁이 많고 나약하다면서 손가락질하며 비웃기 일쑤였다.

이덕무는 사람들이 법을 잘 지키지 않는 예로 호패(號牌) 패용을 어기는 범법행위를 들고 있다.

조선시대에는 16세 이상의 남자이면 호패를 차야 한다는 법이 있었다. 호패는 오늘날의 주민등록증과 비슷한 것으로 그 목적은 호구(戶口)를 명백히 하여 인구를 파악하고, 직업과 계급을 명시하여 신분을 증명하는 데 있었다. 또한 유민을 방지하고 호적 편성에 누락되거나 허위로 조작하는 사례를 방지하는 목적도 있었다.

그 기원은 원나라에서 비롯되었는데, 고려말 이 제도를 본떠 군정(軍丁)에 한해서 호패를 패용하게 하였으나 잘 시행되지 않았다. 조선시대에 들어와 1398년(태조 7) 이후 호패제도 실시에 대한 논의가 꾸준히 제기되다가 1413년(태종 13) 9월 황사후(黃士厚)의 건의로 시

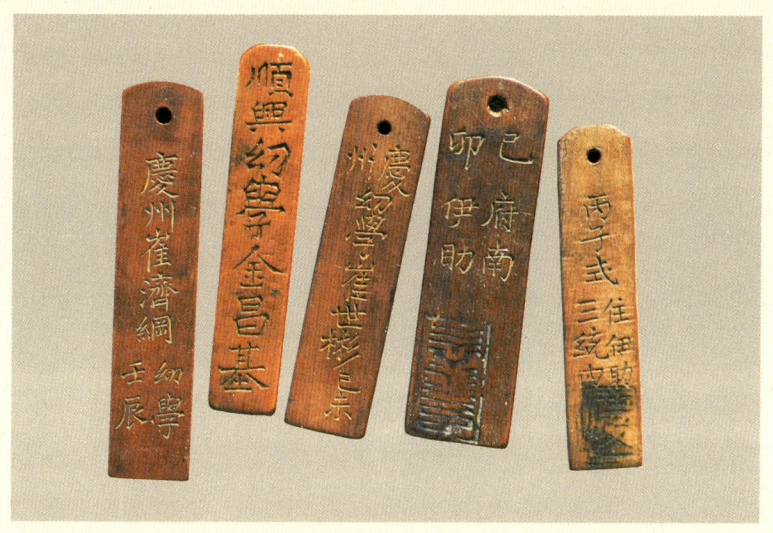

호패 | 이덕무는 사회에서 본을 보여야 할 사대부 계층이 오히려 더욱 호패법을 지키지 않는 것을 개탄했다.

행되기에 이르렀다.

그 후 숙종 초까지 다섯 차례나 중단되었다가 실시되는 등 변천을 겪으며 고종 때까지 지속되었다. 이와 같이 여러 번 중단된 것은 호패제도 실시에도 불구하고 유랑민이 감소되지 않았고, 양인(良人)들은 호패를 받으면 곧 호적과 군적에 올려져 군인으로 뽑히거나 과중한 국역(國役)이 부여되어 이를 기피하는 경향이 있었기 때문이다.

더구나 양인들이 국역을 피하기 위하여 양반의 노비로 들어가는 경우가 많아 양인 수가 줄어들었으며 각양 형태로 호패법을 위반하는 자들을 일일이 처벌하기도 번거로울 지경이 되었다. 이에 따라 민심이 소란하여 호패폐지론이 제기되기도 하였다. 그러나 도적과 유민을 방지할 수 있고 모든 백성의 신분과 직임을 밝힐 수 있으며, 군인 확보에 유리한 점을 들어 복구해야 한다는 호패실시론자들도 있었다.

이런 논란으로 인하여 호패제도는 처음 실시된 1413년부터 1675년까지 260여년 사이에는 18년 정도만 실시되었다. 그러다가 그 이후로는 어느 정도 지속적으로 실시되었다.

이덕무가 살던 당시에도 호패법을 제대로 지키지 않는 자들이 많았던 모양이다. 그들은 호패법을 잘 지켜 국가가 요구하는 의무를 충실하게 감당하는 사람들을 보고 오히려 겁이 많고 나약한 자들이라고 놀려댔다.

이런 경향은 사회에서 본을 보여야 할 사대부 계층이 더욱 심했다. 이덕무는 이 사실을 개탄하며 나라의 법을 '계지물범(戒之勿犯)', 즉 주의하여 범하지 말 것을 강력히 호소하고 있다.

요즘도 나라의 법을 가볍게 여기고 교묘하게 어기는 자들이 법을 잘 지키는 자들을 오히려 업신여기는 경향이 있다. 특히 세법과 관련해서 더욱 그런 경향이 있는 것 같다. 세금을 적게 내거나 아예 내지 않기 위해 각종 편법을 쓰는 자들이 세법을 잘 지켜 납세의무를 충실히 감당하는 자들을 어리석은 자라고 비웃고 있다. 이런 현상은 나라를 좀먹는 일로 심히 경계해야 할 일이다.

어른들을 대할 때에는

여기서 어른이라 함은 높은 벼슬을 가진 재상과 같은 사람, 고귀한 사상을 가졌던 성현들, 나이 많은 노인, 친척 어른들, 가족 중 부형(父兄) 등을 가리킨다.

이런 어른들의 이름이나 자(字)는 함부로 터놓고 부르지 않도록 주의해야 한다.

서양에서는 어른들의 이름을 자기 친구 부르듯이 부르지만 동양에서는 각 경우에 따라 호칭을 달리하는 등 지켜야 할 예의가 있는 법이다.

부형과 친척 어른들의 편지, 성현께서 남기신 말씀, 가문에서 보내는 소식 등을 읽을 때는 번듯이 누워서 게으르게 읽어서는 안 된다. 편지라고 하더라도 그것을 보내신 어른이 옆에 있는 것처럼 일어나 앉아 공손한 자세로 읽어야 할 것이다. 『논어』, 『맹자』 같은 성현의 말씀들이 기록되어 있는 고전을 읽을 때도 그 성현의 서당에 들어가 배우는 것처럼 자세를 바로 하고 진지한 마음을 가져야 할 것이다.

어른들과 더불어 말할 때는 다음 네 가지를 삼가도록 주의해야 한다.

해어(諧語)

익살스러운 말을 뜻한다. 가벼운 농담이나 실없는 말들은 어른들 앞에서는 삼가야 할 것이다. 물론 유머를 전혀 사용하지 말라는 것은 아니지만 유머도 지나치면 방자하기 쉬우므로 적절하게 구사하도록 조심해야 한다.

평좌(平坐)

느슨한 자세로 편안히 앉는 것을 말한다. 어른들과 대화를 나눌 때 너무 주눅이 든 자세도 좋지 않지만 두 다리를 반쯤 뻗고 있다든지 하여 너무 편안한 자세를 취하는 것도 좋지 않다.

측좌(仄坐)

비스듬히 기운 자세로 앉아 있는 것을 가리킨다. 어른들과 말할 때는 한쪽 무릎을 세우거나 한쪽 손으로 방바닥을 짚어 자세가 비뚤어지도록 해서는 안 된다.

대좌(對坐)

마주 대하고 앉는 자세를 뜻한다. 어른들과 대화를 나눌 때는 똑바로 마주하여 앉는 것보다 약간 각도를 튼 자세로 공손하게 앉는 것이 좋다.

제사를 지낼 때 주의해야 할 점들

　제사를 드릴 때 세수를 늦게 하여 관대를 착용하는 것이 남보다 뒤처져 허겁지겁 제대로 갖춰 입지도 못하고 참석하는 일이 없도록 할 것이다. 남보다 먼저 준비하는 자세를 가지라는 말이다.
　이런 습관은 평소에 길러두는 것이 좋다. 남과 더불어 서로 모이기를 약속했으면, 필선부(必先赴), 즉 반드시 먼저 가서 기다리도록 해야 한다. 비록 바람이 불고 비가 오더라도 그런 것으로 핑계를 대지 말고 '필선부'의 예절을 지켜야 한다.
　요즘은 약속 시간에 늦으면 교통체증을 이유로 들곤 하는데 사실은 변명에 불과한 경우가 많다. 교통체증까지도 염두에 두고 일찍 서둘러야 마땅할 것이다.
　이와 같이 필선부의 예절을 평소에 지키는 습관을 기르면 제사에 늦어 허둥대는 일은 없을 것이다.
　제사를 지낼 때는 너무 빨리 지내지도 말고 너무 더디게 지내지도 말아야 한다. 또한 처음에는 조심스러운 태도를 취하다가도 나중에는 자세가 흐트러져 느슨해지는 경우가 있는데 그러지 않도록 주의해야 한다.

제사 | 제사를 지낼 때 정결한 몸가짐과 마음가짐으로 임하는 것은 다른 중요한 예식이나 의식을 치를 때에도 해당된다. 도산서원 가을 향사.

제사에 참석하여 오랫동안 서 있는 바람에 피로하더라도 한쪽 발을 옆으로 내뻗거나 하품을 해서는 안 된다. 제물을 차릴 때는 반드시 왼손으로 오른쪽 옷소매를 걷어쥐도록 해야 한다. 그렇게 해야 소매가 제물에 닿지 않게 되고 옷이 음식물에 젖지 않게 된다. 소매가 제물에 닿아 제물이 쓰러지거나 떨어지면 제사를 드리는 대상에 대해 큰 실례를 범하는 셈이 된다.

제사를 지낼 때에 비록 자녀와 조카들, 부녀자들이 일을 소홀히 하고 경솔히 하는 점이 보이더라도 그 자리에서 당장 꾸짖어서는 안 된다. 그렇게 하면 제사의 분위기가 깨지고 만다. 한쪽으로 불러내어 조용히 지도하고 가르치는 것이 좋다. 제사를 지낼 때는 고생하는 부녀자들을 돌아보는 마음을 가지고 화를 내지 않도록 주의하며 온화한 분위기가 유지되도록 해야 한다.

이덕무의 외증조부 금평위 박공(朴公)은 제사를 지내기 전 목욕 재계하는 날에는 언제나 눈물을 줄줄 흘리며 울었다. 그만큼 조상 앞에서 자신을 반성하고 진지하고 신중한 마음으로 제사를 준비하였다. 나이 아흔 살이 넘었어도 목욕재계하는 일에 소홀하지 않았다.

이런 어른들을 본받아 제사를 지내기 전에 몸과 마음을 정결하게 할 때는 비록 손님이 있더라도 함부로 말하고 웃어서는 안 될 것이다.

위와 같은 권면은 비단 제사를 지낼 때만 해당하는 것은 아닐 것이다. 살아가면서 중요한 예식이나 의식을 치르게 될 때 참고할 만한 내용이다.

부모상을 당했을 때는 의심 받을 짓은 피해야

나일봉(羅一峯)은 부모상을 당했을 때 주의할 점을 다음과 같이 말했다.

부모상을 당했을 때는 모름지기 피혐의(避嫌疑), 즉 의심 받을 짓은 피해야 한다. 의심 받을 짓을 하면서 스스로 잘못이 없을 것이라고 믿어서는 안 된다. 자고로 더러운 욕을 먹은 사람들을 보면 부모상을 당했을 때 의심 받을 짓을 한 자들이다. 그럴 경우 남들이 그를 모욕한다고 해도 변명할 길이 없는 법이다.

이덕무는 나일봉이 말한 '피혐의' 세 글자는 부모상을 당했을 때 반드시 명심해야 할 구절이라고 강조하고 있다.
진수(陳壽)는 정사(正史) 『삼국지(三國志)』를 저술하여 문명을 날렸으나 부친상을 당했을 때 여종으로 하여금 환약(丸藥)을 만들게 함으로써 마을 사람들로부터 비난을 받고 그로 인해 그의 명성이 떨어지게 되었다.
여종으로 하여금 환약을 만들게 한 것이 그렇게 비난 받을 일인가.

진수는 자기 몸이 허약하거나 병이 있어 환약을 짓도록 했을 것이다. 진수는 부친상을 잘 치러내기 위해서 자신이 쓰러져서는 안 된다는 생각으로 약을 지었을 수도 있으나, 다른 사람들이 볼 때는 부친이 돌아가셨는데도 자기 몸만 생각하여 약을 지어 먹는 불효를 범했다고 오해할 법도 하다. 더 나아가 여종과 관계를 맺기 위해 정력을 보강했을 것이라는 말도 듣기 쉽다.

이와 같이 자기로서는 아무리 떳떳하다 해도 부모상을 당했을 때는 극히 조심하여 다른 사람들로부터 의심 받을 짓은 아예 하지 않는 것이 좋다.

사혜련(謝惠連)은 회계군(會稽郡) 관리 두덕령(杜德靈)을 사랑하여 부친상을 당했는데도 그에게 오언시(五言詩)를 지어 보냄으로써 그 소문이 세상에 퍼져 벼슬에서 쫓겨나게 되었다. 부친상을 당했을 때는 시 같은 것을 지어 다른 사람에게 보내는 일도 삼가는 것이 좋을 것이다.

당(唐)나라 헌종 때 부마도위 우계우(牛季友)는 모친상을 당했을 때 진사 유사복(劉師服)과 함께 잔치를 벌이고 술을 마시고 놀았는데, 이 일로 인해 우계우는 벼슬에서 쫓겨나고 볼기 40대를 맞고 충주(忠州:중국 지명)로 귀양 갔다. 유사복 역시 볼기 40대를 맞고 연주(連州)로 귀양 갔다. 우계우의 아버지 우적(牛頔)은 아들을 잘못 가르쳤다고 하여 벼슬이 깎이고 말았다.

중국 오호십육국의 하나인 후진(後秦) 제2대 황제 요흥 때 황문시랑을 지낸 고성선(古成詵)은 세상의 옳고 그름을 가려내는 일을 자신의 사명으로 알고 있었다. 그런데 수도 장안에 사는 위고(韋高)라는

자가 모친상을 당했는데도 거문고를 타고 술을 마셨다는 소문이 고성선에게 들려왔다.

고성선은 이 소문을 듣고 울면서 말했다.

"내가 기어코 칼을 가지고 가서 위고의 목을 베어 풍속을 올바르게 세우리라!"

그러고는 칼을 차고 위고를 찾으러 갔다. 위고는 이 말을 전해 듣고 혼비백산하여 도망을 가 숨어 지내며 죽을 때까지 세상에 나타나지 않았다.

이덕무는 이와 같은 예를 들면서 부모상을 당했을 때는 특히 식색성시(食色聲詩)에 있어 의심 받을 짓을 피하도록 권면하고 있다. 즉 먹고 마시는 일, 여색을 좋아하는 일, 음악을 즐기는 일, 시를 지어 보내는 일 등이 그것이다.

여기서 현재 우리나라에서 치러지고 있는 부모상을 비롯한 여러 종류의 장례 문화에 대해 생각해볼 점들이 있다. 부모상을 당했든 형제상을 당했든 대부분의 상가(喪家)는 문상객들을 위해 음식과 술들을 준비한다. 처음에는 엄숙하던 분위기가 술판이 벌어지고 화투판이 벌어지고 하면서 시장 바닥처럼 어수선해지고 만다. 심지어 술에 취한 문상객들이 서로 주먹질을 하며 싸우는 추태를 벌이기도 한다.

문상객들이 스스로 술을 절제하기를 기대하기는 힘들므로 처음부터 상가에는 술을 준비하지 않는 방향으로 장례 문화를 바꾸어가는 것도 바람직할 것이다.

부모상 | 오늘날의 상가집에서는 문상객들 사이에 술판과 화투판이 벌어져 시장 바닥처럼 어수선해지기 십상이다. 이덕무는 상중에 식색성시와 관련해 의심 받을 짓을 피하도록 권하고 있다. 경남 합천. 추연 권용현 장례식(1986).

날씨를 원망하다 쫓겨난 여자

『서경』에 보면 '기한서우, 하민원자(祁寒暑雨 下民怨咨)'라고 하였다. 모진 추위나 더위, 많은 비가 오면 어리석은 백성들은 원망하고 탄식한다는 뜻이다.

평양 사람 황집암(黃執庵)은 성질이 올곧은 선비였다. 어느 날 아내가 무슨 일을 하려는데 비가 와서 하지 못하게 되자 그만 화를 내며 비를 두고 욕을 하였다. 아마도 "망할 놈의 비!" 하며 욕을 했을 것이다. 집암이 그 말을 듣고 아내를 책망했다.

"당신이 한 말은 곧 하늘을 원망하는 소리오. 어찌 하늘을 원망하단 말이오(天可怨乎)?"

그러고는 아내를 마치 귀양을 보내듯이 친정으로 돌려보내어 며칠 동안 반성을 하고 돌아오도록 했다.

집암이 한 일이 꼭 옳다고는 할 수 없다 하더라도 속이 좁고 급한 사람은 경계로 삼을 만한 일이다. "빌어먹을 날씨!" 하며 하늘을 원망하고 욕하는 일은 삼가야 할 것이다.

왕양명(王陽明)이 하루는 아침에 일찍 일어나서 날씨가 어떤가 하고 하늘을 올려다보았다. 그런데 비가 조금씩 내리고 있었다. 그 순간, 왕양명은 자기 마음속의 생각을 느끼고 반성하지 않을 수 없었다.

그 무렵 날씨가 건조하여 농부들을 비롯한 대부분의 사람들은 비가 오기를 간절히 기다리고 있었는데 왕양명 자신은 나들이를 하기 위해 비가 그치기를 은근히 바랐던 것이었다.

"남들은 비가 오기를 바라는데 내가 어찌 날이 개기를 바랄 것인가?"

이런 점에까지 반성을 할 줄 안 왕양명은 진정한 선비라 할 수 있다.

이와 같이 평소에 날씨를 원망하지 않고 하늘을 욕하지 않는 습관을 기를 때 하늘의 도리에 순종하여 사는 법을 익힐 수 있는 법이다.

날씨를 원망하고 하늘을 욕한 황집암의 아내가 집에서 얼마 동안 쫓겨났듯이 우리가 하늘을 원망하는 말을 하게 되면 하늘이 주는 축복에서 그만큼 멀어질지도 모른다.

남의 글을 비평하고 고칠 때는

남이 자기가 쓴 시문(詩文)을 비평해달라고 부탁했을 때, 글이 아주 잘되었다고 여겨지면 고칠 부분이 있을 경우라도 반드시 정갈하게 표시를 하여 세말(細抹), 즉 가는 글씨로 수정하는 것이 좋다. 결코 난필도완(亂筆塗浣)해서는 안 된다. 어지럽게 붓질을 하여 지우거나 더럽혀서는 안 된다는 말이다.

글이 아주 잘되었다고 여겨질 경우는 물론이고 글이 모자란다고 여겨질 경우에도 난필도완은 삼가야 할 것이다. 어디까지나 그 글은 쓴 사람의 생각에서 나온 것이지 비평하는 사람의 것은 아니다. 비평하는 사람이 속단하여 남의 글을 함부로 고치지 않도록 주의해야 하고, 고치게 되는 경우에도 다시 한 번 글을 쓴 사람의 생각과 입장을 되짚어보는 것이 필요하다.

요즈음 논술지도니 창작지도니 하여 남의 글을 봐주고 수정해주는 사람들이 늘고 있다. 글을 지도하는 자가 군림하는 자세로 빨간색연필을 휘갈기며 난필도완하기 쉬운데, 어디까지나 글을 쓴 사람을 존중하여 수정이 필요한 부분은 가는 연필로 정갈하게 밑줄을 긋는다든지 하여 표시하고 역시 가는 연필로 수정을 하는 것이 좋다.

출판사에서 편집부 직원들이 작가나 필자의 원고를 수정할 때도 교리화된 교정 교과서나 자기 문체에 맞게 함부로 교정해서는 안 되고, 수정이 필요하다고 여겨지는 부분은 일단 정갈하게 표시하고 그 위나 옆에 고친 문장을 연필로 써서 작가나 필자에게 문의해보는 순서를 밟아야 할 것이다.

또한 어떤 단어에 대해 자신의 상식에 비추어 쉽게 단정을 내리고 일방적으로 교정을 하는 것도 삼가야 할 것이다. 가령 필자가 '도량(道場)'이라고 썼는데 교정자가 이것은 필자가 '도장'이라고 쓸 것을 잘못하여 도량으로 쓴 모양이라고 나름대로 추측하여 필자와 의논하지도 않고 도장으로 바꾸어버리면 다른 뜻이 되고 만다. 불도를 닦는 곳, 곧 절을 말할 때는 '道場'을 도장이라고 읽지 않고 도량으로 읽는다.

특히 출판사에서 외부인에게 원고 교정 일을 맡길 때 외부 교정자가 의욕이 넘친 나머지 난필도완하는 경우가 왕왕 있는데 그 점도 주의해야 할 것이다. 외부 교정자 역시 '세말'의 예의를 지키고 고칠 부분이 있을 때는 필자와 의논하도록 해야 한다.

이덕무는 임금이 지은 글과 글씨, 남의 부인이 쓴 필적은 '망가자평(妄加訾評)'하지 말라는 충고도 덧붙이고 있다. 망령된 말로 헐뜯거나 비평을 해서는 안 된다는 말이다.

요즘 우리나라 대통령의 말과 글들은 발표되는 즉시로 '망가자평'을 당하는데 나라의 체면을 생각해서라도 대통령에 대해 평을 할 때는 좀더 신중하게 말들을 골라서 써야 할 것이다.

절간에 갔을 때는

　승축(僧軸), 즉 스님이 글을 적어놓은 두루마리에 시를 지어 넣지 말라고 하였다. 그것은 남의 그림에 함부로 붓을 대는 것과 같고 소중하게 여기는 책에다 낙서를 하는 것과 같다.
　또한 절에 들어가면 불상을 조롱하거나 모욕하지 말아야 한다. 종교가 다르다고 불상을 향해 손가락질을 하며 저런 것은 불태워 없애야 한다는 따위의 말을 해서는 안 된다. 자기 종교 신념에 충실하여 그런다면 아예 처음부터 절간에 들어오지 않는 것이 나을 것이다.
　아무리 종교가 다르더라도 일단은 상대방이 믿는 종교를 존중하는 태도를 가지고 대해야 할 것이다.
　그리고 손톱으로 금 불상을 긁지 말아야 한다. 손톱으로 긁는 것은 불상에 입힌 금박을 벗겨 팔아먹으려는 의도로 그럴 수도 있고, 불상에 묻은 금가루를 먹으면 자식을 낳게 된다는 따위의 미신을 믿고 그럴 수도 있을 것이다. 어느 경우이든 불상을 훼손하는 것은 좋지 않다.
　절간에 걸려 있는 액자들에 자기 이름 같은 것을 써넣어도 안 된다. 사람들은 명승지나 유명한 절에 오면 자기가 왔다 갔다는 사실을 기념으로 남기기 위해 어딘가에 이름을 새겨놓고 가는 경향이 있다. 바위 틈 같은 데 새기고 가는 것은 어떤지 몰라도 사람들이 올려다보는 절간 액자에 이름을 적어놓고 가는 것은 무례한 짓이다.

고기로써 스님의 바리때를 더럽히지 않도록 해야 한다. 스님들이 고기를 먹지 않는 것을 놀리기 위해 스님의 밥그릇에 일부러 고기를 넣어두어 고기 냄새가 배게 하는 것은 악취미 중의 악취미라 할 수 있다.

이덕무는 이와 같이 절간에서 삼가야 할 행동들에 대해 말하면서 이것은 부처를 섬기느냐 섬기지 않느냐 하는 문제를 떠나서 인간으로서 기본적으로 삼가 지켜야 할 도리라고 하였다. 종교인이기 이전에 우리는 우선 인간으로서 마땅히 갖춰야 할 도리가 있는 법이다. 종교도 인간다운 인간이 되기 위해 있는 것이 아닌가.

약하고 어려운 사람들을 놀리지 말라

좀 모자라 어리석은 자나 구걸할 정도로 아주 가난한 자, 등이 굽은 척추 장애인, 상복을 입고 있는 자 등을 보면 사람들은 조롱하고 놀리기 일쑤다. 이는 어진 마음과는 거리가 먼 것으로 삼가야 할 일이다. 도리어 언행을 조심하여 성의온언(誠意溫言), 즉 정성스러운 마음과 따뜻한 말로써 그들을 대해야 할 것이다.

특히 어린아이들이 이런 어려운 사람들을 보고 따라가면서 웃어대고 놀리기가 쉬운데 철이 없는 아이들을 단단히 꾸짖어 버릇을 고쳐놓아야 할 것이다.

더군다나 학질에 걸려 부들부들 떨고 있는 환자에게 더러운 것들을 약이라고 속여 먹여서는 안 될 것이다. 안 그래도 두려움에 젖어 있는 환자를 갑자기 놀라게 해서도 안 된다.

사람은 자기보다 강한 자들에게는 비굴하고 자기보다 약하고 어리석다고 여겨지는 자들은 얕잡아보는 경향이 있다. 그러나 성현들은 약하고 어리석은 자들이 오히려 섬겨야 할 대상임을 강조하고 있다.

예수나 석가모니가 위대한 것도 이 땅에 와서 약하고 어리석은 사람들을 '성의온언'으로 섬기는 삶을 살았기 때문이다. 인도 빈민의 어머니 마더 테레사(Theresa of Calcutta)도 바로 이런 점에서 위대하다 할 것이다.

부녀자들, 특히 이웃집 처녀를 조롱하거나 놀라게 해서도 안 된다.

장생준(張生僎)은 몸가짐을 삼가는 선비였다. 그는 어릴 적에 이웃집 울타리 밑에서 놀다가 무심결에 담장 너머로 안을 흘끗 들여다보았는데 그 집 처녀가 크게 놀라고 두려워하는 것을 보고는 얼른 엎드려 몸을 숨기고 감히 눈을 돌려 그 처녀를 보려 하지 않았다.

담장이나 벽이 허술하더라도 남의 집을 엿보지 않도록 해야 한다. 그 집에 있는 부녀자들이 놀라기 쉽기 때문이다.

그런데 든든한 담장과 벽을 하고 있는데도 굳이 남의 집을 엿보아 부녀자들의 용태를 훔쳐보려는 자들이 있다.

요즘은 심지어 소위 몰래카메라로 화장실이나 탈의실, 욕실에 있는 부녀자들의 모습을 찍어 인터넷에 유포하거나 변태적인 쾌감을 얻으려는 자들도 있다. 더 나아가 만원 지하철이나 버스에서 성추행을 함으로써 부녀자들을 놀라게 하는 자들도 많이 있다.

이런 자들은 크게 반성하고 장생준에게서 몸가짐을 삼가는 법을 배워야 할 것이다.

배우는 자는 몸가짐을 삼가기를 처녀같이 하여야

일찍이 정한강(鄭寒岡)은 배우는 자의 자세에 대해 다음과 같이 말하였다.

> 공부하는 자는 스스로 몸가짐을 삼가며 바로잡기를 마땅히 처녀와 같이 해야 한다. 조금이라도 더럽힘을 당해서는 안 된다.

처녀가 몸을 더럽히지 않으려고 조심하듯이 공부하는 자도 그러한 자세로 자기 자신을 지켜나가야 학문의 길을 계속 갈 수 있는 법이다. '불가일점수오(不可一點受汚)', 조금이라도 더럽혀져서는 안 된다는 이 구절이 부담스럽기는 하지만 학문을 하는 사람이 두고두고 명심해야 할 문구다. 세상 명예나 권력욕에 이끌린다든지 물욕이나 쾌락에 흔들려서는 학문의 길을 꾸준히 가기가 힘들게 된다.

수많은 재능 있는 학자들이 이런 면에서 실패하여 제대로 학문다운 학문을 하지 못하고 도중하차 하다시피 하였다.

배우는 자의 순결성은 비단 학문에서만 요구되는 것은 아니다. 예술이나 종교의 길도 마찬가지다.

그런데 요즘 처녀들은 조선시대 처녀들과는 달리 몸가짐을 삼가지 않는 경향이 있으니 현대인의 시각에서는 정한강의 비유가 적절하지 않은지도 모른다. 처녀라는 단계를 넘어 수녀나 성녀로 비유해야 하지 않을까 싶기도 하다. 다시 말해 '당여처자(當如處子)'가 아니라 '당여수녀(當如修女)'나 '당여성녀(當如聖女)'쯤으로 문구를 바꾸어야 하지 않을까.

그러고 보면 학문의 길이나 예술의 길 역시 종교의 길과도 통한다고 할 수 있다.

어느 늙은 병사의 지혜

조청헌(趙淸獻)이 성내에 있는 어느 기생에게 반하여 숙직을 하는 늙은 병사에게 명하여 그녀를 불러오게 하였다. 늙은 병사가 그 기생을 데리러 간 사이에 조청헌은 방 안을 왔다 갔다 하며 혼자 중얼거렸다.

"조변(趙抃:조청헌 자신의 이름)이 이런 염치없는 짓을 해서는 안 되지."

조청헌은 늙은 병사가 곁에 있으면 당장이라도 자신의 명령을 취소하고만 싶었다. 드디어 병사가 조청헌 앞에 다시 왔다.

"그래 기생은 데리고 왔나?"

조청헌은 병사가 기생을 데리고 왔으면 즉시 돌려보내리라 마음먹고 있었다. 늙은 병사가 대답했다.

"상공의 표정을 보아 하니 후회막급이시군요. 저는 상공께서 그런 생각을 하시는 것은 한순간에 지나지 않고 곧 그만두실 것이라 여겨, 비록 명령은 받았으나 실은 그 기생을 데리러 가는 척만 하였습니다."

"오, 그래 데리고 오지 않았단 말이지?"

조청헌은 비로소 안도의 한숨을 쉬었다. 만약 그 병사가 기생을 데리고 왔다면 조청헌이 즉시 돌려보내리라 마음먹긴 했지만 기생을 보는 순간 마음이 어떻게 변했을지는 자신도 모를 일이었다. 기생을 아예 데리고 오지 않은 늙은 병사가 그렇게 고마울 수 없었다.

오진(吳普)은 이 일에 대해 다음과 같이 언급했다.

자고로 성현이 되느냐 간사한 인간이 되느냐 하는 것은 한순간의 생각에 달린 것인데, 요즘 사람들은 조청헌처럼 스스로 마음을 돌이키는 일을 잘 하지 않는다. 또한 주변에서 나의 심사를 잘 헤아려 미리 바로잡아줄 늙은 병사와 같은 사람을 과연 찾을 수 있을까 염려가 된다. 한순간의 생각을 이겨내는 법을 알지 못한다면 천년만년을 산들 무슨 소용이 있겠는가?

소요부를 배워라

　주일시(朱一是)는 말하기를, '자고로 벼슬을 하지 않고 시골에서 안빈낙도한 사람들 중에서 소요부(邵堯夫), 즉 소강절(邵康節) 선생 같은 분이 없다'고 하였다.
　소유부가 행한 일을 상고해보면, 그는 오직 지극한 정성으로 남을 대접하였다. 이것이야말로 정말 인정(人情)이라 할 만했다.
　소요부는 일찍이 다음과 같이 말했다.

　착한 사람은 진실로 가까이 해야 할 것이나 아직 잘 알지 못한다면 급히 화합해서는 안 된다. 악한 사람은 진실로 멀리해야 할 것이나 아직 멀리하지 않았다면 급히 버려서는 안 된다. 그렇지 않으면 반드시 뉘우치고 원망하게 될 것이다.

　착한 사람이라고 해서 잘 알아보지도 않고 무조건 급히 사귀어서도 안 되고, 악한 사람이라고 해서 아직 대인관계를 맺고 있는 사람을 급하게 배척해서도 안 된다는 말이다. 이것은 인정에 대해 깊이 아는 사람이 아니고는 할 수 없는 말이다.

어느 날 소요부가 낮잠을 자다가 머리맡 병풍 그림에서 어린아이들이 장난을 하고 있는 모습을 보고는 그 위에 시를 하나 지어놓았다.

세속을 떠나 은거하는 사람에게 베개에 의지하여 아이들의 장난하는 것을 구경하게 하는구나.

세상 욕심을 버린 자가 맛보는 한낮의 무료와 안빈낙도를 시로 지은 셈이었다.
그런데 나중에 『이천격양집(伊川擊壤集)』이라는 책을 묶을 때는 이 시를 싣지 않았다. 사람들은 대개 자기가 시를 잘 쓴다고 생각하면 잘된 시나 잘 못된 시나 구별하지 않고 경솔하게 책에 싣는 경향이 있는데, 소요부는 결코 그렇게 하지 않고 자기 시에 대해서도 엄격하였다.
인간관계에서나 예술을 하는 자세에서 소요부를 배울 점이 많이 있다 할 것이다.

삼가 본래의 분수를 지켜라

　각수소분(恪守素分), 즉 '삼가 본래의 분수를 지키라'는 교훈은 여러 경우에 적용될 수 있다. 본래의 분수를 지킨다는 말은 본래의 마음으로 돌아온다는 뜻이기도 하다.
　술에 취하면 본래 조심성이 있고 온화하던 사람도 제정신을 놓고 미친 사람처럼 행동하기도 하는데 이런 경우에 '각수소분'의 자세가 더욱 필요하다.
　바둑에 지고 나면 평소에는 겸손하고 사양하기를 잘하던 사람도 꼭 이겨보겠다는 마음으로 노여움을 품기 쉽다. 이때도 본래의 마음을 돌아가 자신을 진정시켜야 할 것이다.
　공자는 '지사 불망재구학(志士 不忘在溝壑)'이라고 하였다. 뜻있는 선비는 누추한 곳에 살기를 각오해야 한다는 뜻이다.
　그와 같이 선비는 원래 곤궁하게 살기를 각오한 사람들이다. 그런데 이런 본래의 분수를 지키지 않고 재물에 욕심을 부리기 시작하면 그 폐단은 걷잡을 수 없게 된다.
　위에 인용한 공자의 말씀 중 '지사'라는 말 대신에 학자, 예술가, 종교인 등을 대입해도 될 것이다. 학자, 예술가, 종교인들이 본래의 분수를 지키지 않고 부자가 되려고 한다든지 하면 그 학문과 예술, 종교가 피해를 입을 뿐만 아니라 주변 사람들에게도 좋지 않은 영향력을 끼치게 된다.

지조를 지키는 것도 본래의 분수를 지킨다는 말과 같은 뜻일 것이다. 지조를 지켜 악해지는 것을 막으면 성현이 될 수 있는 터전이 마련되는 것이고, 지조를 지키지 못하여 악해지는 것을 방치하면 도적이 되고 마는 것이다.

재물을 긁어모으려는 생각이 들면 이것이 도적의 심보라는 것을 알아야 하고, 여색을 가까이하려는 생각이 자꾸 나면 이것이 곧 간음이라는 것을 알아야 한다.

여색을 생각하는 것은 인생을 허비하는 것으로 몸과 재물을 쓸데없이 낭비하는 어리석음을 범하게 된다.

재물에 있어서는 아무런 생각이 없고 여색에 있어서는 기력이 없는 자인 것처럼 하는 것이 어질고 착한 선비가 취할 태도다.

병이 없으면서도 몸을 보강한다고 약을 즐겨 먹는 사람은 도리어 건강을 해치기 쉽다. 집안에 별일이 없는데도 조상의 무덤을 자주 파서 옮기는 사람은 조상을 편하게 하는 것이 아니라 오히려 조상의 뜻을 거슬러 번거롭게 하는 것이다.

이와 같은 풍습이 이덕무 당시에는 고질병처럼 퍼졌던 모양으로 이런 일들을 사람들이 반성하지 않는 것을 이덕무가 한탄하고 있다. 이것도 본래의 분수를 지키지 않은 결과인 셈이다.

박경유(朴景愈)는 침착하고 온화하며 조용하고 부지런하며 인자하고 착하였다. 말하자면 좋은 성품은 다 갖추고 있었다. 그가 그와 같은 사람이 된 것은 앉는 자리 오른편에 써놓은 좌우명을 늘 들여다 보며 그것을 착실히 지키며 삼가 살폈기 때문이다.

그 좌우명은 '보양정력(保養精力)'과 '이회기상(理會氣像)'이라는 문구였다. 신체의 기운을 보강하고 마음과 몸가짐을 어떻게 가져야 하는가 깨달아 알기를 힘쓴다는 뜻이다. 다시 말해 육체와 정신을 아울러 삼가 지키며 강하게 한다는 말이다.

앞의 문구는 형서(邢恕)가 한 말이고, 뒤의 문구는 여영공(呂榮公) 이 한 말이다. 몸이 약하여 몸가짐을 반듯하게 하는 것이 힘들었던 이덕무 역시 박경유의 좌우명을 항상 외우면서 몸을 건강하게 하고 몸가짐을 바로잡으려고 스스로 노력했다.

근거 없는 말을 퍼뜨리지 않아야

유충정공(劉忠定公)은 삼가 망령된 말을 하지 않으려고 7년 동안이나 힘써 수양한 후에 그 뜻을 이루었고, 설문청공(薛文淸公)은 노여움을 나타내지 않고 삭이는 법을 익히기 위해 20년간이나 수양했다.

옛 선비들이 자신의 감정과 언행을 절제하기 위해 이토록 오랫동안 부지런히 노력했다는 사실을 기억해야 할 것이다.

근거 없는 말을 퍼뜨리는 것도 망령된 언행에 해당할 것이다.

근거 없는 풍문이나 애매한 소문이나 길거리에 떠도는 그럴듯한 유언비어들을 듣고서 주변 사람들에게 금방 전하지 않도록 해야 한다. 내가 직접 본 것이 아니면 정말인지 살펴본 후에 말을 하는 것이 순서일 것이다.

무슨 '엑스(X) 파일'이니 하며 근거 없는 풍문을 사람들이 퍼뜨리는 바람에 심하게 피해를 보는 자들이 요즘도 많이 있다.

『명심보감』에도 '중호지필찰, 중오지필찰(衆好之必察 衆惡之必察)'이라고 했다. 아무리 많은 사람들이 좋아하고 싫어한다고 하여도 반드시 자신이 직접 살펴보라는 말이다. 다른 사람들이 옮겨주는 풍문들도 반드시 자신이 살펴보는 것이 필요하다. 근거도 없이 풍문을 퍼뜨리는 자들 중의 한 사람이 되지 않도록 삼가야 할 것이다.

특히 누가 죽었다는 말을 들었을 때 알아보지도 않고 사람들을 만날 때마다 아무개가 죽었다고 단정해서 말하지 않도록 조심해야 한다.

사람이 하루 동안 다행스럽게 망령된 말을 하지 않고 근거 없는 풍문을 퍼뜨리지 않고 언행을 바르게 했다면 그날 밤에 잠을 편안하고 고요하게 잘 수 있을 것이다.

'인어종일, 행이무망언위행, 야면필안정(人於終日 幸而無妄言違行 夜眠必安靜)'이라. 이보다 행복한 하루가 어디 있겠는가.